Willi Wottreng **Zigeunerhäuptling**

Willi Wottreng

Zigeunerhäuptling

Vom Kind der Landstrasse zum Sprecher der Fahrenden –
Das Schicksal des Robert Huber

orell füssli Verlag AG

Verlag und Autor danken folgenden Institutionen für ihre Unterstützung:

Erziehungs-, Kultur- und Umweltschutzdepartement
des Kantons Graubünden

MIGROS Migros-Kulturprozent
kulturprozent

prohelvetia Schweizer Kulturstiftung Prohelvetia

Radgenossenschaft der Landstrasse

Dr. Ellen Ringier

 Stadt Zürich Präsidialdepartement der Stadt Zürich
Kultur

Stiftung Zukunft für Schweizer Fahrende

UBS-Kulturstiftung

© 2010 Orell Füssli Verlag AG, Zürich
www.ofv.ch
Alle Rechte vorbehalten

Dieses Werk ist urheberrechtlich geschützt. Dadurch begründete Rechte, insbesondere der Übersetzung, des Nachdrucks, des Vortrags, der Entnahme von Abbildungen und Tabellen, der Funksendung, der Mikroverfilmung oder der Vervielfältigung auf andern Wegen und der Speicherung in Datenverarbeitungsanlagen, bleiben, auch bei nur auszugsweiser Verwertung, vorbehalten. Vervielfältigungen des Werkes oder von Teilen des Werkes sind auch im Einzelfall nur in den Grenzen der gesetzlichen Bestimmungen des Urheberrechtsgesetzes in der jeweils geltenden Fassung zulässig. Sie sind grundsätzlich vergütungspflichtig.

Umschlagabbildung vorne: © Roger Gottier, Dokumentationszentrum der Radgenossenschaft
Umschlagrückseite: © Privatarchiv Robert Huber; Gertrud Vogler
Umschlaggestaltung: Andreas Zollinger, Zürich
Druck: fgb • freiburger graphische betriebe, Freiburg

ISBN 978-3-280-06121-3

Bibliografische Information der Deutschen Nationalbibliothek:
Die Deutsche Nationalbibliothek verzeichnet diese Publikation in der Deutschen Nationalbibliografie; detaillierte bibliografische Daten sind im Internet abrufbar über http://dnb.d-nb.de.

Inhalt

Einleitung 9

Teil I
Der Weg in die Freiheit 19

    Besuch bei der Mutter 21
    Die letzten Hürden 22
    Regierungsentscheid 23
    Ein junger Händler 25
    Auf dem Standplatz 27
    Junge Ehe 29
    Eine jenische Strasse 31
    Im städtischen Milieu 32
    Gute Geschäfte 33
    Familienvater in Altstetten 35
    Der Widerstand regt sich... 37
    Der «Beobachter» prangert an 38
    Heute noch strafbar... 40
    Die Radgenossenschaft entsteht.. 42
    Wer sind die Jenischen? 44
    Chacheler und Fecker 47
    Im Selbstverständnis ein Volk... 49
    Ein Stamm der Zigeuner 50
    Erste Erfolge 53
    Die Kritiker sind gefordert 54
    Die Alten treten ab.. 56
    Der Neuanfang 57

Teil II
Versorgt als «Kind der Landstrasse 67

Im Büro der Fahrenden 69
Ein Schindelhaus in Bilten 70
Savognin auf dem Weg zum Julierpass 71
Ein anrüchiger Beruf 72
Wie das Bürgerrecht verloren ging 75
Liederliche und lästerliche Personen 76
Zu Vaganten erklärt und sesshaft gemacht 78
In Vaz, Bündner Hauptort der Jenischen 79
Die Kindswegnahme 81
Der Tod des Vaters 82
Harter Kurs der Pro Juventute 83
Gründe werden gesucht 85
Der Entzug der elterlichen Gewalt 86
Das Haus wird verkauft 87
Eine Fasnachtsgeschichte 89
Der Ausbürgerungsversuch 91
Das Urteil 92
Des Diebstahls beschuldigt 93
Im Tannzapfenland 94
Geistig nicht normal 96
Bei den Patres 97
Der Landdienst wird abgebrochen 98
Im Grossen Moos 100
Bellechasse 101
Weg, nur weg 102
Ausflug nach Marseille 103
Stellensuche 104
Ausbruch 106
Im Bâtiment 107
Unter Kriminellen 108
Ein bemerkenswerter Brief 109

Weihnachten 110
Kontakt zur Mutter 111
Rückblick in Zorn und Milde 113
Marias Schicksal 115

**Teil III
Wortführer der jenischen Bewegung** 125

Was tun? 127
Die Lidobesetzung 128
Acht grosse Wochen 130
Ein Büro der Fahrenden 131
Meinungsverschiedenheiten und Spaltungen 133
Ein Führer ist letztlich allein... 134
Gezerre um die Akten 136
Pressekonferenz der Pro Juventute 137
Der Bundesrat entschuldigt sich 139
Versiegelung der Akten 140
Geld und Streit 143
Die «Wiedergutmachung» 144
Aus der Sicht der Behörden 146
Die Studie von Professor Sablonier 148
Reisen für den Holocaust-Fonds 149
Das Familienleben leidet 152
Scheidung und zweite Heirat 154
Angst vor Gettoisierung 155
Kleinarbeit 157
Die Anerkennung als Minderheit 159
Neue Lebensformen 161
Bei den Betonjenischen 163
Ein letztes Projekt: Die Sprache 164
Der lange Rücktritt 166

Nachwort 169

Anhang 179

Wer ist wer? – Ein kleines Alphabet 179
Schweizerdeutsch-jenischer Selbstbeschrieb
von Robert Huber 185
Anmerkungen 188
Bildhinweise... 216
Quellenverzeichnis 217
Dank... 224

Einleitung

Es war nur ein unbedeutendes Geschehen, doch ich erinnere mich daran, als wäre es gestern gewesen. Ich war als Journalist zu Besuch bei Fahrenden, die im Klosterdorf Einsiedeln auf dem Schulhausplatz stationiert waren. Mitten in der Nacht sei ein Töff durchs Wohnwagenlager gerast – tutend, lärmend. Jenische erzählten es mir andertags. Feuerwerksraketen hätten gegen die dünnen Wände geknallt. Offenbar sollten die Wohnwagenbewohner erschreckt werden, die hier ihre jährliche Prozession durchführten. Vor dem Restaurant am Klosterplatz hatte ich dann die Stelltafel am Treppenaufgang gesehen: «Keine Fahrenden». Ich hatte den Wirt darauf angesprochen. «Wir haben schlechte Erfahrungen mit solchen Leuten gemacht.» – «Welche denn?», hatte ich gefragt. – «Keine Ahnung», hatte der Wirt gesagt.[1]

Kein unbekanntes Erlebnis für die jenischen Familien.

Jenischer Alltag ist geprägt von Problemen im Umgang mit Sesshaften. Damit hatte Robert Huber täglich zu tun, seit er Präsident der Radgenossenschaft geworden war, die sich als Dachorganisation der Jenischen und Fahrenden versteht. Vom Alltag und den Erfahrungen jenischer Menschen handelt dieses Buch, das Hubers Leben beschreibt. Doch es will nicht anklagen, es will schildern und begreifen. Und ich hoffe, durch die Schilderung dieser Biografie Einsichten zu geben in eine Beziehung zwischen Volksgruppen, die immer noch spannungsvoll ist.

«Nicht einmal meinen Kindern habe ich das erzählt», sagt Huber mehr als einmal zu mir, als wir seine Lebenserinnerungen auf Tonband aufnehmen: die Erinnerungen eines Mannes, der einst ein «Kind der Landstrasse» war und zum Wortführer der Jenischen und des fahrenden Volkes wurde. Begegnet man ihm zum ersten Mal, erscheint er als Respekt einflössender Politiker, gut gekleidet und etwas distanziert. Ungewöhnlich ist allenfalls das Goldringli im Ohr, das einen schweren Goldring am Finger ergänzt. Wer mit ihm vertrauter wird, entdeckt einen witzigen Charakter, der geradeaus erzählen und scharfsinnig kritisieren kann, «knallhart», wie er gern sagt. Und wenn man noch tieferen Einblick in die Kammern dieser Existenz erhält, findet man einen Menschen zwischen Sanftmut und Zorn.

Ich hatte ihn kennengelernt, da ich eine erste Reportage über Jenische schrieb, 1993. Aus reiner Neugierde hatte ich mich dem Thema zugewandt. Ohne Lebensbezug zu jenen Menschen, die im Volksmund «Zigeuner» oder ebenso abschätzig «Fecker» genannt werden. Später sollte ich öfters mit Huber als dem Präsidenten der Radgenossenschaft zu tun bekommen, als ich selber für ein «Fahrendes Zigeunerkulturzentrum» Veranstaltungen zu organisieren half. Wir haben uns an Sitzungen gesehen, haben miteinander manchmal ein Glas getrunken, wir haben übereinander geschimpft, wir haben miteinander gestritten – da ging es meistens um Geld – und uns übereinander geärgert. Vielleicht genau das richtige Verhältnis, um aus kritischer Distanz schreiben zu können. Robert Huber selber hatte angeregt, dass ich seine Lebensgeschichte verfasse. Er wünschte, wie er wiederholt betonte, dass ich «die Wahrheit» schreibe; gemeint: eine ungeschminkte Darstellung seines Lebens gebe, mit Höhen und Tiefen.

Ich habe mich darauf eingelassen. Weil sich in der Person dieses Jenischen ein Stück Schweizer Sozialgeschichte spiegelt. Dabei erzählt das Buch nicht nur eine Opfergeschichte, stellvertretend für andere. Es erzählt, wie ein Opfer zur Auflehnung findet, zur Wut, zur Rebellion, zur Aktion und sich schliesslich beteiligt am gemeinsamen politischen Projekt. Am Beispiel Robert Hubers entfaltet sich ein Panorama der jenischen Bewegung. Letztlich ist das auch eine Erfolgsgeschichte.

Nachdem Anfang des vergangenen Jahrhunderts versucht worden war, die Lebensweise der Fahrenden zu zerstören, haben engagierte Betroffene begonnen, an der Wiederherstellung des jenischen Selbstbewusstseins zu arbeiten. Heute verstehen sich viele Fahrende – und jenische Sesshafte! – als Teil einer Volksgruppe mit eigener Kultur und eigener Sprache.

Je länger ich ihn kannte, umso mehr erschien mir Robert Huber als ein alter Häuptling: als Chef eines schweizerischen Indianerstammes, der den Reichtum eines jahrzehntelangen Kampfes in sich birgt. Und er selbst hat den Titel dieses Buches – so politisch unkorrekt dieser erscheinen mag – gern akzeptiert: «Zigeunerhäuptling». Wobei er lachend bemerken konnte: «Es ist ja fast so.»

Willi Wottreng

Alltag in einer jenischen Familie – Mussestunde vor dem Abend.

Die Feuerstelle gehört zu jedem Halt – Paar beim Kochen.

An der Arbeit – Als Schleifer für Messer und Scheren unterwegs.

Kabelsalat – Unter der Kunststoffhülle ist wertvolles Kupfer.

Möbelhandel – Ein schönes Stück ist restauriert; am Werk der Fotograf Roger Gottier.

Bei der Schrotthalde – Verwertbares wird ausgelesen und aufgeladen.

Altstoffhandel – Jenische haben früh das Recycling-Geschäft entdeckt.

Freizeitvergnügen in der Kiesgrube – Das Wurfspiel wird «Botschnen» genannt.

Jagdleidenschaft – Daniel Huber, Vizepräsident der Radgenossenschaft, mit Beute.

Grossmutter erzählt – Mündliche Überlieferung ist wichtig für die Weitergabe der Kultur.

Korben – Altes Handwerk, an der Chilbi vorgeführt von Clemente Graff.

Verzinnen von Pfannen – Demonstration an einem gewerblichen Markt.

Teil I
Der Weg in die Freiheit

Besuch bei der Mutter

Es war das Ende jener Jugendjahre, in denen er «versorgt» gewesen war. Untergebracht in Institutionen und bei Bauern.

Wohin soll er gehen nach all der Zeit, in der er kein Zuhause hatte? Zu seiner Mutter vielleicht? Könnte er diese Frau besuchen? Die Frau, die er nie gesehen hat. «Wohin soll ich mich wenden?», beginnt ein altes Kirchenlied.

Mitte 1953 reist der junge Mann nach St. Gallen. Und läutet an der Haustür jenes Hauses, wo sie wohnen muss: «Dann ist also eine Frau vor mir gestanden, die meine Mutter war. Es konnte nicht anders sein.»[2]

Frau Höner heisst sie, sie hat wieder geheiratet. Eine korpulente Frau sei sie gewesen. Keine fesche Zigeunerin. «Ich hatte sie nicht gekannt, und sie hatte mich nicht gekannt.»[3] Er habe sich vorgestellt und gesagt, er vermute, dass sie seine Mutter sei. Was sie bejaht habe.

Sie sind sich nicht in die Arme gefallen, wie man wünschte, wenn Mutter und Sohn sich wiederfinden. «Wir sind hineingegangen, haben einen Kaffee getrunken, und irgendwie waren beide so nervös, dass das Gespräch nach zehn Minuten abgeschlossen war. Ich hatte keinen Mumm, weiterzufragen, und sie hatte Angst, Bericht zu geben.»[4]

Und er geht weg. Tief enttäuscht. Er hat sie sich anders vorgestellt, ganz anders. «Es hätte jede andere sagen können, ich bin deine Mutter.»[5]

Ein etwas förmlicher Kontakt wird weiter bestehen.

Dass er den Kontakt zur Mutter gefunden hat, ist für seinen Vormund eine Katastrophe. Genau das hat er verhindern wollen; er wundert sich noch nach Jahren: «Wie und durch wen diese Verbindung zustande gekommen ist, haben wir nie erfahren können (…).»[6]

Nichts hat Röbi erlernt in all der Zeit unter Bauern und in Heimen. Bei den Sesshaften ist er nicht heimisch geworden. Bei den Jenischen, von denen er herkommt, hat er nie gelebt. Eine Idee allerdings hat sich in ihm eingebrannt: Er will zurück zu seinen Leuten, zurück zu seinem Volk, zurück zu seiner Kultur.

Nach und nach lernt er durch den Kontakt zur Mutter und ihrem Umfeld weitere Familienangehörige kennen. Die älteste Schwester. Einen Bruder und noch einen. Und nun macht der Neunzehnjährige die allerersten Schritte zurück zu jener Lebensweise, aus der ihn die Behörden haben herausholen wollen.

Sein ältester Bruder sagt: «Ich nehme dich mit.»[7] Mit auf die Reise. Er, Willi, ebenfalls ein Kind der Landstrasse, hat eine Bäcker-Konditor-Lehre gemacht und lebt in Schleuis, wie die heutige Gemeinde Schluein damals heisst – gelegen im Kanton Graubünden, im Kreis Ilanz. Mit seiner Frau sichert Willi sich mit Kleinhandel die Existenz.

«Er hat mir zwei Bünde Wäscheklämmerli gegeben, die ich verkaufen gehen solle», erinnert sich Robert Huber. 72 Paar Holzklämmerli an einem Seil. Huber stöhnt: «…wenn du keine Ahnung hast vom Hausieren!»[8] Es seien Wochen vergangen, bis der erste Bund weg gewesen sei.

Doch die Freiheit ist nahe. Eine Erwerbsmöglichkeit in Sicht. Die Rückkehr zum Herkunftsmilieu. Der zwanzigste Geburtstag auch.

Die letzten Hürden

Robert Hubers Vormund ahnt, dass ihm sein Mündel entschlüpfen könnte. So schreibt Alfred Siegfried an die Vormundschaftsbehörde Oberhalbstein: «Unter Hinweis auf die beiliegenden Kopien beantrage ich, dass Huber erneut und zwar diesmal für zwei Jahre nach Bellechasse geschickt wird.» Bellechasse ist eine Anstalt im Kanton Freiburg. «Er hat sich nun während der letzten Jahre ständig derart als faul und Nichtsnutz erwiesen, dass eine längere Versorgung nicht umgangen werden kann.»[9]

In Hinblick auf das Erreichen des 20. Altersjahrs sei das Verfahren zur Entmündigung einzuleiten. So Siegfried, der nicht nur Roberts Vormund ist, sondern verantwortlicher Leiter bei der Pro Juventute für die Aktion «Kinder der Landstrasse», deren Opfer Robert Huber geworden ist.

Kaum hat Robert Huber den Geburtstag hinter sich – er erinnert sich nicht, dass er den irgendwie gefeiert hätte –, wird er aufgegriffen.

Ein Polizist kommt zu seinem Wohnort in Schleuis. Nimmt ihn mit. Führt ihn nach Ilanz, Hauptort im Tal, wo er einvernommen wird vom Präsidenten jener Vormundschaftsbehörde, die für seine Heimatgemeinde zuständig ist. Der ihm einen Beschluss bekannt gibt, wonach er, Robert Huber, von der Heimatgemeinde entmündigt worden sei. Wie es Dr. Siegfried verlangt hat. Sein neuer Vormund sei der Förster seiner Heimatgemeinde Savognin in Graubünden. Huber mag sich dazu äussern, seine allfälligen Meinungen kommen in jedem Fall nach dem Fest. Das ist alles beschlossen und wird so durchgeführt.

Zusammen gehts gleich in die Korrektionsanstalt Realta nahe bei Thusis. Schon auf der Fahrt dahin habe der junge Huber angekündigt, er werde Rekurs einreichen, stellt der Präsident der Vormundschaftsbehörde verärgert fest.[10]

Denn Robert Huber ist nicht mehr der Bub von einst, den man herumschieben kann.

Zwar schreibt die Arbeitserziehungsanstalt noch im Wortgebrauch der Sozialfürsorge: «Die Einweisung erfolgte wegen Liederlichkeit und Verschwendungssucht, wobei eine zweijährige Detentionszeit festgelegt worden ist.»[11]

Zwar schreibt der Präsident der Vormundschaftsbehörde noch von «Hopfen und Malz», die bei diesem Burschen verloren seien. Denn Huber sei wieder einmal «tipp topp angezogen» gewesen, habe aber keine Werktagskleider mitnehmen wollen.[12]

Huber lässt sich nicht mehr einschüchtern. Vom Pro-Juventute-Leiter Dr. Siegfried sagt er gemäss Führungsblatt bei der Aufnahme gradaus, das sei «ein Satan»; der wisse «nichts Besseres zu tun, als die Leute ständig zu versenken».[13]

Und der zweite Rekurs ist bald unterwegs. Der Eingewiesene beschwert sich, man habe sich bei seiner Entmündigung auf unwahre Angaben gestützt und ihm keine Einsicht in die Akten gewährt.

So lange seine Eingaben nicht behandelt sind, ist er Beifahrer auf dem Traktor. Fast, was er sich als Beruf gewünscht hat: am Steuer eines Gefährts sitzen.

Regierungsentscheid

Savognin, Hubers Heimatgemeinde in der Talschaft Oberhalbstein, in der er zwar nie gelebt hat, die aber für ihn zuständig ist und stets in sein Leben hineinwirkt, verteidigt sich mit schwachen Argumenten gegen die Vorwürfe in Hubers Rekurs. Man habe es möglichst billig und einfach machen wollen, als man den volljährig werdenden Huber entmündigte: «Eine Vorladung vor versammelter Behörde kam nicht in Frage, da Huber als Vagant zu bezeichnen ist.»[14]

Dass eine Person vor der Entmündigung korrekt angehört werden muss, ist allerdings eine zwingende Vorschrift gemäss Zivilgesetzbuch. Das wird auch ein Bezirksgerichtsurteil feststellen. Ein erster juristischer Punkt für Huber.[15] Obgleich das Gericht Hubers Beschwerde im Übrigen abweist.

Savognin kümmert sich ohnehin nicht darum. Eine Vorladung des Internierten zur Anhörung erfolgt weiterhin nicht. Doch Huber kennt sich immer besser aus in der Materie. Zumal ihm, wie er sagt, ein «Kämpfer gegen die Behörden» unter den Insassen hilft.[16] Er rekurriert gegen den Bezirksgerichtsentscheid an die Regierung. Und dann setzt er seinen Peinigern eine letzte Frist von zehn Tagen. «Nach Ablauf dieser Frist betrachte ich die seinerzeitige Verfügung als annulliert und werde die entsprechenden Konsequenzen ziehen. Hochachtungsvoll.»[17]

Als er dies schreibt, hat die Kantonsregierung bereits über seinen Rekurs entschieden; Huber weiss es nur noch nicht. Der Kleine Rat des Kantons Graubünden erteilt der Gemeinde eine Belehrung über Rechtsstaatlichkeit: «Es steht fest, dass der Beschwerdeführer vor der angefochtenen Beschlussfassung der Vormundschaftsbehörde nicht einvernommen wurde und auch keine Gelegenheit erhielt, zu den ihm gegenüber vorgebrachten Vorwürfen Stellung zu nehmen.»

Es ist ein sensationeller Entscheid. «Die Beschwerde wird im Sinne der Erwägung gutgeheissen und der Beschluss der Vormundschaftsbehörde Oberhalbstein vom 12. September 1953 im Sinne der Erwägungen als nichtig bezeichnet.»[18]

Als Robert Huber den Bescheid erhält, steigt er für immer vom Traktor und verreist. Er habe die Anstalt noch am selben Abend verlassen, erinnert er sich. Und im Führungsblatt der Justizvollzugsanstalt Realta findet sich der Eintrag: «H. brannte gestern Abend nach Arbeitsschluss durch. Wird polizeilich nicht gesucht, da nicht rechtsgültig eingewiesen.»[19]

Aus der Freiheit telefoniert er mit der Gemeinde. Und erhält endlich eine Vorladung. Der er anfänglich nicht Folge leisten will. In die Höhle des Löwen? – Dann reist er doch hin. Diesmal geht es gut, die Vormundschaftsbehörde protokolliert: «Auf Zusehen hin wird Robert Huber aus der Arbeitserziehungsanstalt Realta entlassen und kann sich somit frei bewegen und Arbeit annehmen.»[20]

«Sollte er sich jedoch nicht recht aufführen (...).» Huber muss versprechen, «sich zu bessern», und kann unterschreiben.[21]

Die Pro Juventute ist er los. Nicht aber die Bevormundung an sich: Die Vormundschaft, die unrechtmässig errichtet worden ist, bleibt aufrechterhalten.

Für Huber ist das nicht mehr so wichtig. Hauptsache, er hat die Freiheit. «Ich war an 15 oder 16 verschiedenen Orten versorgt gewesen», sagt er mehr als einmal zum Autor, «oder an 17.»[22] Das ist nicht nur als Anklage zu verstehen, es ist auch ein Aufatmen darob, dass er es hinter sich hat.

Der Förster also ist der neue Vormund. Ulisse Peterelli. Es scheint ein Mann mit Seele zu sein. «Schau einfach, dass du mit der Polizei nichts zu tun hast», habe er geraten; «ich spioniere dir nicht nach.»[23] Und als Peterelli Jahre später Auskunft geben muss über sein Mündel, das er 1953 erhalten hat, schreibt er, trocken und knapp: «R. H. war dazumal vollständig mittellos, dennoch ist er bis heute der Gemeinde Savognin nie zur Last gefallen, somit auch keine Unterstützung bezogen.»[24]

Von einem Ende der Vormundschaft weiss Huber nichts. Er habe nie eine Mitteilung erhalten, sagt er. Bis heute nicht.

Ein junger Händler

Die Erwartungen des Försters erfüllen sich nicht. Vier Tage nach der Sitzung in Savognin gerät Huber nachts bei Tamins in einen Streit. «An consequenza d'ena schlagareia è Huber Robert nia fieria digl sies adversari (…).»[25] Auf Deutsch: In Folge einer Schlägerei wurde Robert Huber von seinem Gegner verletzt, wie die Vormundschaftsbehörde festhält. Sein rechter Arm sei beschädigt, «doch trifft dem Huber keine Schuld zu», betont der Vormund Peterelli.[26]

Gerichtlich verurteilt wegen Körperverletzung wird der andere. Die Schlägerei ist dennoch kein Zufall gewesen. Mit einer Schwierigkeit hat Robert Huber nicht gerechnet, als er den Weg sucht ins Milieu der Fahrenden, den Kopf voller schöner Ideen übers Gemeinschaftsgefühl. «Für sie war ich einfach ‹en Buur›». «En Buur» heisst: ein Sesshafter. «Ich war bei Bauern aufgewachsen, also war ich ein Bauer.»[27]

Er habe eine harte Zeit erlebt, sagt Huber. Er habe den Kampf darum führen müssen, bei den Jenischen anerkannt zu werden. Und gegen jeden Sesshaften sei er aggressiv gewesen: «Weder de Chüeschwanz no de Halbschlau» – Bezeichnungen für Sesshafte – hätten ihm etwas sagen müssen. «Ich bin keiner Schlägerei ausgewichen.»[28]

Nach der aktenkundigen Schlägerei bei Tamins muss Huber anfänglich zu 70 Prozent invalid geschrieben werden. Doch er geht nicht zur Gemeinde, um die hohle Hand zu machen. Dazu ist er viel zu stolz. «Huber Robert hat seit dem Jahr 1953 durch seinen Hausierhandel und trotzdem er teilweise invalid ist, für seinen Lebensunterhalt gesorgt, ohne dass die Gemeinde Savognin etwas hätte beisteuern müssen», berichtet der Vormund an die Pro Juventute.[29]

Der vormalige Vormund Alfred Siegfried ist dennoch unglücklich: «Wir bedauern natürlich sehr, dass nun auch Robert hausiert. Er war früher doch ein kräftiger Bursche, der vor seinem Unfall seinen Unterhalt anders hätte verdienen können.»[30]

Er kehrt zu seinem Bruder zurück. Allmählich läuft der Handel besser. «Ich hatte einen guten Draht zu vielen Gadschi.»[31] Gadschi sind Nichtjenische. Aber er hat eingesehen, dass er kein Klüpperli-Hausierer ist. So versucht er es mit anderem.

«Bauern brauchten Seile, mit denen sie das Heu hereinnehmen. Und Baumeister ebenfalls, denn damals ging der Bauboom los.»[32]

Huber tut sich mit einem Cousin zusammen. Die 7-mm-Seile kauft er beim Grossisten, für 7 Franken die Rolle, und verkauft sie für 14 bis 18 Franken. «Das war kein Riesengeschäft, aber man konnte überleben damit.»[33]

Die Ware wird aufs Autodach geladen und in den Kofferraum, sodass der Lastesel fast zusammenbricht. Morgens um vier Uhr gilt es, im Engadin zu sein, um die Bauern aufzusuchen. Nachher sind die auf dem Feld.

Wir zählen das Jahr 1956. Die grosse Welt gerät an den Abgrund durch eine politische Krise. Im Nahen Osten brennt es, und russische Truppen marschieren in Ungarn ein. Diese internationalen Ereignisse spiegeln sich in Hubers Lebenserinnerungen nicht. Er ist damals damit beschäftigt, seine eigene Welt in Ordnung zu bringen.

Auf die Mitte der fünfziger Jahre etwa datiert er seine Rückkehr zur Lebensweise seiner Eltern. Wo er hinkommt, lernt er «Schmelemer» kennen, wie es in ihrer Sprache heisst: Jenische.

Symbolisch für diese Rückkehr ist das goldene Ringlein, das er am Ohr trägt. Auf einer Foto habe er gesehen, dass sein Vater solche getragen habe. Fortan wird man Huber nicht mehr ohne sehen. An seinem Ringlein hängt ein kleines dreieckiges Plättchen. Schmuck eben, würde man meinen. Für Huber hat es eine Bedeutung: «Das sind die drei Elemente.» Für diese Dreiheit gebe es manche Erklärung: Himmel–Erde–Mensch oder auch Körper–Seele–Geist. Das Zeichen gehöre zur Tradition der Fahrenden, hat er gehört.[34]

Jung, überschäumend, verletzt ist dieser junge Jenische. «Ich habe mich mit den Fäusten zu dem gemacht, was ich geworden bin», sagt Huber einmal.[35]

Und er glaubt, dass er – hätte er es nicht getan – zu dem geworden wäre, was andere Jenische und andere Verdingkinder geworden seien, die sich ein Leben lang nur geduckt hätten. Zu «lebenden Leichen».[36]

Huber sagt, dass er «beigenweise Bussen» bezahlt habe – wegen Beamtenbeleidigung und auch wegen Tätlichkeiten. «Ich hatte noch jahrelang Schwierigkeiten mit dieser Aggressivität.»[37]

Gesetze sind nicht seine vordringlichste Sorge damals. Huber sitzt 1956 für einen Monat im Knast von Lenzburg.[38] Mit zwei Kollegen zusammen, wie Robert Huber erzählt. Er ist vom Bezirksgericht Rheinfelden zu zwei Monaten verurteilt worden wegen «fortgesetzten Betruges», genauer: wegen Erschwindelung verschiedener Darlehen im Gesamtbetrag von Fr. 240.–.[39]

Es sei «um Möbel» gegangen, sagt Huber, und ein andermal: «um Altmetall, das wir nicht bezahlt hatten».[40] So genau mag er sich nicht erinnern. Jedenfalls: «Wir waren arm wie Kirchenmäuse.»[41] Und: «Man war mit dem Rücken an der Wand: Hinten ist der Abgrund gewesen und vorne bist du abgestürzt, ganz einfach.»[42] Und dass er ein Jenischer sei, habe die Richter auch nicht günstiger gestimmt.

Einer seiner Kollegen ist Ludwig Nobel, der als der Ältere jenen Krampf vielleicht ausgeheckt hat und 1956 für seine Delikte drei Monate Gefängnis erhält. Er wird eine kriminelle Karriere einschlagen, wird einige Jahre später wieder verhaftet und in Zürich zu vier Jahren Zuchthaus verurteilt werden[43] – wegen Beteiligung an Raubzügen auf Baustellen und Kiesgruben, wo man in wechselnden Zusammensetzungen mit Brüdern und Cousins Kupfer abgezügelt hat. Und Baugeräte. In grossem Stil. Das ist die Nobel-Bande, über deren Abenteuer Legenden zirkulieren und von der die Presse mit einer gewissen Achtung berichtet, weil die Bande keine Gewalt angewendet hat.[44]

Auf dem Standplatz

Jenische – das sind keine zerlumpten Menschen mit Pferd und Wohnwagen mehr, die von Dorf zu Dorf ziehen. Ganze Familien auf der Landstrasse sind ohnehin rar geworden, seit die Pro Juventute die Kindswegnahmen praktizierte. Bevor Huber sich Lieferwagen und Auto leisten kann, reist er mit dem Velo – «du bist mit dem Velo von Zürich nach Sierre gefahren»[45] – und übernachtet im Zelt. Oder hat einfach den Strohsack und eine Blache bei sich. Zeitweise besitzt Huber einen Töff.

Die Handelsware wechselt, je nach Nachfrage: Seilerwaren, Möbel, Schirme. Seine Berufstätigkeit ist, um es jenisch zu sagen: Paraschuri menge, Seilerware verbasche, schränze, schinägle – kurz: Er schlägt sich durch.

Auf der Reise entsteht ein eigenes Beziehungsnetz. Huber tut sich mit Freunden zusammen. Und gelegentlich findet er Unterschlupf bei einer Bekannten.

Eine Klage erreicht die Vormundschaftsbehörde Savognin 1958, dass sich ihr Bürger Huber Robert in Sarmenstorf im Kanton Luzern aufhalte. In einer Wohnung im Konkubinat mit einer Frau, die in die Nobel-Familie eingeheiratet hat und dann geschieden worden ist und allein ein 7-jähriges Kind aufzieht. Unheil braut sich zusammen. Die Behörden finden es «unverantwortlich, dass die Mutter mit einem ledigen Burschen zusammenwohnt».[46]

Die beiden fliegen aus. «So wie wir gekommen sind, sind wir verschwunden – am Morgen sind wir einfach weg gewesen.»[47]

Eine Tante und ein Bruder haben ihre Wohnwagen im Industriegebiet in Zürich-Altstetten platziert, auf der Nordseite des Bahnhofs. Am Geerenweg befindet sich einer der wenigen Standplätze für Fahrende – der Name «Geeren» weist auf ein keilförmiges Stück Land. Der Platz gehört einem Abbruchunternehmer.

Sieben, acht Wagen stehen da. Dahin zieht Huber nun.

«Der Zeitpunkt war gekommen, wo ich kein Sesshafter mehr sein wollte.» Gegenüber den Sesshaften habe er weiterhin «nur Aggressionen» verspürt.[48]

Sich anstellen lassen würde er ohnehin nie wollen. Lieber Scheren schleifen. «Das freie Leben war ein Thema», sagt er.[49] Ein Gewerbepatent habe er in seinem Leben nie gelöst. Eher zahlt er eine Busse.

Die Jenischen scheinen damals eine recht geschlossene Gesellschaft gewesen zu sein, deren Beziehung zu den Bauern – den Nichtjenischen – geprägt ist durch die Erfahrungen der Kindswegnahmen. «Wenn ein Pöstler ein Couvert überbrachte, warf es mancher Jenische weg.» Es kann ohnehin keine gute Nachricht enthalten. Vielleicht habe einer noch getan, als ob ers nicht lesen könne. «Eine frühe Wegwerfgesellschaft», spottet Huber.[50]

Man redet untereinander eine Sprache, die man vor den Nichtjenischen geheim hält. Sie ist die letzte Verständigungsmöglichkeit in der Not. Und man sitzt abends – das ist nicht die romantische Vorstellung des Schreibenden – am Lagerfeuer. Selbst Roberts Sohn Daniel hat das noch erlebt. «Statt dem Fernsehen hattest du das Feuer. Wir sind manche Abende drum herum gehockt.

Da hast du einfach über den Alltag geredet, hast einen Witz erzählt oder sonst eine Geschichte weitergeben. Und dann ist vielleicht noch ein Sesshafter vorbeigekommen, und man hat wieder etwas erfahren.»[51]

Die Jenischen seien «Weltmeister im Erfinden von Geschichten» gewesen, sagt auch Robert. «Und wenn sie erzählen, was sie erlebt haben, wissen nur sie, ob es wahr ist.»[52] Darum sagt Huber, wenn man ihn etwas Delikates fragt: «Simmer doch emal zwe Minute ganz ehrlich.»[53]

Und wenn Tiere unruhig sind in der Nacht, wird mancher Jenische hellwach und weiss: Jetzt tschueperets – jetzt sind die Geister am Werk –, wir fahren gescheiter ab! Da mag er dann später den andern berichten: «Pass auf, bei Solis ist ein Geissbock gestanden, dort tschueperets, gang nöd.»[54]

Junge Ehe

Am Geerenweg am Rand von Zürich wohnt Robert Huber nun also mit seiner jungen Frau. Sie ist noch nicht zwanzig, als er dahin zieht, zwölf Jahre jünger als er. Eine «Vollblutjenische», wie Robert sagt.[55] Gertrud Wyss stammt aus dem Kanton Schwyz und ist Hilfsarbeiterin bei der Firma Zigarren Dürr.

Er hat sie bei ihren Eltern kennengelernt. «Dann sind wir in die Büsche hinaus, wie das geht bei den Jenischen», erzählt Huber.[56] Seither sind sie zusammen. Die Frau trägt zum gemeinsamen Einkommen bei, indem sie Messer und Scheren schleift und Schürzen verkauft und auch Seile.

Er hat einen Campingwagen gekauft und zieht mit Gertrud da ein. Er ist zufrieden. Im Wohnwagen lebst du auf kleinem Raum, aber dir gehört die Welt.

Dann kommt das erste Töchterchen zur Welt, Gabi. Zeit zu heiraten. Im Sommer 1963 werden Robert Huber und Gertrud Wyss zivilstandsamtlich getraut. In Savognin, wo Roberts Papiere liegen. Als Zivilstandsbeamter wirkt ausgerechnet Ulisse Peterelli, jener Förster, der Hubers Vormund gewesen ist. Die Zeremonie habe «zehn Minuten» gedauert. Huber hat sich extra eine neue Kluft gekauft. «Ich hätte auch in Jeans kommen können, es hätte keine Rolle gespielt.»[57] Anschliessend geht man etwas essen, begleitet von den beiden Trauzeugen aus der Verwandtschaft.

Einmal noch sind die Savogniner zu ihm gekommen, später, in Gestalt von zwei Polizisten. Der Schreck ist ihm in die Knochen gefahren. «Ja, Herr Huber. Ihr Vormund möchte wissen, wo Sie sind.» – «Ich sage, was heisst da Vormund?» – «Sie sind noch bevormundet.»[58] Es sei furchtbar peinlich gewesen für ihn als verheirateten Mann. Denn von einem Vormund hat er seiner Frau nichts erzählt. Der Besuch hat dann keine Folgen.

Bis es eines Tages heisst, ihr müsst weg vom Geerenweg. Der Betrieb ist zu lärmig geworden; da wird Altmetall entsorgt, Material verbrannt, ein paar Mal hat auch die Polizei ausrücken müssen wegen Streitigkeiten auf dem Areal.

Zudem wird damals eine Strassenbrücke gebaut quer übers Limmattal, die später grossspurig Europabrücke getauft werden wird. Rund um dieses Grossprojekt werden Strassenführungen bereinigt und Areale neu genutzt.

Der Platz für die Fahrenden wird aufgehoben. Die Behörden haben ihm und seiner Familie offenbar eine Wohnung angeboten. Doch das Ehepaar will nicht in eine Wohnung. Robert weicht der Sesshaftigkeit noch weiter aus.

Man erweitert die Wohnfläche, da die Familie jetzt zu dritt ist. Huber kauft einem Jenischen zwei hölzerne Wagen ab: einen Küchenwagen und einen Wohnwagen. Schöne alte Stücke in Mahagoni-Holz – das Wasser abstösst – mit Oberlicht-Fensterreihen, wie einstens amerikanische Eisenbahnwagen hatten. Zu schwer für die Reise, man muss sie mit Traktoren verschieben. Damit fahren sie auf den Bözberg, zuoberst hinauf, wo sie die Wagen hinstellen. Abgehoben von der Mittellandzivilisation und doch mit ihr verbunden dank Strassen. Ein jenischer Freund hat am selben Ort Quartier bezogen.

Kann es auch windig sein – bei böigem Wetter habe man alles anbinden müssen –, ist es doch ein eigener kleiner Flecken Glück.

Da oben wird 1964 Hubers zweites Kind geboren, ein Sohn, Robert. Und dann auch das dritte, Daniel. Zu Roberts Kollegenkreis gehört jetzt David Burri, ein Jenischer, der weder auf den Kopf noch aufs Maul gefallen ist. Wir werden ihm noch begegnen. Er ist ein wanderndes Adressbuch und kennt von den meisten Fahrenden Eltern, Cousinen, Geschwister. Beziehungen sind das A und O beim Geschäft. Und er weiss eine Unzahl von jenischen Geschichten, wahre und erfundene. Bei ihm kann Huber lernen.

Von David Burri habe ich den hübschen Witz gehört: Ein Buur – ein Nichtjenischer – erzählt, er sei einmal «im Zigeunerhimmel» (wie Burri formuliert) gewesen. «So ein Chaos», sagt der Besucher, «nichts Heiliges. Nur Lärm, Lachen, Tanzen und Kinder, die herumrennen.» Der Zigeuner nach einer Pause: Auch er sei einmal im Himmel gewesen, im Himmel der Bauern. «Eine wunderbare Wiese habe ich da gesehen, schöne Blumen, prächtig alles. – Und menschenleer.»[59]

Eine jenische Strasse

Mehr als ein Jahr leben Hubers so. Bis durch ein Autounglück der Wohnwagennachbar ums Leben kommt. Nun sind sie allein auf dem Plätzchen. Sollen sie auf dem Bözberg bleiben? Sollen sie weiter? Ein Feuer ohne Nachbarn ist kein jenisches Feuer.

«Wo hättest du die tonnenschweren Holzwohnwagen hinstellen wollen? Die hat niemand in einem Dorf haben wollen.»[60] Robert Huber, der damals einem Faden folgt, der ihn zurückführen soll in die jenische Kultur, sagt: «Ich hatte den Verleider.»[61] Zudem bricht der Winter ein.

Es ist schwieriger, als er gedacht hat! Der Versuch, zur Lebensweise der Alten zu finden, droht zu scheitern.

Er zieht auf einen Platz für Fahrende, wo auch David Burri ist. Für die darauffolgenden Wintermonate findet er noch einmal eine Waldecke bei Kempthal nahe Winterthur, wo sich die ganze Zeit kein Polizist zeigt. Dann nehmen Hubers doch eine der Wohnungen an, die die Stadt ihnen anbietet. Mit Gabi, Daniel, Robert ist die Familie zu fünft. Die schönen hölzernen Wohnwagen werden verkauft.

Seit 1968 ist Robert Huber, sesshaft geworden, verzeichnet im Adressbuch der Stadt Zürich. Er wohnt an der Hellmutstrasse – eine kurze, heute für den Durchgangsverkehr gesperrte Strasse im Stadtkreis 4, nahe der beliebten Bäckeranlage, die zu einer Art Central Park von Zürich geworden ist. Hellmutstrasse 7.[62]

Damals ist das eine heruntergekommene Ecke. Geprägt vom Areal einer Abfallverwertungsfirma. An den Strassennummern 4 bis 8 liegen Büros und verschiedene Bauten der Firma Chaim Lewin, Firma für Industrieabfälle.

«Es war eine Art jenische Strasse», sagt Robert Huber.[63] Nicht zufällig, so glaubt er, hatte die Stadt Jenische hier einquartiert – «damit sie schön am Haufen sind; so musste man sie nicht lange suchen.»[64] Für die Hellmutstrasse, sie zählt gerade 15 Hausnummern, listet das Adressbuch Ende sechziger Jahre auf: In Nr. 7 den «Alteisenhändler» Robert Huber und den «Händler» Adolf Wyss, mit dem Huber verschwägert ist.

In Nr. 9 eine «Reisende», deren Namen Huber heute nichts sagt.

In Nr. 15 eine «Marktfahrerin», die keine Jenische gewesen sei, weiter die «Reisende» Edith Moser – Nichte von Robert Huber – sowie die «Spetterin» Louise Nobel und den «Anitquitätenhändler» Arnold Nobel.[65]

Nobel Noldi ist der Anführer der «Nobel-Bande» gewesen, von der hier schon die Rede war. Bekannt durch seine Einbrüche, bekannter noch durch seine Ausbrüche. Er hat in Regensdorf gesessen, wo er 18 Monate lang Papiertüten klebte, wie sein Anwalt beklagte. Von Regensdorf hat ihn einer ins Spital zum Untersuch bringen müssen, weiss Huber. «Beim Marsch durch den Spitalkorridor sagte er dann plötzlich: ‹Ah Grüezi au›, als wäre da ein Bekannter. Die Wächter schauen sich um – und Noldi Nobel ist weg.»[66]

Vielleicht haben sich die ersten Jenischen auch in dieser Hellmutstrasse niedergelassen, weil hier die Zentrale des Altstoffgrosshandels ist, wo dieser oder jener eine Anstellung gefunden hat. Nun also, gezwungenermassen sesshaft, wohnt auch Robert Huber da mit seiner jungen Familie.

Uralt sind die Wohnungen, aber die Erinnerung malt die Szenen gemütlich. Röbi erzählt Geschichten von Clochards. «Weisst du, dass du Untermieter hast?», fragt ihn ein Kollege in der Wirtschaft. Nach Mitternacht seien beide zurückgekehrt und im Keller nachschauen gegangen. «Da lagen auf Matratzen, mucksmäuschenstill, ein Dutzend Kundis» – Clochards – «bei brennender Kerze.» Sie müssen gewusst haben, dass die Jenischen oben ihnen nichts antun würden.[67]

Die ganze Umgebung, Huren und Kundis, passen auf die Huber-Kinder auf. Der 1966 geborene Jüngste, Dani, teilt das Zimmer mit dem Bruder. Und das grössere Schwesterchen kocht für die Kleinen, wenn die Eltern unterwegs sind. Daniel Huber erinnert sich, wie vor dem Haus die Dirnen stehen – «Dass es Dirnen waren, merkte ich zwar nicht. Sie haben sich untereinander abgesprochen, wenn etwa Vater später nach Hause kam, und schauten zu uns.»[68] Und er erzählt, wie sie als Buben beim nahen Gemüsler regelmässig eine schöne Frucht vom Stand klauen. Was der Vater hintenherum ebenso regelmässig begleicht. Und dass sie abends zum Vater ins Bett kriechen dürfen.

Im städtischen Milieu

So ist Huber eingetaucht in jenes Milieu der Stadtjenischen, das bisher unbeachtet geblieben ist. Auch ich habe davon nur Kenntnis durch Schilderungen Hubers und die Erzählungen weiterer seiner Kollegen.[69] Manches ist nicht überprüfbar.

Sie sind Teil der Szene rund um die Langstrasse. Man trifft sich in Restaurants, die Namen tragen wie «Brauerhof», «Sonne», «Schweizerdegen», «Rangierbahnhof», «Morgenstern», «Militärhof», «Jägerburg», «Kutscherhalle».

In der «Schmiede» gibt es die besten Koteletts der Stadt. Im «Fass» findet man die Fussballer, die Huber gern eine Antiquität abkaufen, wenn er etwas im Kofferraum hat: eine Zinnkanne, eine geschnitzte Figur.

«Wenn du in Zürich einen Jenischen gekannt hast, hast du alle Jenischen gekannt», sagt Huber: In der «Räuberhöhle» – bei den Bahngleisen gelegen – versammelt man sich jeden Freitag und Samstag. Das ist die Nachrichten- und Handelsbörse, da sieht man auch die Jenischen aus dem Bündnerland oder dem Waadtland, wenn sie nach Zürich kommen. Man geht ins Lokal und hockt sich hin. Irgendetwas geschieht immer.

«Damals kannte man einen Jenischen an seinem typischen Aussehen», erzählte Huber in seinem ersten lebensgeschichtlichen Interview mit dem Historiker Thomas Huonker. «Man trug eine Lederjacke und Manchesterhosen, das hielt am längsten. Und meistens auch Halstüchlein.» Kaum sass man in einem Bahnhofbuffet oder einem anderen Restaurant, tauchte nach spätestens einer Viertelstunde oder einer halben Stunde die Polizei auf, um Personenkontrolle zu machen. «Es hiess: Da ist ein Tisch mit Jenischen.»[70]

Auch die Jenischen kennen ihre Freunde: jenen Polizisten, den alle Goethe nennen – eigentlich heisst er Götte –, und den alten Fahnder Schürmeier, der den Erzählungen nach unermüdlich auf der Suche ist nach kleinen Ganoven wie Nobel oder auch dem Rockerboss Tino.

Und hier in der «Räuberhöhle», erinnert sich Huber, habe er zu Charlotte gesagt, einer Charlotte, die uns nicht weiter zu interessieren braucht: «Du wirst sehen, Charlotte, irgendwann schaffe ich etwas, das nicht jeder macht.»[71] Er erzählt das, als wir darüber sprechen, wie aus dem Verdingbub der Präsident der Radgenossenschaft geworden ist.

In diesem Milieu wissen sich zwar viele als Jenische, doch jenisch zu reden getrauen sich wenige, ein paar Brocken vielleicht. Man will nicht auffallen, man passt sich an, erzählt Huber. «Jeder hatte Angst, er komme versorgt.»[72] Als «Volk» werden die Leute ohnehin nicht angesehen.

Gute Geschäfte

Nie hätte er sich anstellen lassen als Eisenleger oder Strassenarbeiter oder sonst etwas. Huber bleibt selbstständiger Geschäftsmann.

Er bezahlt Lehrgeld. Als er etwa im Österreichischen jenen wunderschönen Bodenseeschank findet. Mit geschnitzten Rosetten. Den er zuoberst auf das

Dach des Kleinbusses bindet und im Regen transportiert. Und am Zoll deklariert, worauf der Zöllner hinaufsteigt und fragt, wo das schöne Stück sei. Und als Huber selber hochklettert, um es ihm zu zeigen, sieht er braune Flecken an den Stellen, wo die Rosetten sein sollten. Abgefallen unterwegs. Billiges Zeugs ists gewesen, draufgeklebt, nicht herausgeschnitzt.

Der Seilhandel dehnt sich aus. Irgendwann entdeckt Huber den Bedarf bei den Stauwerken, die in die Höhe schiessen nach dem Krieg. Dort brauchen die Bauführer starke Seile in Mengen. Jetzt beginnen die Franken zu rollen. An einzelnen Tagen lassen sich bis zu 400 Franken umsetzen.

Als die Schweizer Wirtschaft Ende sechziger Jahre in die Hochkonjunktur mündet und richtig brummt, geht auch das Geschäft Hubers gut.

Jetzt spürt er, wie ihm zugut kommt, dass er die Mentalität der Sesshaften kennengelernt hat. Er habe es besser gemacht als mancher langjährige Händler. In den sechziger Jahren kann er sich einen alten Lieferwagen kaufen, einen Hanomag. Wieder ein Vorteil gegenüber der Konkurrenz, die meist noch kein solches Gefährt besitzt.

Auf den Bauplätzen, das sieht er schnell, wird aber noch anderes gebraucht und verbraucht als Seile. Metall!

«Die Stauwerke hatten einen unglaublichen Verschleiss an Material. Da habe ich grosse Mengen verbrauchtes Eisen gekauft. Zum Beispiel an der Baustelle für den Stauseee Mattmark im Wallis, wo der Gletscherabbruch passiert war.» – 1965 lösen sich riesige Eismassen vom Alalin-Gletscher und verschütten das Barackendorf der Baustelle; 88 Bauarbeiter werden in den Tod gerissen. Als aufgeräumt werden muss, ergattert auch Huber sich einen grösseren Auftrag.

«Oder Material der alten Lawinenverbauungen in Zermatt, die aus Aluminium gewesen sind. Das haben wir bahnwagenweise verladen.»[73]

In der ganzen Schweiz ist er unterwegs, er macht mit seinem Auto jährlich 70 000 Kilometer, 100 000 Kilometer.

Auch er hat als Geschäftsmann gelegentlich versucht, etwas schneller reich zu werden, als es der Markt üblicherweise richtet. Hat manchmal etwas schlauer sein wollen als sein Vis-à-vis. Einmal geht es fast schief.

Huber hat erfahren, dass eine Gemeinde im Bernbiet ihre Hydranten modernisiert, und macht mit den Behörden aus, dass er die alten Kappen übernehme, die aus Messing sind. Die kann er weiterverkaufen. Doch führt er schliesslich mehr ab, als vereinbart ist für den Pauschalpreis, den er bezahlt.

Oder wie Huber sagt: «Und dann habe ich sie vergessen zu zahlen, das heisst: Ich wollte sie nicht zahlen.» Worauf ihn die Gemeinde einklagt.

Es kommt zum Prozess auf dem trutzigen Schloss Trachselwald im Emmental. Huber denkt mit Schmunzeln an den Prozesstag. «Der Erste, der hinaufgefahren ist, war der Richter, der hat einen klapprigen VW gehabt. Der Nächste war der Ankläger, er hatte einen DKW, auch nichts Gescheites.» Dann er. «Der Dritte kam mit einem weissen Mercedes 190 Cabriolet.»[74] Huber wird freigesprochen, weil man ihm keine Absicht habe nachweisen können.

Irgendwann kauft er sich einen hellen Chevrolet Impala, einen «Ami-Schlitten», wie der Volksmund diesen grossen Automobilen sagt. Er kann sich auch Ferien leisten, reist etwa mit einem Freund zum Vergnügen nach Paris, wohin er sich Geld aus einem Geschäft gleich in Francs hat überweisen lassen. Und macht sich dort ein gutes Leben.

Er fährt nach Thailand, nach Afrika. Huber hat in der Jugend vor allem das Tannzapfenland im Thurgau, das Grosse Moos im Raum Freiburg–Bern und die Hügel des Juras kennengelernt. Jetzt will er mehr sehen von dieser Welt.

«Der Vater konnte ankündigen, ich gehe in die Ferien, und die Mutter sagte: dann gehe», erzählt Sohn Daniel. «Sie wollte nicht mit, er hat sie hin und wieder gefragt. Sie blieb gern zu Hause, machte dann den Haushalt und liebte es, zu stricken.»[75]

Sitzt Huber im «Schlössli» an der Neufrankengasse, als ihn einer auffordert: Komm wir fahren nach Schweden! Robert Huber heim am Morgen um vier und hat sich umgezogen. Praktisch noch in Pantoffeln sei man auf den Flieger und weg. Eingeladen von Charly Hug, einem Milieukönig aus dem Langstrassenquartier, der die Flugscheine aus irgendeiner Aktion erhalten habe.[76] Solche Geschichten erzählte Huber freigiebig, wenn wir nach einer Sitzung etwas trinken gingen.

Schweden also. Thailand. Kenia – das Hotel Bahari-Beach, die Palmen am Strand, der Drink am Pool, die Savanne mit den frei lebenden Tieren, der Kilimandscharo, Bekanntschaften – in Kenia ist Huber ein halbes Dutzend Mal. Nur in Les Saintes-Maries-de-la-Mer war er nie. Das ist Zigeunerromantik.

Familienvater in Altstetten

Die Familie ist gewachsen, der Platzbedarf auch. Hubers wechseln in eine grössere Wohnung in einem familienfreundlicheren Quartier.

Es scheint, als seien die nachgeholten wilden Jahre Robert Hubers allmählich vorbei. Huber wird zum Familienvater wie unzählige andere Schweizer. Äusserlich jedenfalls. Seinen Weg zurück zu den Jenischen wird er weiterhin gehen. Auf neue Art: Sein Weg führt von der individuellen Rebellion zum Zusammenschluss.

Hubers erhalten von der Stadt Zürich eine 4½-Zimmer-Wohnung an der Luggwegstrasse 115 in Zürich-Altstetten. Vis-à-vis der katholischen Kirche, die Robert allerdings nicht oft von innen sehen wird. Aus dem Christentum macht er sich nicht viel. Ein Jahrzehnt werden sie da bleiben, als Sesshafte unter Sesshaften.

Hier wachsen die Kinder heran. Dani besucht zeitweise den Hort, dann die Primarschule, dann die Realschule. «Dass wir Jenische waren, wusste allenfalls mein bester Freund.»[77] So sei er auch nie diskriminiert worden.

Mutter muss dazuverdienen. Sie nimmt den Buben manchmal mit auf den Handel. Zeitweise verrichtet sie einen Teilzeitjob als Reinigerin in der nahen Zentralwerkstätte der Verkehrsbetriebe.

Ists nicht mit der Mutter, geht Sohn Daniel mit dem Vater an den schulfreien Mittwochnachmittagen. Und lieber noch an den Tagen, da er sich krankmeldet. Denn die Schule interessiert ihn nicht, der Lehrer kann ihn nicht für den Stoff begeistern. Das Leben findet draussen statt! Beim Hausieren sieht er mehr von der Welt. Er kommt in Häuser von Ärzten und in Villen von Industriellen. Merkt, wie ein Empire-Stuhl aussieht und was eine antike Marienfigur auszeichnet. So lernt er, ohne in die Lehre zu gehen, einen Beruf: die Handelstätigkeit der Jenischen. «Ich wusste, dass ich einmal schränzen gehen werde und keinen der üblichen Berufe erlernen würde.»[78]

Obwohl sesshaft, wachsen Hubers Kinder in die jenische Lebensweise hinein. Robert Huber hat sich doch wieder einen Wohnwagen gekauft. Einen schöneren als zuvor. Nicht mehr aus Holz, aus Aluminium nun. Ein Wohnwagenhändler an der Badenerstrasse gibt einen auf Kredit, und Huber kann das Gefährt unter Viaduktbögen der SBB im Kreis 5 abstellen. Anfänglich können Hubers zwar nur am Wochenende wie Zigeuner leben.

Irgendwann findet er einen Standplatz in Graubünden. Wo man übers Wochenende eben Jenische trifft, mit ihnen am Feuer parliert und jenische Sprachbrocken erlernt. Es gibt keinen Vagantentrieb; die jenische Kultur wird weitergegeben durch die praktische Einübung.

Als Daniel 14 geworden ist und die Töffliprüfung bestanden hat, eröffnet er den Eltern, dass er nun selber anfangen werde. «Ich habe begonnen, nach der Schule Knoblauch zu verkaufen.»[79] Das erfordert keine Investitionen, im Unterschied zu einer Schleifmaschine. Er kauft also in der Gemüsehalle bei der Duttweilerbrücke Knoblauchbünde für 50 Franken, legt sie in den Töffanhänger, läutet an den Haustüren und sagt: «Grüezi wohl, ich bi de Chnobli-Heini.»[80] Wenns gut geht, hat er am Abend 50 Franken vorwärts gemacht.

Später hilft das Ersparte zum Ankauf seines eigenen Wohnwagens.

Nach nur sieben Jahren wird Daniel aus der Schulpflicht entlassen. Nun erhält er vom Vater eine Schleifmaschine.

So wenig die Eltern vor den Kinder verbergen, dass sie Jenische sind, von einem habe der Vater ihnen dennoch kaum etwas erzählt, sagt Daniel: von dem, was er unter der Pro Juventute erlebt hat.[81]

Der Widerstand regt sich

War die Pro Juventute auch eine Institution, die zumindest von Teilen der Gesellschaft getragen und gutgeheissen worden war, so erleben die Betroffenen die Folgen der Aktionen zur Zerreissung von Familien dennoch allein. Sie können sich in langen Jahren oft mit niemandem aussprechen und mögen glauben, ihr Leiden sei eben ihr ureigenstes Schicksal.

Irgendwann erfahren manche, dass es anderen gleich ergangen ist.

Robert Huber erkennt, dass er sich nicht als Einziger dagegen auflehnt.

Seit einiger Zeit entwickelt sich unter den Jenischen eine Bewegung. Dieser oder jener unter Hubers Kollegen weiss davon. Dieser oder jener ist schon an einer Versammlung gewesen. 1984 vereinigen sich Hubers Lebensgeschichte und die Bewegung des jenischen Widerstandes, der sich immer sichtbarer formiert.

In Zürich Nord hat die Stadtbehörde einen provisorischen Platz für Fahrende eingerichtet, nahe bei der Kehrichtverbrennungsanlage Hagenholz. Um dessen Nutzung gibt es Streit. Die Stadt verhängt ein rigoroses Regime: «In der Regel ist eine Aufenthaltsdauer von höchstens fünf Tagen gestattet; andere Lagerorte werden nicht mehr geduldet.»[82]

Doch etliche Jenische streben einen Standort an, wo sie endlich für längere Zeit bleiben können. Dann erhitzt sich die Situation. Die Verwaltung, wenig sensibel im Umgang mit Randgruppen, bringt in einem Polizeitransporter auch Clochards auf diesen Platz, was die Radgenossenschaft als «Bildung von Gettos» kritisiert.[83] Und dann sollen die Fahrenden mit ihren Wohnwagen weggewiesen werden, weil diese zu lange da stünden. Die Leute gehen nicht weg. Sie bleiben, telefonieren Freunde herbei, jenische und nichtjenische, holen die Presse und sagen: Schaut, was hier passiert! Schreibt darüber! Und es funktioniert.

Auch Robert Huber ist jeweilen hingegangen, wenn das Buschtelefon ihn gerufen hat. Daniel, der sich interessiert, begleitet ihn. Man hat sich hingestellt am Eingang zum Platz als lebende Barrikade.[84]

Der kleine Aufstand lohnt sich. Die Stadt lenkt ein. Es kommt zu Verhandlungen. Und so kann Ende 1985 an der Leutschenbachstrasse – an der Grenze zwischen Oerlikon und Seebach – ein Standplatz geschaffen werden.[85] Mit 19 Parzellen, die Platz bieten für ebenso viele Familien. Die jenische Widerstandsbewegung zeitigt erste Früchte.

Für Huber scheint es ein Schlüsselerlebnis gewesen zu sein. Zehn Jahre ist er nun sesshaft. Lange hat er gewartet, bis auch der Jüngste aus der Schule war. Nun entscheidet er sich. Es sei für ihn wie ein Schlag gewesen, erzählt Daniel, als der Vater gesagt habe: «Marsch, wir gehen wieder!»[86] 1984 führt das Adressverzeichnis der Stadt die Anschrift Hubers zum letzten Mal auf, am Luggweg. Hubers beginnen ein neues Leben auf einem Standplatz für Fahrende. Das jenische Volk hat eine Familie mehr.

Der «Beobachter» prangert an

Was im Leutschenbach ausbricht, hat lange Zeit gebrodelt. Die Anfänge der jenischen Renaissance in der Schweiz werden übereinstimmend aufs Jahr 1972 datiert. In der Zeitschrift «Beobachter» war damals eine vierteilige Artikelserie erschienen mit detaillierten Berichten von Betroffenen über die Auflösung ihrer Familien durch das «Hilfswerk» der Pro Juventute.

«Fahrende Mütter klagen an.» So lautete der Titel des ersten Berichtes, der übrigens nicht einmal besonders umfangreich ausgefallen war.[87] Doch die Einleitung der Redaktion war aufsehenerregend: «‹Man hat uns, ohne dass wir uns dazu hätten äussern können, unsere Kinder widerrechtlich weggenommen.› Diesen schweren Vorwurf erheben Mütter des fahrenden Volkes gegenüber der Pro Juventute und verschiedenen Vormundschaftsbehörden.»[88]

Es folgte lebensnah das Beispiel einer Mutter. Der Artikel schloss: «Seit bald einem Jahr versucht der Beobachter vor allem zum Fall der Zigeunerin

Th. Wyss von der Pro Juventute konkrete Auskünfte zu erhalten. Bis heute ist keine befriedigende Antwort eingetroffen. Was hat Pro Juventute zu verbergen?»[89]

Mehrfach zog der «Beobachter» nach unter dem Serientitel «Aussenseiter, Zwangsmassnahmen gegen Fahrende» und veröffentliche Schicksale von Menschen, deren Familie auseinandergerissen worden war.[90]

Bis Anfang siebziger Jahre also waren Familien auseinandergerissen worden. Dass die Presse dem schliesslich ein Ende setzte, hatte mit dem Aufbruch von 1968 zu tun; er verbreitete das Misstrauen gegen Autoritäten, Behörden und Institutionen und hinterfragte Disziplinierungsmassnahmen, die bisher als «normal» hingenommen worden waren. Einer der Ausflüsse dieser Bewegung war die Heimkampagne, welche Jugendliche aus Strafanstalten und Erziehungsheimen befreite.

So wurde das Thema «Kinder der Landstrasse» der Öffentlichkeit bewusst. Und Jenische begannen, die Akten über ihr eigenes Leben zu sammeln.

Erst allmählich zeigte sich das Ausmass des Geschehens. Zu meinen eigenen Erinnerungen an die Schulzeit, ich bin 1948 geboren, gehört nebst Pausenmilch, Zahntante und Bärendreck der Strassenverkauf von Pro-Juventute-Marken. Das waren ordentliche Postmarken mit einem Zuschlag, der den Pro-Juventute-Aktivitäten zugute kam. «Kaufen Sie auch Märkli für die armen Kinder?», hatten wir gerufen. Und hatten Wettbewerbe veranstaltet, wer am meisten verkaufte im Tag.

Die «armen Kinder», das waren die Jenischen gewesen, die man als Säuglinge oder im Kindesalter ihren Familien entrissen hatte. Ziel war nicht die Bekämpfung der Armut gewesen, wie wir geglaubt hatten. Arme gab es überall. Es ging gegen die Traditionen dieser Lebensweise, wie Siegfried in einem Aufsatz in der Zeitschrift «Der Armenpfleger» etwas umständlich formuliert hatte: «Hält man dazu die Zähigkeit, mit welcher die Jennischen» (so im Original) «selber an ihren verhängnisvollen Traditionen (Hausierwesen, Unstetigkeit, Abneigung gegen Schule und Beruf) hängen, so kann man ermessen, was für Schwierigkeiten sich demjenigen entgegenstellen, welcher die schwer gefährdeten Kinder der Korber und Kessler aus ihrem schlimmen Milieu entfernen und zu rechtschaffenen Menschen erziehen möchte.»[91]

Und weiter: «Kenner der Verhältnisse sind darüber einig, dass die Vagantität an und für sich eine Gefährdung für die Familie und insbesondere für die Kinder bedeutet.»[92]

Heute noch strafbar

Auf dem Landgut der noblen Familie Wille – die den Schweizer General im Ersten Weltkrieg gestellt hatte – wurden Feste im Zigeunerkostüm gefeiert, wie ein Foto aus dem Jahr 1931 zeigt.[93] Ulrich Wille junior (1877–1959) war Stiftungskommissionspräsident der Pro Juventute, die die Zerstörung der Zigeunerkultur verkündete. Alfred Siegfrieds Worte sind viel zitiert: «Wer die Vagantität erfolgreich bekämpfen will, muss versuchen, den Verband des fahrenden Volkes zu sprengen, er muss, so hart das klingen mag, die Familiengemeinschaft auseinanderreissen. Einen anderen Weg gibt es nicht.»[94]

586 Kinder jenischer Herkunft wurden von ihren Familien durch die Pro Juventute weggenommen, wissen die Forscher heute.[95]

Speerspitze der Bewegung war das «Hilfswerk für die Kinder der Landstrasse», das 1926 gegründet worden war. Das war nicht einfach eine Pro-Juventute-Unterorganisation, die aus dem Ruder lief. Da waren nicht übereifrige soziale Kleindealer am Werk. Kein Geringerer als Bundesrat Giuseppe Motta, langjähriges und einflussreiches Mitglied der Landesregierung, hatte 1923 die Pro Juventute schriftlich gebeten, eine Rettung «dieser armen Kinder» zu versuchen.[96]

Als einen «dunklen Fleck in unserm auf seine Kulturordnung so stolzen Schweizerlande» bezeichnete der schweizerische Bundespräsident selbst die «Kessler, Korber, Bettler» im Land.[97] Gemeinden wie Savognin hatten mit viel Kraft mitgewirkt an der Fleckentfernung. Mehr als die Hälfte der Kinder stammte – wie Robert Huber – aus dem Kanton Graubünden.[98] Verschiedene betroffene Familien waren, so schreiben Forschende, «nachweislich sesshaft».[99]

«Vielleicht hat die Aktion eine minimale Berechtigung gehabt», sagt Huber einmal nachdenklich. Manche Familien hätten wirklich in Schwierigkeiten gesteckt, wegen der Arbeitslosigkeit, des Alkoholismus, der Mentalität der Männer. Manche Männer seien im Restaurant gesessen und hätten gewartet, bis die Frau das Geld vom Hausieren heimbringe. So seien Kinder vernachlässigt worden. «Aber dann hat man die Falschen drangenommen», sagt Huber: «Man hätte bei den Eltern ansetzen müssen und ihnen zu Möglichkeiten verhelfen sollen, zu überleben.»[100]

Die Handelnden stützten sich auf das neue Zivilgesetzbuch, das 1912 in Kraft trat und ein Eingreifen der Behörden rechtfertigte, wenn Kinder verwahrlost waren; gleichzeitig missachteten sie immer wieder zwingende Verfahrensvorschriften, sodass – bei Robert Huber wird sich das noch zeigen – von einer systematischen Gesetzesverletzung gesprochen werden muss. Wie oft wurden Gründe erfunden, um Kinder von Fahrenden wegnehmen zu können? Wie viele Kinder wurden platziert an Orten, wo nicht das Kindswohl im Mittelpunkt stand!

«Dann haben sie mich verschachert an eine Bauernfamilie», sagt Huber mehr als einmal – «verschachert».[101] Und: «Von dort haben sie mich verschachert an einen Metzger.»[102]

Vermutlich war die Zahl der Betroffenen weit höher. Es gab weitere Hilfswerke, die ähnlich dachten und handelten: das Seraphische Liebeswerk etwa.[103] Eine katholische Institution, die ihre Akten heute noch hütet vor den unanständigen Blicken der Historiker.[104] Weil viele Jenische katholisch waren und jeder Pfarrer die Kinder vom Unterricht her kannte, war das Handeln der Kirchenleute besonders ertragreich. Darüber hinaus gab es Gemeindebehörden, die von sich aus Familien aufgriffen. Huber glaubt denn auch, dass die Zahl der geraubten Kinder 2000 erreichte.[105] Ganze jenische Geschlechter seien verschwunden oder stark dezimiert worden, Huber erwähnt jenische Tobler, Kümin, Feuble, Grämer.[106]

Wie die Vorgänge völkerrechtlich zu bewerten sind, ist wenig diskutiert. Der Historiker Thomas Huonker bezeichnet das Geschehen als «versuchten Genozid».[107] Er bezieht sich auf die Genozidkonvention der UNO vom 10. Dezember 1948, welche folgende Handlungen als Völkermord aufführt:
- «Verhängung von Massnahmen, die auf die Geburtenverhinderung innerhalb der Gruppe gerichtet sind»;
- «gewaltsame Überführung von Kindern der Gruppe in eine andere Gruppe».[108]

Die Autorin einer vertiefenden Studie kommt zum Schluss, dass Handlungen im Zusammenhang mit der «Aktion Kinder der Landstrasse» «als Verbrechen gegen die Menschheit zu qualifizieren sind, soweit sie mit der Absicht begangen wurden, die Gruppe der Jenischen wegen ihrer sozialen bzw. ethnischen Zugehörigkeit zu zerstören».[109]

Sie betont, dass die Umstände in jedem konkreten Fall untersucht werden müssten, stellt aber als Fazit fest: «Der Strafanspruch ist nicht untergegangen.»[110]

Die Radgenossenschaft entsteht

Die Kritik des Schweizerischen «Beobachters» tat ihre Wirkung. Eine Zeitschrift der Achtundsechziger-Bewegung, der «Focus», griff das Thema ebenfalls auf.[111] Das Hilfswerk «Kinder der Landstrasse» musste 1973 seine Tätigkeit einstellen. Es war eine wichtige Etappe für die jenische Bewegung. Manche Ängste scheinen fortan wie weggefegt.

Nun legt sich die jenische Widerstandsbewegung eigene nationale Strukturen zu. In der ersten Nummer einer «Zeitschrift des fahrenden Volkes in der Schweiz» lesen wir: «Am 19. April 1975 gründeten wir die ‹Rad-Genossenschaft der Landstrasse›. In einer dreistündigen Sitzung wurde der Statutenentwurf gutgeheissen, der Vorstand gewählt, und die ersten Aktionen wurden besprochen.»[112]

«Scharotl» nennt sich das Blatt; es ist die Bezeichnung für den Wohnwagen. Und zwei Wochen nach der Gründungssitzung findet die erste grosse Versammlung statt. Im Restaurant «Bierhübeli» in Bern, einem traditionsreichen Lokal und beliebten Veranstaltungsort. Robert Huber ist als Sympathisierender im Saal. Er gehört noch nicht zu den Wortführern. Ein Freund hat ihn mitgenommen.

«Die Zigeunerfahne – grün wie die Wälder und Felder, blau wie der offene Himmel, ein rotes Wagenrad in der Mitte – schmückte am 31. Mai den Saal des Restaurants (...)», berichtet die «NZZ» in einem verschupft platzierten Bericht einige Zeit später über die historische Versammlung, «zu der 200 Jenische mit Kindern und Hunden erschienen waren (...).»[113]

Ein Fernsehbericht zeigt den belebten Saal.[114] «Alle Jenischen, die Rang und Namen hatten, waren da», erinnert sich Huber.[115]

Eine der Wortführerinnen auf dem Podium ist Mariella Mehr, die sich später einen Namen macht als Schriftstellerin. Sie wird über ihre Erfahrungen den Roman «Steinzeit» schreiben[116] und das Theaterstück «Akte M. Xenos. Ill». (Der nicht auf Anhieb verständliche Titel beschwört einen Akteneintrag über eine illegitime Fremde.)[117] Mariella Mehr, die in einer Vorläuferorganisation namens «Jenischer Schutzbund» aktiv gewesen ist,[118] zeichnet als erste Redaktorin des «Scharotl» und wirkt in den Anfangsjahren als Sekretärin der neuen Genossenschaft. Ein Satz aus «Steinzeit» fasst ihre Vergangenheit eindrücklich zusammen: «Ich bin mein leben lang geschlichen, durch meine landschaft, mit dem bisschen leben unter dem arm, von dem ich immer meine, es gestohlen zu haben.»[119]

Es muss Aufgabe einer eigenen historischen Arbeit sein, die Entstehung der Radgenossenschaft mit feinerem Bleistift nachzuzeichnen, als es hier geschieht, und die Rolle vieler Einzelner zu würdigen, die eine erste Generation von Aktiven bilden. Die von der Kindswegnahme betroffene Mutter Teresa Grossmann und die als Kind schwer betroffene Mariella Mehr repräsentieren das weite Spektrum der Tragödie.[120] Dann sind da die Familiennetze der Birchler, Burri, Haefeli, Waser. Hinzu gesellen sich prominente Aktivistinnen und Aktivisten wie «Zory» Müller – so ihr Szenename –, der Kunstmaler Walter Wegmüller, der Fotograf Rob Gnant, der Musiker Baschi Bangerter. Zudem einige sozial Engagierte aus dem Umfeld der Pro Juventute, die umzudenken begonnen haben. Als erster jenischer Präsident tritt – nach dem unglücklichen Start mit einem nichtjenischen Präsidenten[121] – Robert Waser auf, ehemaliger Zögling der Pro Juventute.[122]

Vom sozialen Kern her ist die Radgenossenschaft eine Jenischen- und Heimkindbewegung; die Jenischen und einstigen Heim- und Verdingkinder stellen bei der ersten öffentlichen Versammlung das Gros des Saalpublikums. «Fast 300 Sippenvertreter der Jenischen in der Schweiz fanden sich damals zusammen, um eine Selbsthilfeorganisation, die Radgenossenschaft der Landstrasse, ins Leben zu rufen», schrieb der nachmalige Präsident der Radgenossenschaft Walter Wegmüller, selber ein Heimkind.[123]

Die wenigen Sinti-Familien, die in der Schweiz zum Fahrenden Volk gerechnet werden und deren Leben sich oft mit dem der Jenischen vermischt, sind fast gänzlich abwesend. Tschawo Minster – seine Familie ist mehrfach mit Jenischen verschwägert – soll mit Kollegen da gewesen sein und Musik gemacht haben, wie sich Mariella Mehr erinnert.[124] Sinti stellen auch keine selbstständigen politischen Ansprüche, und in der Radgenossenschaft übernimmt ein Jahrzehnt lang keiner aus den bekannten Schweizer Familien dieser Ethnie verantwortliche Funktionen.[125]

Die internationale Sinti-und-Roma-Bewegung ist – nach unsicheren Quellenhinweisen – vertreten durch eine Delegation aus Deutschland.[126] Im Weiteren durch den in der Schweiz lebenden Aktivisten Jan Cibula, einen aus der Slowakei stammenden Rom mit ungarischen Wurzeln, der in Bern als Arzt wirkt, am Anlass offenbar das Wort ergreift[127] und in den Vorstand der Radgenossenschaft aufgenommen wird.[128] Symbolisch repräsentiert ist sie durch die «Pro Tzigania», die mit ihrem Organisationsnamen zum Ausdruck bringt, dass sie die Gesamtheit der Zigeuner im Blickfeld hat. Sowie durch den Publizisten Sergius Golowin, der Zigeunergeschichten sammelt und Mythen von Fahrenden erforscht.

Eine Roma-Organisation im Sinn der direkten Interessenvertretung kann die Neugründung nicht sein; Roma lebten damals erst wenige in der Schweiz – sie kamen später mit den Flüchtlingsströmen aus dem Balkan und aus Osteuropa her und liessen sich als Sesshafte nieder, meist ohne sich zu offenbaren.[129]

Ich frage Mariella Mehr: Als was verstanden sich die Gründerinnen und Gründer der Radgenossenschaft anfänglich: als Opfer der «Aktion Kinder der Landstrasse», als «Fahrende» oder im weiteren Sinn als «Zigeuner»? – «Am Anfang waren das einfach jenische Opfer», antwortet sie.[130] Sie fügt hinzu, dass sie den Namen «Radgenossenschaft» unglücklich finde, da er den Eindruck erwecke, es gehe nur um fahrende Jenische, wo doch sesshafte immer auch vertreten werden sollten.

Erst schemenhaft zeichnet sich im Hintergrund die «Weltbewegung der Zigeuner» ab.

Die «Bierhübeli»-Veranstaltung betont jedenfalls die Eigenständigkeit der neuen Bewegung; die Sprecherin der Pro Tzigania, Zory Müller, ruft in den Saal: «Die Sesshaften sollen begreifen – wir haben eine Kultur und wir wollen sie zeigen.»[131]

Robert Huber, 31-jährig, hört zu und macht seine Beobachtungen.

Wer sind die Jenischen?

Worin diese «Kultur» bestand, blieb eine offene Frage. Was diese Jenischen sonst noch seien ausser eben: Opfer von Willkür und Verfolgung, das liess sich nicht einfach sagen. Einige Jenische – Kinder der Landstrasse – hatten nie in dieser Kultur gelebt. Andere – aus der Generation der Mütter und Väter – wussten kaum, was an ihrer bisherigen Lebensweise «typisch» jenisch war. Eine Frau sagte mir einmal: «Was jenische Kultur ist, nehme ich von innen wohl weniger wahr als von aussen. Von innen sehe ich die einzelnen Personen, ihre Verschiedenheit.» Und dabei könne sie kaum unterscheiden, «was nun individuell, was jenisch, was allgemein ist».[132]

«Die Leute wussten einfach, wer ein Jenischer ist und wer nicht», bestätigt Huber.[133] Man kannte sich, man lebte miteinander und manchmal auch gegeneinander, man hatte dieselben Alltagssorgen. Aber einen festen Begriff hatte man nicht. Das Jenisch-Sein musste erst wieder mit Inhalt gefüllt werden.

Jung war die Bewegung, weshalb jedes gedankliche Angebot dankbar aufgenommen wurde. So liessen sich manche von den Mythen des Sergius Golowin anregen – der die ganze Schweizer Geschichte einfach umkehrte in seinen Erzählungen und der in seinen Büchern die spirituelle Welt der Fahrenden zum Kernbestand der Schweiz erklärte: Zumindest in den Schweizer Sagen seien Sarazenen, Heiden, «Bärglütli» und Feen «das wahre Urvolk der Gebirge».[134] So machte er die Menschen am Rand zum Mittelpunkt der helvetischen Vergangenheit. Unzählige Geschichten hatte Golowin im Kopf, und er mochte vergnügt erzählen, dass die tapferen Schweizer Söldner nur dank magischen Künsten und geheimnisvollen Kräutern – die sie von den Fahrenden hatten – über ihre Feinde hätten siegen können. Und dass im Volkslied vom «Vreneli ab em Guggisberg» Hinweise auf den Drogenkonsum der Vorfahren und damit auf eine magische Welt zu finden seien – dort wo die Wirkung von Nelken und Muskat besungen wird.

Inspiriert von der Bewegung der Hippies, die sich ebenfalls von der Gesellschaft der Sesshaften abwandten, erklärte Golowin im Buch «Zigeuner-Magie im Alpenland»: «Die Hinwendung einer modernen Jugend ‹zu den Wegen der Zigeuner› war es schliesslich, die mir die Augen für die Bedeutung des ‹Kulturuntergrundes› der verflossenen Jahrhunderte öffnete.»[135]

Und wenn man zweifelte an Golowins Theorien und Geschichten, sagte lachend der grosse Mann mit der hakigen Nase, mit den langen Haaren und der Lederjacke: «'S cha si, 's cha nid si, 's cha ou ganz andersch si.» Es kann sein, vielleicht ist es auch ganz anders, und er verabschiedete sich mit der berührenden Formel: «Tschou Liebä.»[136] 2006 ist er gestorben.

Es war eine Zeit voller Romantik und Poesie. Mancher erklärte damals im Hippie-Geist seine Identität mit der Herkunft aus einem entfernten Zigeunervolk. Seine Vorfahren seien an einem Fürstenhof in Italien Doctores und Magier gewesen, erzählte mir ein Jenischer. Sie sei eine Tochter aus dem Stamm der Lovara, behauptete die Aktivistin «Zory» Müller. Irgendwo hatte fast jeder Zigeuner-Vorfahren. Nachprüfen liess es sich nicht. So wenig, wie wenn ich behaupten würde, ich stamme von ungarischen Roma ab, weil meine Vorfahren aus dem Banat stammten, wo sie aktenkundig unter anderem Musikanten und Schnapsbrenner waren.[137] «Aus dem Banat?», fragte Golowin einmal zurück; «da ist überall Zigeunerblut drin.»[138]

'S cha si, 's cha nid si ...

Die Fahrenden und Zigeuner würden ursprünglich aus Klein-Ägypten stammen, behauptete ein anderer. Es ist jene Geschichte, die Roma-Gruppen bei ihrer Ankunft in Westeuropa Ende des 15. und Anfang des 16. Jahrhunderts den hiesigen Bauern, Bürgern und Patriziern präsentierten. Da ist gleich das ganze Land erfunden, denn ein Klein-Ägypten gibt es nicht.

Und die Schriftstellerin Mariella Mehr vertrat die Ansicht, die Jenischen seien ein heller Stamm jener Zigeuner, die aus der Urheimat in Nordwestindien ausgewandert seien.[139] Ein Versuch, die Jenischen in die Weltwanderbewegung der Roma einzubauen.

Robert Huber ist kein Anhänger von solchen Theorien. «Jenische haben nichts mit Sinti, Roma oder Gitanos zu tun», sagt er brüsk. «Man muss klar sehen, wir sind Europäer.»[140] Jenische seien «ein Mischvolk», das auf Wanderschaft gewesen sei schon vor Jahrhunderten, «Kesselflicker, Hufschmiede, Korbflechter», die sich eben vermischt hätten mit anderen, auch Umherziehenden. Mit Juden, oder mit «Manischen», wie die Sinti hierzulande genannt werden. (Der Ausdruck hat nichts mit manischer Depression zu tun.) Aber es seien Jenische, wiederholt Huber, selbst der Ausdruck Fahrende treffe den Kern der Sache nicht.[141] Denn Fahren ist kein unabdingbares Wesensmerkmal dieser Ethnie; man fährt zur Kundschaft, um Geld zu verdienen. Es ist eine historische Errungenschaft, die allerdings gern herausgestrichen und im Nachhinein als Unterscheidungsmerkmal anerkannt wird.

Das «Scharotl» – die Publikation der Radgenossenschaft – verbreitete Ähnliches schon im ersten Jahr seines Erscheinens und beantwortete die Frage, wer die «Jenischen» seien, so: «Im Familienverband umherziehende Gruppe mit
- eigener Sprache,
- eigenem Gewerbe,
- eigener Kultur.

Eine soziokulturelle Minderheit, deren Lebensrecht heute mehr und mehr eingeschränkt wird und die – vor allem in der Schweiz und in Deutschland – immer mehr Gefahr läuft, ein eigentliches Subproletariat am Rand unserer Wohlstandsgesellschaft zu werden!»[142]

Hervorgegangen, das glaubte die Forschung schon früh, aus der einheimischen Bevölkerung. Manche davon landlos geworden auf Grund von Verschuldung und Versteigerung des Heimwesens. Ausgestossen wegen unsittlichen Lebenswandels. Verwildert in Söldnerdiensten.[143] Das war lange der Stand der Forschung, wobei ein jüngerer Historiker zu dieser Herkunftstheorie kritisch anmerkt: «So ist die Frage, wie der Übergang vom Einzel- und Zeitwanderer zum Familien- und Dauerwandern konkret erfolgt, nur ansatzweise erforscht. Ferner besteht bei diesem Ansatz die Gefahr, dass man die Jenischen als reines Fürsorge- und Unterschichtproblem betrachtet und dabei übersieht, dass es hier auch um traditionelle Lebensformen einer Bevölkerungsgruppe geht.»[144]

Im Hintergrund steht die Frage, ob soziale und kulturelle Fäden allenfalls weiter zurückreichen als bisher gedacht. Im Bericht der Eidgenossenschaft «Fahrendes Volk in der Schweiz», der 1983 unter Mitwirkung jenischer Kommissionsmitglieder abgefasst wurde, vermutete Jean-Jacques Oehle, selber Fahrender, dass die Jenischen keltischer Herkunft seien[145] – «was angesichts des Nomadismus der keltischen Helvetier keineswegs fernliegt», wie der Historiker Thomas Huonker kommentierte.[146]

Die Frage nach der Entstehung der Jenischen lässt sich auf dem derzeitigen Forschungsstand nicht beantworten. Es könnte Traditionslinien geben – vermittelt durch die gewerblichen Tätigkeiten –, die zurückführen zu den wandernden Gewerbetreibenden des Spätmittelalters: den Wanderärzten, Tuchhändlern, Geschirrkrämern, Zahnbrechern, den Zainenflickern, Rattenfängern, Vogelhändlern und den Spielleuten. Gar nicht erforscht, vielleicht aber kulturell noch wichtiger sind Verbindungen zu den einstigen «ehrlosen Leuten» und «ehrlosen Berufen», zu denen nebst Wasenmeister und Scharfrichter mancherorts Müller, Schäfer, Bader und Schneider gehörten.[147] Die ersten Huber in Savognin waren Abdecker!

Chacheler und Fecker

Klar ist: Es bildeten sich Geschlechterverbände heraus, die als jenisch gelten. Die Moser in Obervaz, die vielleicht einst aus Österreich gekommen waren. Die Kollegger, die Harz gesammelt hatten. Die Waser, die als Pferdehändler galten. Die Huser, die Chacheliflicker gestellt hatten. So in der vereinfachten Charakterisierung mündlicher Überlieferungen.[148]

Der Historiker Guadench Dazzi bestätigt: «Drei Viertel der Bündner Kinder, die zwischen 1926 und 1973 vom ‹Hilfswerk für die Kinder der Landstrasse› versorgt wurden, trugen einen dieser Familiennamen: Waser, Moser, Huber, Gemperle, Kollegger, Gruber, Stoffel und Majoleth.»[149]

Ursprünglich wurden diesem Volk je nach Region die verschiedensten Bezeichnungen zugedacht: Chachler, Chessler, Chorber, Fecker, Schpengler.

«Parlär» nannte man sie im Rätoromanischen. Im Tessin wurden die Jenischen, da sie als Heimatlose galten, kurzerhand «Matlosa» genannt.[150] Und schliesslich wurden zu dieser Volksgruppe manchmal auch die fahrenden Händler aus der Gemeinde Rüschegg im Schwarzenburgerland im Kanton Bern gezählt[151] – die «Rüschegger» –, was allerdings auch Einspruch hervorruft.

Das Wort «jenisch» ist in der Schweiz zum ersten Mal 1810 belegt. Da war in einer St. Galler Zeitung, die sich «Der Erzähler» nannte, zu lesen: «Ich kann den lieben Leser versichern, dass sich von der jenischen Gasche manch Interessantes erzählen lässt, da unter ihnen ausgezeichnete Menschen sich befinden.»[152] «Jenische Gasche» sind jenische Leute.

Wobei bis heute niemand so recht weiss, was das Wort «jenisch» bedeutet. Man will es bis aufs Hebräische zurückführen.[153] Die witzigste Erklärung – frei von jeder Wissenschaftlichkeit – gab mir einmal einer aus Süddeutschland, als er sagte, es seien einfach «jene» gemeint: die andern, jene da. Die Fremden. Jenische eben.[154]

Das erinnert an eine Szene im Roman «Berlin Alexanderplatz» von Alfred Döblin, wo ein Strafgefangener nach seiner Entlassung von einem Zufallsbekannten in eine Berliner Wohnung gebracht wird und ein Mieter – ein Jude – seinen Mitbewohner befremdet nach der Identität des Besuchers fragt: «Wer ist jenner? Was tust du mit jennem?»[155]

Wie auch immer: Die Jenischen verbreiteten sich im ganzen Alpenraum, hinunter ins Tessin, hinein ins Österreichische, ins Elsass, nach Süddeutschland und weiter hinauf in den Norden. In den Niederlanden werden sie etwa «Woonwagenbewoners» genannt. Es leben Jenische in Böhmen und Mähren, und mit den Auswanderungen gelangten manche nach Übersee. «Ich habe Jenische in Nordamerika getroffen», berichtet Huber einmal, «Leute aus dem Geschlecht der Moser. Sie nannten sich englisch Mosier, aber sie wussten noch, woher sie waren: aus Obervaz.»[156]

Auf 350 000 bis gar 750 000 beziffert der Verfasser eines Werkes über «die letzten Nomaden Europas» die Jenischen in Europa. Wobei er ausdrücklich die sesshaft Gewordenen und Assimilierten dazuzählt.[157] Unsicher.

«Die Gesamtzahl der Jenischen in der Schweiz wird auf 30 000 bis 35 000 Personen geschätzt», heisst es etwa in einem Bericht des Bundes über Regional- und Minderheitssprachen.[158] Das ist eine Standardzahl aus dem Umkreis der «Radgenossenschaft», die von Text zu Text weitergegeben wird, überprüfen lässt sie sich nicht. Wahrscheinlich sollte damit einst demonstriert werden, dass die Jenischen etwa der Wohnbevölkerung eines kleinen Kantons entsprächen und deshalb als Minderheit in der Staatsarchitektur zu berücksichtigen seien.

Wie viele noch im Wohnwagen unterwegs sind, ist ebenfalls nicht genau festzustellen. «Etwa 2500 Schweizer Fahrende gibt es derzeit noch (…).», schreibt der «Schweizerische Beobachter» 2006.[159] Wobei kaum welche ganzjährig unterwegs sind, die meisten reisen von Frühjahr bis Herbst.[160]

Manches ist im Fluss. Es können jenische Geschlechter neu entstehen, das hat Huber in seiner Familie erlebt. «Mein Schwiegersohn ist ursprünglich kein Jenischer. Aber sein Sohn wird unter den Jenischen akzeptiert. Jetzt wird es durch ihn ein neues Geschlecht geben, Gottier.»[161] Er ist früh verstorben, aus seiner Hand stammen etliche Fotos in diesem Buch. All diese Menschen fügen sich zum jenischen Volk wie Geröll zum Konglomeratgestein.

Im Selbstverständnis ein Volk

Schon vor mehr als einem Jahrhundert hatte eine Zeitung geschrieben: «Sie sind eine sonderbare Nation, diese Kesselflicker, Glockengiesser, Schellenlöter, Pfannenverzinner u. s. f. (…)»[162] Die Zeitung – der «Freie Rätier» – hatte diese Leute mit den seltsamen Berufen also grad zur «Nation» erklärt.

Besass man auch kaum Vorstellungen von den «Jenischen», meinte man doch zu wissen, dass sie «anders» waren.

Alfred Siegfried hatte geschrieben: «Es ist ein Volk für sich, mit seinen eigenen Sitten und Unsitten, seinen typischen Charaktereigenschaften, ja mit seiner eigenen Sprache. Unter sich nennen sie sich ‹jennische› Leute; ihr Jargon, Jennisch genannt, wird von ihnen allen verstanden und verbindet sie weit über die Grenzen hinaus mit den ähnlich gearteten ‹Heimatlosen› Deutschlands und Österreichs.»[163]

Der Name bürgerte sich ein: «So etwa wurde das ‹Jenische› (…) im schweizerischen Raum zur gängigen Bezeichnung der landfahrenden Menschen», schreibt der Historiker Peter Witschi.[164] «Jenische» und «Fahrende» sind also manchmal austauschbare Begriffe.[165] Seit wann sich Jenische selber als Volk verstehen, ist kaum festzumachen, da sich das in den Anfängen nicht in schriftlichen Quellen abgelagert haben dürfte. In Erinnerung geblieben ist mir die Bemerkung eines Jenischen, dass ihm ein Jenischer auf den Kopf zu sagen könne: Du bist doch auch einer! Man weiss einfach, wer dazugehört.

Die Aktivität der Pro Juventute hat – die Geschichte schlägt manchmal Purzelbäume – mitgeholfen, das Selbstverständnis der Jenischen als Volk zu stärken, indem sie die Grenzlinie zwischen Sesshaften und Fahrenden scharf zog.

Der Historiker Thomas Huonker bilanziert: «Die Jenischen verstehen sich in der Schweiz mindestens seit den 1970er Jahren dokumentiertermassen ausdrücklich als Volk oder Volksgruppe und kämpfen in autonomen Organisationen auf internationaler und nationaler Ebene um die Anerkennung als ethnische Minderheit.»[166]

Seit den 1970er Jahren, das heisst praktisch: seit der Entstehung der Radgenossenschaft. Der Zweckartikel in deren Statuten sagte denn auch: «Die RG wahrt die Interessen des Fahrenden Volkes in der Schweiz. Sie fördert Brauchtum und Kulturgut der Jenischen und Zigeuner.»[167]

Mitglied konnten «alle zum Fahrenden Volk Gehörenden» werden, wobei bestimmt wurde: «Zum Fahrenden Volk Gehörende sind solche, die nachweisen können, dass wenigstens eines ihrer Grosseltern von Zigeunern oder Jenischen entstammt, sowie solchen, die mit diesen verheiratet oder verschwägert sind.»[168]

Ein Stamm der Zigeuner

Eine mutige Tat ist die Gründung, gelten die Leute für manche doch immer noch als «Vaganten». Man gibt die Zeitung «Scharotl» heraus, in der Anfangszeit mehr ein Untergrund-Blatt als ein Zentralorgan, «die bisher einzige Zeitung der Jenischen in der Welt», wie der Historiker Thomas Huonker unterstreicht.[169]

Und man hat ein wunderbares Pogramm, wie sich die damalige Redaktorin des «Scharotl», Mariella Mehr, erinnert:
- «Wiederaufbau des Selbstbewusstseins der Jenischen als Einzelne und als Volk,
- Wiederaufbau der kulturellen Identität,
- Wiederaufbau des vom ‹Hilfswerk› zerstörten gegenseitigen Vertrauens der Jenischen,
- Wiedergutmachung der schlimmsten sozialen, psychischen und physischen Schäden der Betroffenen,
- Zusammenführung auseinandergerissener Familien,
- Politische Anerkennung unseres Volkes als ethnische Minderheit.»[170]

Man merkt schnell, dass Ideen und Engagement allein nicht genügten. Der Weg ist steinig, die Kraft scheint nicht auszureichen, schnelle Erfolge jedenfalls bleiben aus. Schon nach wenigen Monaten klagt das «Scharotl»: «Von der anfänglichen Begeisterung anlässlich der Gründungsversammlung im Rest. ‹Bierhübeli› in Bern ist nichts mehr geblieben.»[171]

Aus einer kulturellen Leere ist man gekommen. Die Mythenforscher und ihre Sagen von den einstigen Fahrenden in der Schweiz haben manchen zwar geistige Anregung gegeben. Politische Stärke verleiht das der Bewegung nicht. Mythen sind zu luftig.

Aktivistinnen und Aktivisten suchten politisch und weltanschaulich die Anlehnung ans «Zigeunertum». Und machten sich oft ein Bild von der eigenen Vergangenheit, die es so nie gegeben hatte. Ich erinnere mich an «Graziella», wie sie sich mit Schriftstellernamen nannte. Als Mädchen war sie ebenfalls «versorgt» gewesen. Sie schrieb Märchen und schenkte mir einmal einen von ihr farbig bemalten und lackierten Stein: darauf ein Idyll von Zigeunerfamilie mit Wagen und Geige in Blumenwiese. In Wirklichkeit spielen Jenische allenfalls Schwyzerörgeli, nicht Zigeunergeige.

So kamen jenische Vordenker darauf, dass man nur ein Stamm der grossen Zigeunerweltgemeinschaft sei. Was flugs Eingang findet in die Statuten, wo es nach der Statutenänderung von 1977 heisst: Die Radgenossenschaft «fördert Brauchtum und Kulturgut der Jenischen und Zigeuner anderer Stämme».[172]

Die einstige Redaktorin des «Scharotl», Mariella Mehr, wird in späteren Jahren das Konzept der «Romanipé» verkünden, der weltweiten Gemeinschaft der «Zigeuner»: «Nur wenn alle Roma sich zur Romanipé bekennen und ihre Rivalitäten vergessen, können sie der Diskriminierung und Marginalisierung innerhalb der dominierenden Gesellschaften einer globalisierten Welt entgehen.»[173]

Folgerichtig gibt die jenische Schriftstellerin denn auch ein Bändchen mit Gedichten heraus, die sie zwar in Deutsch verfasst hat, aber ins Romanes hat übersetzen lassen.[174]

In der Krise nach dem Gründungsaufschwung bewährt sich der freundschaftliche Kontakt zu Jan Cibula, jenem Angehörigen der Roma, der nach dem Einmarsch russischer Panzer in die Tschechoslowakei aus seiner Heimat geflohen ist. Sein Vater war Geiger, seine Mutter stammte aus Budapest, er selbst versteht sich deshalb als «ungarischer Zigeuner».[175] Cibula hat 1971 mitgeholfen, eine «Weltorganisation der Zigeuner» aus der Taufe zu heben, die

Internationale Romani-Union.[176] Im bernischen Blumenstein, wo er als Arzt tätig ist, hat er Jenische kennengelernt und ist dann in Kontakt gekommen mit dem Mythenforscher Sergius Golowin.

Dieser Arzt und Aktivist, der sich schon in seiner Heimat für die Zigeuner engagierte – als Vierzehnjähriger soll er an einem 1. Mai in seinem Dorf einen Protestzug von Roma angeführt haben[177] –, verfolgte das Anliegen, «die Roma zu vereinigen und vor Ungerechtigkeit zu beschützen».[178] Ob die Jenischen historisch gesehen Zigeuner wären, sei zwar ungeklärt. «Sie leben jedenfalls wie Zigeuner.»[179] So tut er sich mit Schweizer Jenischen zusammen, die helfen können, seine eigene Massenbasis in der internationalen Roma-Bewegung zu verbreiten.

Dank ihm nimmt eine Delegation der Jenischen 1977, als der Katzenjammer bei der Radgenossenschaft hörbar ist, an einem Zigeunertreffen in Brüssel teil. Das folgende Jahr, 1978, helfen Jenische, einen internationalen Kongress in Genf zu organisieren,[180] worüber das «Scharotl» berichtet unter dem pathetischen Titel «Upre Roma» – Steht auf, Menschen![181] An diesem Kongress wird die Internationale «Romani-Union» ausgerufen und der Fürsprecher der Jenischen, Cibula, zum Präsidenten dieser Roma-Bewegung gewählt.

Die Jenischen sind mit zwiespältigen Gefühlen hingefahren, wie ihr Präsident in seiner schriftlich vorbereiteten Ansprache gesteht: «Wir sind nach Genf gekommen, weil wir nicht nur von den Gadjos als Menschen nicht ernst genommen werden, sondern auch weil wir vom grossen Rom-Volk, das in verschiedensten Ländern verschiedene Namen hat, nicht als Rom akzeptiert werden. Wir fallen also zwischen Stuhl und Bank.» Tapfer meint er dennoch: «Wir sind stolz und glücklich, Rom zu sein (…).»[182] Die Ansprache habe dann aus Zeitgründen nicht gehalten werden können, erzählt der damalige Präsident – der Kunstmaler Walter Wegmüller: «Unter den Roma werden die Jenischen nicht akzeptiert, das ist ein alter Stiefel.»[183]

Jan Cibula hat zwar schon bei seiner Rede an der Versammlung im «Bierhübeli» 1974 erklärt, die Jenischen gehörten zur Roma-Bewegung.[184] Dank seiner Fürsprache wird dann «die Schweizerische Rad-Genossenschaft der Landstrasse als nationale Mitgliedorganisation von Romani Union (RIJ) anerkannt (…)», wie er selbst in einem Schreiben formuliert.[185]

Erste Erfolge

Zu ihrer Freude sehen sich die Jenischen, wie sie es damals anstreben, als Stamm der Zigeuner in der internationalen Gemeinschaft verankert. Trotz der Verachtung durch «Tsiganologen und andere Intellektuelle», die – das «Scharotl» beklagt es bitter – herausstrichen, «dass es sich bei den Jenischen nicht um Zigeuner mit eigener Kultur und Tradition, sondern um eine ‹Ansammlung asozialer Vaganten› handle, ohne Recht auf Sonderbehandlung, geschweige denn auf einen Minderheitenstatus».[186]

Die Verachtung hat sich bei Tsiganologen ausserhalb der Schweiz bis heute gehalten.[187]

Doch die Aktivisten der Radgenossenschaft gehen gestärkt ans Werk. 1982 berichtet «Scharotl» über die internationale Roma-Bewegung in einer Schwerpunktnummer die den Doppelnamen trägt: «Scharotl/Romano Drom».[188] Der Sekretär der Radgenossenschaft bemüht sich darum, dass die UNO eine «Zigeuner-Briefmarke» herausgebe.[189] Und 1983 fliegt gar eine Delegation Jenischer nach Indien, ins mystische Stammland der Zigeuner, wo sie ein Roma-Festival in der Stadt Chandigarh besucht.

Der Filmschauspieler Yul Brynner – bekannt durch sein gut geschnittenes Gesicht und seine Vollglatze und abenteuerliche Filme wie «Die glorreichen Sieben» –, der im aargauischen Möriken zur Welt gekommen ist, wird zur Ikone des Zusammenschlusses von Jenischen und Roma. Nach den Erzählungen, die unter Jenischen kursieren, war seine Mutter eine Zigeunerin aus dem Osten; und sein Vater entstamme einer jenischen Korberfamilie, heisst es.[190] Auch Jan Cibula berichtet, Yul Brynner habe sich als «Zigeuner» verstanden.[191] Die Biografie, die Brynners Sohn geschrieben hat, beschreibt die Vorfahren der Familie zwar nicht als Zigeuner, bestätigt aber, dass der Vater seit seiner Jugend ein Bewusstsein der "Zugehörigkeit" zu den Nomaden entwickelt habe.[192] Nachdem der populäre Filmschauspieler zuerst Vizepräsident und dann Ehrenpräsident der Internationalen Romani-Union geworden ist, feiert ihn das «Scharotl» 1984 als einen der «höchsten Schweizer Zigeuner» – neben Jan Cibula und der damaligen Präsidentin der Radgenossenschaft, Genoveva Graff. Alle drei mit Foto abgebildet.[193]

So beflügelt, erreicht es die Radgenossenschaft, dass sie mitwirken kann in einer Expertenkommission des Bundes, welche einen Bericht über die Lage des Fahrenden Volkes in der Schweiz erarbeitet. Und sie ergreift die Initiative zur Wiederbelebung der Feckerchilbi in Gersau, jenes bunten Marktes der Fahrenden, der früher dort stattgefunden hat, weil Gersau eine «Freie Republik» innerhalb der Waldstätte gewesen ist. In Bern verlangt der Kantonsparlamentarier Sergius Golowin, dass sich der Staat um die Schaffung eines Platzes für Fahrende bemühe, was beschlossen wird. Im Kanton Aargau wird die Verpflichtung für die Einrichtung solcher Plätze in die Verfassung geschrieben. Die Medien greifen Anliegen der Fahrenden auf. Und als der Papst die Schweiz besuchte, wird die Radgenossenschaft ihn bitten, dem Fahrenden Volk seinen Segen zu erteilen.

Was der Stellvertreter Gottes am 16. Juni 1984 auf der Allmend in Luzern auch tut: «Möge Christus, der während seiner irdischen Pilgerschaft oft selbst keine bleibende Stätte hatte, stets Euer Weggefährte sein.»[194]

Die Kritiker sind gefordert

Huber ist der Radgenossenschaft in all den Jahren nahe gewesen und hat nie wirklich mitgemacht; er hat sich um seine eigenen Angelegenheiten gekümmert. Nun sind seine Jungen flügge: Gabriela, Robert, Daniel. «Kaum haben sie die Fahrbewilligung gehabt, sind sie weg gewesen», lästert der Vater.[195] Auch Daniel, der Jüngste, hat ein jenisches Mädchen kennengelernt und ist mit ihr gegangen. Ist vorgefahren bei ihr mit dem Auto und hat gesagt: «Steig ein!» Entführung einer Zigeunerin wie aus dem Heftchenroman. Zum Entsetzen der Eltern der Braut, die strenger sind als Hubers und die der Polizei telefonieren. Doch da das Schlimmste schon passiert ist, geben die Eltern sie frei.

So vermehrt sich die «Sippe» Huber, die der Pro-Juventute-Sekretär Siegfried hatte auslöschen wollen.

Die Aktivistengeneration der Radgenossenschaft aber schrumpft. Es kommt zu Austritten. Die Schriftstellerin Mariella Mehr geht, sie legt zuerst das Amt der Sekretärin nieder und scheidet 1983 aus dem Verwaltungsrat aus.

Wie immer engagiert und militant, begründet Mehr ihr Ausscheiden einmal so: «ich habe fünf jahre sekretärinnenarbeit in der radgenossenschaft geleistet. diese arbeit hat mir nichts weiteres gebracht als scherereien (mit frau müller z. b.) und der verlust vieler, mir sehr lieben jenischen freunde. das ständige, oftmals sehr rassistisch anmutende geplänkel verschiedener sippenverbände untereinander sowie die erfahrungen mit den zigeunern hier auf dem wohnwagenplatz (ich habe vier jahre mit ihnen im wohnwagen gewohnt und bin auch mit ihnen gereist), mit kaputten, von den konsumgütern einer übersättigten, sesshaften gesellschaft verseuchten zigeunern, vom alkohol zerstört, hat ja dann auch zu meinem entschluss geführt, diese arbeit aufzugeben. ausserdem glaube ich nicht mehr an den sinn und zweck einer zigeunerorganisation, deren struktur auf sesshaften normen aufgebaut wurde. hätte ich noch einmal gelegenheit dazu, mich mit diesem thema zu profilieren, ich würde selbst eine sippe gründen mit jungen jenischen, und fahren, nichts als fahren, jenisches handwerk betreiben und so beispiel werden für alle die mutlosen, kaputtgemachten, entwurzelten jenischen. doch für solche überlegungen ist es jetzt zu spät. Ich arbeite jetzt schriftstellerisch (….).»[196]

Andere folgen. Müde ebenfalls.

Ein ehemaliger Lehrer – kein Jenischer – übernimmt das Sekretariat. Alles scheint unendlich zäh. Es regnet keine Standplätze, es schneit kein Geld. Man verhandelt und streitet und verhandelt. Die offizielle Förderung der Kultur lässt auf sich warten. Die Wiedergutmachung. Die Aktenfrage. Unter den jenischen Aktivisten macht sich Missstimmung breit.

Auch Robert Huber ruft aus. An der Feckerchilbi in Gersau, wo sich alle wieder einmal treffen, und an einer Beerdigung in Wettingen. Immer wieder redet man darüber: «Was macht denn diese Radgenossenschaft?» Huber schimpft: «Ein Bourbaki-Verein.» Was ungefähr bedeutet: eine völlig heruntergekommene Truppe. «Sesshafte im Vorstand. Was verstehen die von unserer Kultur?»[197] Freunde haben mitgeblasen im Chor.

Doch da fährt ihnen ein alter Jenischer an den Karren. Clemente Graff, geboren 1923, eine Respektsperson im Fahrenden Volk. Er ist eines der ersten Kinder gewesen, die von der Pro Juventute seiner Familie entrissen wurden. Er hat sich dann hochgearbeitet zum Werkmeister in der Maschinenindustrie. Seiner natürlichen Autorität wegen ist er von den Fahrenden an einer Feckerchilbi zum «Altvater» ernannt worden – ein Titel, den es zuvor nicht gegeben hat. Mag ihm die Schulbildung abgehen, sein Wort gilt. Auch Huber sagt: «Er war nicht Hellseher, aber wenn er sagte, was morgen kommt, dann wusste ich, was morgen war.»[198]

Graff harrt aus im Vorstand der Radgenossenschaft, als vieles wegbricht. Er zahlt gar den Mitgliederbeitrag der wenigen Jenischen, die da noch bleiben – um sie bei der Stange zu halten. Der also fährt die Unzufriedenen an, wie sich Huber erinnert: «Ihr habt ein grosses Maul, aber rührt keinen Finger.» Und: «Kritisieren ist das eine, mitmachen wäre das andere.»[199]

Es ist Zeit für eine neue Generation.

Die Alten treten ab

Es folgen turbulente Zeiten. Huber erzählt, er sei hingegangen an jene Generalversammlung der Radgenossenschaft, die am 11. Februar 1984 stattfindet im Restaurant Neuhaus in Wettingen. Er und sein Freund David Burri. Da seien ein knappes Dutzend Leute im Saal gesessen und hätten nicht gewusst, wie sie überhaupt noch einen passablen Verwaltungsrat – so heisst der Vorstand ihres Vereins, der eben rechtlich eine Genossenschaft ist – zustande bringen könnten. Der Präsident hat seinen Rücktritt eingereicht und ist gar nicht erschienen. «Ich glaube, ich war nicht zwanzig Minuten drin, da war ich schon im Verwaltungsrat. Und David auch.»[200] Zur Präsidentin gewählt wird die Tochter des alten Clemente Graff, Genoveva. Mangels Personal wird Burri wenig später zum Vizepräsidenten «ad interim» bestimmt.[201]

Im gleichen Jahr wirft der nichtjenische Sekretär das Handtuch.[202] Auch andere Verwaltungsräte scheiden aus. Offenbar hat man ihnen einigermassen deutlich gesagt, man wolle sie nicht mehr. «Das ist eine jenische Gemeinschaft, wir brauchen keine Sesshaften», habe er erklärt, erinnert sich Huber.[203]

Blickt man aus Distanz auf diese schwierige Zeit voll Streit zurück, stellt man fest, dass es nicht einfach die persönlichen Querelen waren, die zur Krise führten. Die «Kinder der Landstrasse», die nicht in der jenischen Kultur ihrer Vorfahren aufgewachsen sind, haben sich als junge Erwachsene verschiedene Bilder davon gemacht, was die jenische Identität sei oder sein solle. Vielleicht liesse sich schematisch sagen, dass vier Vorstellungen miteinander in Konkurrenz standen. 1. Wir sind ein Teil der internationalen Roma-Bewegung und ein Stamm der Roma. 2. Wir sind schweizerische mobile Händler und Gewerbetreibende. 3. Wir sind Zigeuner, wie es die Mythen und Märchen beschreiben. 4. Wir sind vor allem einmal Opfer von Verfolgung.

Man könnte den Varianten die Namen von Trägern zuordnen. Einzelne Aktivistinnen/Aktivisten trugen in verschiedenem Mass Anteile dieser verschiedenen Vorstellungen in sich. Zudem war ihr Handeln oft mit Konflikten zwischen Familien verbunden. Und in der Krise, die im Jahr 1984 mit Personalentscheiden endete, wurden auch inhaltlich die Weichen gestellt: Der Zeiger zeigte auf Variante zwei. Oder vielleicht vorsichtiger formuliert: Mit der Zeit setzte sich die Vorstellung durch, dass Jenische sich vor allem durch ihr Gewerbe definierten. Auch diese Idee wurde nie in völliger Reinheit vertreten, Unter- und Obertöne schwangen immer mit.

Die Krise ausgelöst haben Geldprobleme. Die Pro Juventute hat gefälligkeitshalber 30 000 Franken an die Sekretariatsarbeit bezahlt.[204] Nun ist das Geld aufgebraucht, und die Pro Juventute verspürt keine Lust, den Jenischen weitere Beiträge zu entrichten. So sieht sich der Sekretär der Genossenschaft vor die Tatsache gestellt, dass er keine Salärzahlungen mehr erhalten würde. Es ist schon die Rede davon, die Radgenossenschaft aufzulösen.[205]

«Und dann fanden wir: Wenn wir kein Geld haben, haben wir kein Geld; wir machen trotzdem weiter. So kam die neue Generation», erinnert sich einer der damals Beteiligten, Venanz Nobel, der als Jüngster zu dieser neuen Generation gehört und mit Clemente Graff bis auf Weiteres das Sekretariat teilen wird.[206] Nobel hat eine kaufmännische Lehre absolviert, hat Bücher gelesen und kann als einer der wenigen Intellektuellen unter den damaligen Jenischen gelten. Was ihn allerdings in manchen Augen auch verdächtig macht. Nun braucht man ihn für Schreibarbeiten.

Kurz: Es gibt noch ein paar Sitzungen mit den Alten. Dann der Eclat, als offenbar der nichtjenische Sekretär und andere den Saal verlassen.[207] Der Sekretär liefert später noch ein paar Akten ab und gibt die Zündschlüssel eines Dodge-Kastenwagens, der als fahrendes Büro gedacht ist, ab. Eine Seite in der Geschichte der Radgenossenschaft ist umgeschlagen.

Der Neuanfang

Immer mehr hat sich Huber mit seinen Ideen in den Vordergrund geschoben. Nun wird das Fuder auf seine Schultern gehoben. An der Generalversammlung im Gemeinschaftszentrum Heuried – am 23. Februar 1985 – wird «der Querulant», als welchen manche alten Vorstandsmitglieder ihn empfinden,[208] zum Präsidenten gewählt. Ein Mann ersetzt damit die seit wenigen Monaten amtierende Genoveva Graff, die offenbar wenig willens ist, den Verein zu disziplinieren.[209] Im neuen 13-köpfigen Verwaltungsrat finden sich vorwiegend jenische Namen: Kollegger, Werro, Waser, Gruber.[210] Venanz Nobel wirkt mit als Redaktor des «Scharotl».[211] Aktiv ist auch jene Teresa Grossmann, deren Geschichte als Kindsmutter der «Beobachter» in seiner Serie über die «Kinder der Landstrasse» publiziert hatte. Dabei auch Robert Hubers Sohn Daniel.[212] Die zur Schriftstellerin gewordene Mariella Mehr bleibt in loser Verbindung. Einzige Nichtjenische im Verwaltungsrat sind nun der Roma-Vertreter Jan Cibula und der Berner Mythenforscher Sergius Golowin, der von Anfang an dabei gewesen ist und die Radgenossenschaft durch alle Wegbiegungen treu begleiten wird. Weil er eben weiss, dass er die Jenischen das tun lassen muss, was sie für richtig befinden.

So kann Altvater Graff im «Scharotl» nichts weniger als «eine neue Epoche der Radgenossenschaft» verkünden: «Endlich, nach langjährigen ‹Geburtswehen›, erreicht unsere Genossenschaft ihre Mündigkeit. Erstmals in der Geschichte ihres Bestehens ist die Geschäftsleitung und die Verwaltung jenisch.»[213] Und der neue Präsident Robert Huber wird mit grossem Foto vorgestellt, fast wie es seinerzeit die Moskauer Parteizeitung «Prawda» zu tun pflegte. Die Verfasserin des dazugehörigen Textes – es ist die Kassierin – vergleicht die Wahl mit der Ankunft des Frühlings: «(…) und ich glaube, dass die Radgenossenschaft der Landstrasse unter Robert Hubers Regiment blüht und reiche Früchte trägt.»[214]

Die öffentliche Gründungsversammlung der Radgenossenschaft in Bern, 31. Mai 1975.

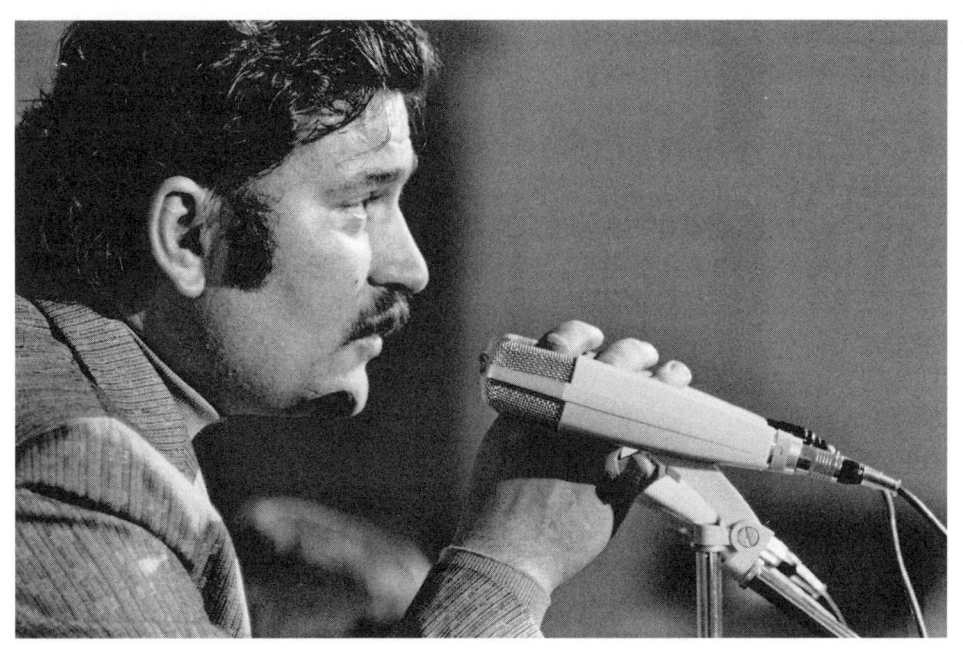

Ein Wortführer an der «Bierhübeli»-Veranstaltung – Robert Waser, späterer Präsident.

Aktivistin am Präsidiumstisch – Die Schriftstellerin Mariella Mehr.

Hunde und Kinder gehören dazu – Szenen am Rand.

Die erste Aktion – Blockade der Zufahrt zum Hagenholz-Platz, Zürich 1984.

Nun reden wir! – Pro-Juventute-Pressekonferenz, Mariella Mehr und Robert Huber; 1986.

Fahrende besetzen den Lido in Luzern, 1985 – Polizei fährt auf.

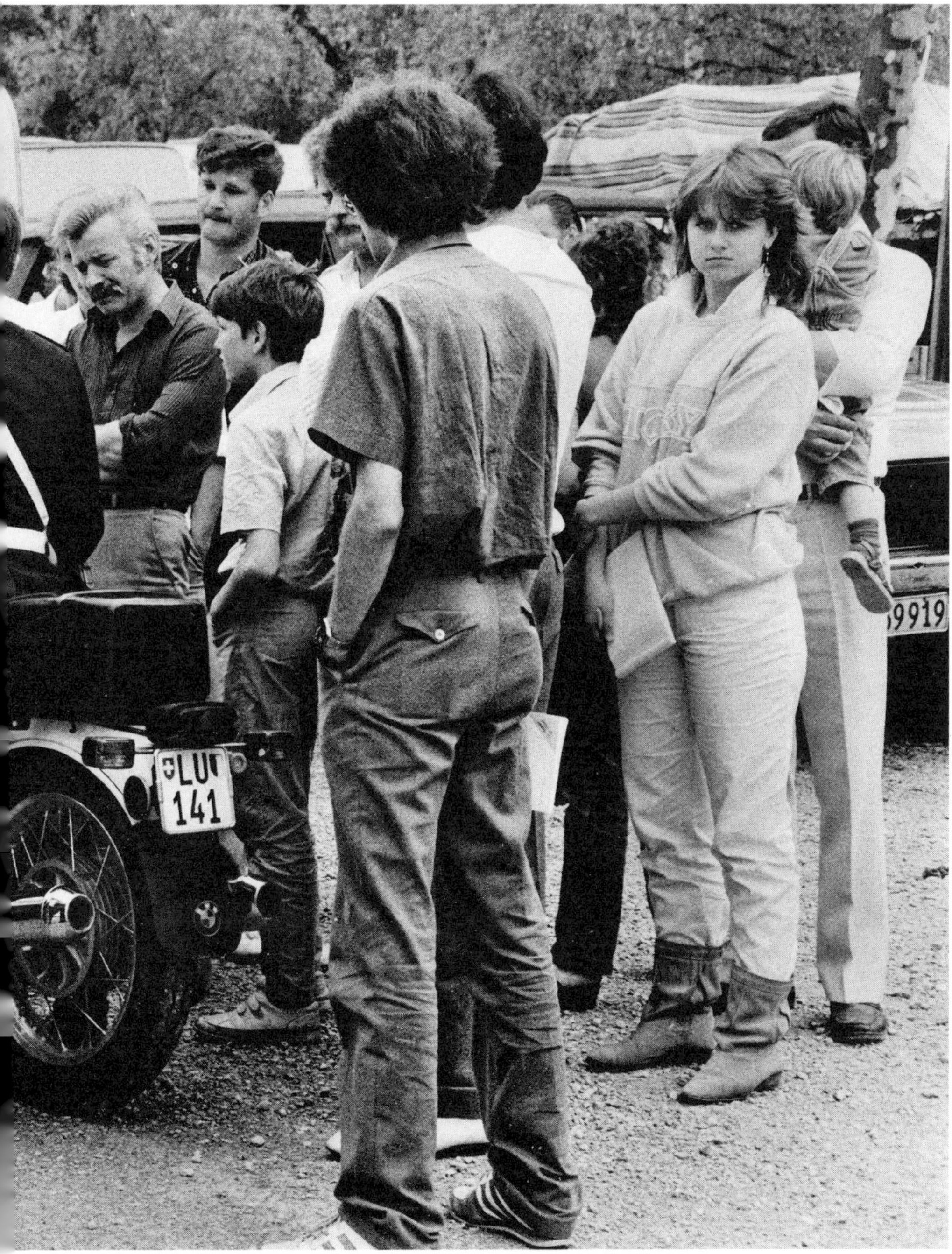
LU
141
9919

Lido-Besetzung – Der neue Präsident Robert Huber ist gefordert.

Lido-Besetzung: Das fahrende Büro – Venanz Nobel (links), Daniel Huber (Mitte).

Lido-Besetzung: Die Frauen halten den Wohnwagen-Haushalt in Schuss.

Die «Feckerchilbi» in Gersau wird neu belebt – Clemente Graff mit Tänzerin, ca. 1982.

Internationale Romani-Union – Schauspieler Yul Brinner, Präsident Jan Cibula (sitzend).

Teil II
Versorgt als «Kind der Landstrasse»

Im Büro der Fahrenden

Den Präsidenten der «Radgenossenschaft der Landstrasse» findet man eigentlich nur via Telefon, weil er dauernd in irgendeiner Ecke der Schweiz unterwegs ist. Allenfalls montags im Büro der Radgenossenschaft, wo dauernd sein Handy klingelt. Alle wollen sie den Chef persönlich. Ob es um den verbilligten Bezug von Gas für die Wohnwagen geht oder um den Disput mit einer Gemeinde, die nach Meinung des Anrufers zu viel Geld verlangt für Wasser und Strom auf ihrem Platz, oder einfach um das Ausfüllen einer Steuererklärung.

Meist geht es um Plätze. «Letzten Donnerstag war ich in Weinfelden auf der Gemeinde», erzählt Robert Huber bei einem meiner Besuche. Streit zwischen der Behörde und Jenischen, die dort auf einem Platz lebten. Die Gemeinde habe gedroht, den Platz zu schliessen. Einer der Jenischen sei dabei frech geworden. «Den habe ich gleich mitgenommen auf die Gemeindekanzlei. Der Gemeindeammann war da und der Schreiber, und jeder wollte dem andern die Schuld geben. Ich habe unseren eigenen Leuten vor den Gemeindevertretern gesagt: ‹Ihr müsst euren Ton anpassen.›» Und der Gemeinde habe er, Huber, erklärt, wenn sie den Platz schliessen wolle, bekomme sie die Jenischen einfach «als Illegale» zurück. Und er habe nebenbei darauf hingewiesen, dass es nicht ideal sei, wenn die Gemeinde ihren Grünabfall-Container genau auf den Platz stelle, wo die Jenischen lebten. «Was würdet ihr sagen, wenn ich einen Kübel mit faulendem Grünzeug unter euer Küchenfenster stellen würde?» Quintessenz: «Ihr habt Fehler gemacht, und unsere Leute haben Fehler gemacht!»[215]

Alltag eben im Büro der Radgenossenschaft an der Hermetschloostrasse in Zürich. Angesiedelt im Irgendwo zwischen Gleisen und Ausfahrtstrasse, zwischen Lagerhallen, Bürohäusern und einem Parkplatz. Da tritt etwa eine Familie ein, mit Unterlagen in der Hand, Jenische. Unangemeldet. Die Leute zeigen ein Papier, einen Vertrag, wer versteht das schon, das komplizierte Deutsch und die Paragrafen. Eine Studentin, die sich angemeldet hat, wartet geduldig, sie schreibt eine Seminararbeit über Fahrende. Und eben ich als Journalist für irgendeinen Artikel.

Hubers Natel meldet sich dazwischen immer wieder, mit der Melodie «Jetzt wämmer eis jödele».

Viel haben wir über seine Vergangenheit geredet. Wie das war und warum.

Nach einem der Gespräche – Mitte 2007 – fragt er mich: «Hast du Lust mitzukommen?» Robert Huber, der Präsident der Dachorganisation der Jenischen und Fahrenden in der Schweiz, will mich zu den Orten führen, die ihn geprägt haben. Dahin, wo seine Eltern gelebt hatten. Dahin auch, wo seine Familie herkommt. Und dahin, wo er als Bub bei einer Pflegefamilie versorgt war. Und auf diesen und jenen jenischen Platz.

Eine Reise zu Hubers Wurzeln.

Ein Schindelhaus in Bilten

Mit dem Auto sind wir zuerst nach Bilten gefahren, in der Linthebene am Eingang ins Glarnerland. An der Rotbrückenstrasse Nr. 1 steht das einfache Häuschen, zweistöckig, mit Schindeln verkleidet, braunrot gestrichen. «Hier drin bin ich geboren worden», erklärt Robert Huber dem Besitzer, der eine Gartenhacke weggelegt hat und nicht weiss, wer die unangemeldeten Besucher sind. Am 11. Oktober 1933 sei das gewesen, so steht es in Hubers Ausweisen. «Das Haus gehörte meinem Vater.» Der überraschte Besitzer scheint sich zu fragen, ob da Diebe sein Haus vorbesichtigen.

Der Vater, Johann Huber, war ein reisender Kaufmann gewesen. Die Mutter Engelina eine Moser. Sie entstamme einer «berüchtigten Vagantenfamilie», schrieben die Behörden.[216]

Es war eine Zeit, da es in der Schweiz noch jene Fahrenden gab, die das Bild der «Zigeuner» geprägt haben. Zumindest in bestimmten Regionen. Der Schriftsteller Maurice Chappaz hat solche beschrieben, wie er ihnen in jungen Jahren im Wallis begegnet war. «Auf dem Weg zum Pfynwald setzt sich ein Zug langsam in Bewegung. Eine Art grosser Wagenkorb mit grüner Blache fährt zickzack durch den Kiefernwald. Ein starker brauner Esel am Ziehen, ein Hund, mit einem Ledergurt unter den Wagen geheftet, streckt links oder rechts ständig den Kopf heraus. (...) Keinen Menschen sieht man; gewiss schlafen sie drinnen, von der grossen Hitze geschlagen, auf ihren Strohsäcken. (...) Der Zigeunerwagen scheint ohne Kärrner voranzukommen.»[217]

Wirklich Fahrende waren die Huber allerdings nicht gewesen. Besassen sie doch ein eigenes Haus.

Nach dem Besuch des Elternhauses in Bilten überfallen wir die Angestellten des Grundbuchamtes in Glarus. Wir lassen uns die einschlägigen Bücher zeigen. Da steht in der Rubrik «Name und Wohnort des Liegenschaftenbesitzers»:
«Huber Johann, Handelsmann»
Sohn des:
«Peter sel. Savognin (Kt. Graubünden)»
Wohnhaft:
«in Amden, nun in Bilten»
Hauskauf:
«1931, August, 19. (laut Beleg Nr. 783)»[218]

Am 19. August 1931 hatte der Handelsmann Johann Huber aus Amden das Häuschen an der Rotbrückenstrasse gekauft. In Robert Huber nagt schon seit Langem die Frage, wie es kam, dass das Haus nicht mehr im Besitz der Familie ist.

Savognin auf dem Weg zum Julierpass

Sein Vater sei eigentlich ein Moser, sagt Robert Huber. Jedenfalls sei dieser von einem Moser gezeugt worden, doch da Robert Hubers Grossmutter noch verheiratet gewesen sei, als dieser Papa geboren wurde, sei der als Huber eingetragen worden. Und so sei eben auch er selber, Robert, von Gesetz her ein Huber geworden. Obwohl die Linie des Blutes zur «berüchtigten Vagantensippe» Moser geführt habe. Immer wieder betont Huber dies: Er, sein Vater und sein Onkel seien zwar Bürger von Savognin, dem Blut nach aber Mosers von Obervaz.

Aktenkundig war unser 1933 geborener Robert Huber also Bürger von Savognin wie seine Mutter und sein Vater. Und das hatte spürbare Auswirkungen. Die Gemeinde Savognin sollte zuständig sein für die Leute, als die Familie auseinanderfiel.

Es kam der Tag, da ich mit Robert Huber auch nach Savognin fahre. Wo wir den Gemeindeschreiber rufen lassen und um Audienz bitten. Huber wünscht, dass ich uneingeschränkten Zugang zu Akten erhalte, die seine Herkunft, seine Familie und ihn selbst beträfen. Seine eigene Aktensammlung hat er mir bereits zum Studium überlassen.

Savognin, das war zu Beginn des 20. Jahrhunderts ein Bauerndorf, gelegen an der Strasse zum Julierpass. Im Tal, das Oberhalbstein genannt wird. 516 Einwohner zählte es im Jahr 1930. Deutschsprachige gebrauchten noch den alten Ortsnamen «Schweiningen», so hatte die Gemeinde bis 1890 offiziell geheissen. Im Ortsdialekt sagte man: Suagnin. Man hört noch das lateinische Wort «sus» darin. Schwein eben.

Vergeblich hatte die Dorfbevölkerung auf eine edle Zukunft gehofft. Hatte gehofft, die Eisenbahn würde durchs Tal zum Julier führen und den Aufschwung mit sich transportieren. Die Bahn nahm dann 1903 tatsächlich den Weg Richtung Albula. Das war Pech. So blieben die beiden Hotels, die einige Jahre zuvor schon gebaut worden waren, eher Zeichen der Hoffnung auf den Aufschwung als Zeugen eines neuen Touristikzeitalters. Und statt Gäste bei sich bewirten zu können, mussten Frauen und Männer aus dem Dorf hinüberziehen ins Engadin, um dort zu dienen.

Heute gibt es viele Huber in der Gegend. Wie die ersten dieses Namens herkamen, erzählt eine hübsche Anekdote in einem Dokument, das die Vormundschaftsbehörde vor langer Zeit abgefasst hat. Die Rede ist darin zuerst von einem Peter Huber (dem Grossvater unseres Robert Huber) und von dessen Urururgrossvater: «Der Urururgrossvater des Peter Huber (…) soll mutmasslich Mitte siebzehnhundert von der unteren Schweiz zuerst nach Salux gekommen sein.» – Heute Salouf, eine Gemeinde im Bezirk Albula. «Mit seinem Sohn Jakob Peter, geboren mussmasslich 1770 herum, beginnt die Geschichte greifbare Gestalt anzunehmen. Dieser Jakob Peter soll, wie es in einem Dokument heisst, noch in Windeln getragen nach Savognin gekommen sein, wo er ums Jahr 1800 circa mit einer Theresia Moser copuliert worden ist. Peter Jakob Huber zählte damals zur grossen Schar der Heimatlosen.»[219]

Ein anrüchiger Beruf

Die Erzählung der Vormundschaftsbehörde Oberhalbstein hat einen Haken. Sie erklärt die Familie von Anfang an zu «Heimatlosen», wie Fahrende einst genannt wurden. Tatsächlich war ein früher Vertreter dieses Geschlechts Bürger von Savognin. Im Bürgerregister der Gemeinde ist ein Peter Jakob Huber verzeichnet, und zwar anlässlich seiner Heirat am 30. April 1799.[220]

Stammbaum der Familie Huber

Namenlose Einwanderer

Unbekannter Einwanderer Huber	Ehefrau unbekannt
Vater des Jakob-Peter Huber; Stammvater in Savognin; Erwähnt Mitte 1870er Jahre im Oberhalbstein	

Die ersten bekannten Vorfahren

Jacob-Peter Huber	Marie-Theres Huber
* 1771, nach 1800 als Wasenmeister in Savognin und im Oberhalbstein; Ururgrossvater des Peter Huber alias «Zündhölzli-Peter»	geborene Moser, Ehefrau des Jacob-Peter-Huber; Ururgrossmutter des Peter Huber alias «Zündhölzli-Peter»

Die Grosseltern

Marie Huber	Peter Huber	Franz Moser
geborene Moser, * 1866, verheiratet in erster Ehe 1896 mit Peter Huber, in zweiter Ehe 1920 mit Franz Moser; Grossmutter von Robert Huber	* ca. 1870, von Savognin, genannt «Zündhölzli-Peter»; verheiratet 1896 mit Marie, geborene Moser	von Obervaz, Pferdehändler, zweiter Ehemann von Marie Huber, seit 1920, vermuteter natürlicher Vater von Johann Huber und damit Grossvater von Robert Huber

Eltern, Onkel, Tanten

Johann Florian Moser	Engelina Huber	Johann Huber	Mathias Huber
Bruder von Engelina Huber, geborene Moser; Onkel von Robert Huber	geborene Moser, * 1902 von Morissen; Mutter von Robert Huber, verheiratet mit Johann Huber und mit diesem 12 Kinder, † Mitte 1972	* 1896, ehelicher Sohn von Peter Huber; natürlicher Sohn von Franz Moser; Vater von Robert Huber; verheiratet in seiner zweiten Ehe mit Engelina Huber; † 1934	* 1890, ehelicher Sohn von Peter Huber; natürlicher Sohn von Franz Moser; Bruder von Johann Huber
Maria Moser Ehefrau von Florian Moser; Schwägerin von Engelina Huber, geborene Moser; Tante von Robert Huber			

Die Pro-Juventute-Kinder

Ursulina	Wilhelm	Angelina	Emil	Hermann	Josefina
* 1921	* 1922	* 1923, gestorben nach wenigen Wochen	* 1924	* 1925	* 1926, gestorben nach wenigen Wochen

Franz	Wilhelmine	Marie	Rosalina	Hermine	Robert Huber
* 1928	* 1929	* 1930, Selbstmord 1947	* 1931	* 1932	* 1933, Präsident der Radgenossenschaft

Die Eröffnung eines Blattes im Bürgerregister – in diesem Fall anlässlich der Heirat – setzt voraus, dass der Registrierte das Bürgerrecht der betreffenden Gemeinde besitzt, wie Gemeindebeamte und Historiker übereinstimmend erklären.

Über das Leben dieses Jakob Peter Huber in Savognin heisst es in einer sogenannten Vagantenliste aus dem Jahr 1840: «Vater unbekannt woher, aber 3 mal in Oberhalbstein geheiratet. Obiger in Schweiningen aufgewachsen und als Waasenmeister stets dort gewesen bis 1818.»[221] Der Wasenmeister ist der vom Gemeinwesen beauftragte Abdecker oder Schinder, der alte und kranke Tiere zu töten und die Leiber zu verbrennen oder zu vergraben hat. Den Begriff «Wasenmeister» gibt es noch in der heutigen schweizerischen Tierseuchenverordnung, wo es vornehmer heisst, dass er die «Sammelstellen für tierische Nebenprodukte» zu betreuen habe.[222]

Vielleicht stand jener Huber am Rand der Dorfgemeinschaft wegen seiner anrüchigen Tätigkeit. Wasenmeister waren im Spätmittelalter im Raum des Deutschen Reichs Leute minderen Rechts, ihr Beruf galt als «ehrlos».[223] Dennoch muss er sozial verflochten gewesen sein im Oberhalbstein, wenn er seine Arbeit, die ihn zu manchen Bauern führte, schon lange Zeit ausübte, wenn er am Ort aufgewachsen war und zudem in der Gegend sich dreimal verheiratet hatte. Er war jedenfalls Bürger. Das Bürgerrecht eines Huber in Savognin wird im «Rätischen Namenbuch» sogar auf noch früher datiert: Der kurze Vermerk lautet: «Sav. 1769, Joh: Batt. Huber».[224] Was bedeutet, dass in einem nicht genannten Dokument ein Johann Battist Huber als Bürger von Savognin im Jahr 1769 erwähnt ist, vielleicht der Vater des obigen.

Möglicherweise kamen diese Huber aus dem Vorarlbergischen und von jenseits des Bodensees im Süddeutschen. Es heisst in einer Akte, die Familie stamme «ex Silva Brigantia», aus der Gegend des Bregenzerwaldes.[225] Eine Bleistiftnotiz in einem anderen Dokument nennt «Stockach (Schwaben)». Eine Stadt unweit vom Bodensee im Landkreis Konstanz.[226] Eine Gegend, wo das Jenische einst gesprochen wurde, wie Forscher herausgefunden haben.[227]

Man wüsste zu gern, was die Leute gewesen waren, woher sie stammten zuvor – wobei es vor jeder Herkunft ein Zuvor geben muss. Man hätte gern genauere Auskunft über die Vorvergangenheit von Menschen, die später Jenische genannt werden sollten. Waren es Bauern, durch Hunger und Wirtschaftskrise vom Land getrieben? Fahrende Handwerker, die kühn ein neues Tätigkeitsgebiet erkundeten? Von den Behörden gesuchte Mitglieder einer

Bande, die das Land unsicher gemacht hatte? Eine Mutter, die als unmoralisch verstossen worden war, mit Kind und Mann? Oder einfach Bauern, die Angst hatten, ihr Gebiet würde wieder einmal niedergebrannt, wie das etwa mit dem Städtchen Stockach 1704 geschehen war?[228]

Möglicherweise waren sie verwandt mit den verschiedenen Huber, Hueber oder Huober, die im süddeutschen Raum als Wasenmeister bekannt sind.[229] In den 1750er Jahren wurde ein Georg Hueber in Zwiesel im Bayrischen Wald unter Streit als Abdecker entlassen, seine Hütte wurde niedergerissen, er musste bettelnd umherziehen, dann wurde er vertrieben. Wohin, ist nicht bekannt.[230]

Ex Silva Brigantia: Da sind wir mit unserem Latein am Ende.

Wie das Bürgerrecht verloren ging

Wenn die Familie Huber als heimatlos bezeichnet wird, muss ihr das Bürgerrecht von Savognin nachträglich abgesprochen worden sein. Oder es ging vergessen. «Er sagt, sey 1816 weg (…)», heisst es in der zitierten Vagantenliste von 1840, und dann: «im Winter mit Familie bald da, bald dort (…).»[231]

Worauf Savognin offenbar fand, eigentlich sei es an den anderen Gemeinden, ihn aufzunehmen – und ihn abzuschieben versuchte. So zu schliessen aus einem Vorgang ein paar Jahre nach seinem Weggang aus Savognin, lesen wir doch im Dokument weiter: «Von kl. Rath mit Beschluss vom 6.3.1828 der Gde Schweiningen zuerkannt.»[232]

Was besagt, dass der Betreffende irgendwann nicht mehr als Bürger von Schweiningen/Savognin galt und durch Beschluss der Kantonsregierung der Gemeinde zugeteilt werden musste. Oder genauer: wieder zugeteilt. Damit war er allerdings nicht mehr Vollbürger, sondern «Angehöriger», eine mindere Kategorie.

Das Bürgerrecht war damals nicht in Stein gemeisselt. Der Historiker Guadench Dazzi, der sich mit der Geschichte von Fahrenden in Graubünden befasst und Bürgerrechtsbiografien jenischer Familien studiert hat, summiert: «Das Bürgerrecht konnte man durchaus, durch Abwesenheit, Heirat, ein laufendes Strafverfahren oder aus anderen Gründen, verlieren.»[233] Solches traf etwa Leute, die aus wirtschaftlichen Gründen gezwungen waren, fortzuziehen, oder die es unterliessen, sich das Bürgerrecht regelmässig bestätigen zu lassen, da dies kompliziert und meist mit Kosten verbunden war. Man musste jährlich nachfassen und sich das Bürgerrecht bestätigen lassen.[234]

Vielleicht hatte der Wasenmeister gegen Konventionen und Regeln verstossen. Oder vielleicht nahm man solches einfach an – einem Wasenmeister, der toten Tieren das Fell über die Ohren zog, mochte man allerlei zutrauen. Möglicherweise ging es der Gemeinde nur darum, dass sie nicht allein für die Kosten aufkommen wollte, weil der Mann als Wasenmeister auch in anderen Gemeinden zu tun hatte. So nutzte man die Gelegenheit, dass er seiner Arbeit halber nicht immer in Savognin verharren konnte.

Dass die Huber gemäss Beschluss des Kleinen Rats doch wieder Savognin angehören sollten, löste eine geharnischte Reaktion seitens der Gemeinde aus. Diese sträubte sich gegen die Verfügung und verweigerte dem Jakob Peter Huber die Ausstellung des verlangten Angehörigkeitsscheines. Worauf dieser wiederum bei der Regierung reklamierte.[235]

Liederliche und lästerliche Personen

Was vor langer Zeit vor sich ging, wirkt bis heute nach. Und immer wieder stehen die Ereignisse stellvertretend für das, was auch andere erlebt hatten. So steht «Huber» in diesem Text oft auch für: «manch ein Jenischer».

Jener Jakob Peter Huber hatte, nachdem er von der Gemeinde Savognin abgehalftert worden war, andere Gemeinden der Talschaft Oberhalbstein dazu bewegen können, ihn als Wasenmeister anzustellen. Die damals selbstständigen Nachbargemeinden Riom, Salouf und Parsonz. So musste er nicht wegziehen aus dem Tal auf der Suche nach Broterwerb. Er lebte aber weiterhin in einer Baracke bei Savognin. Und es gab allem Anschein nach keinen Grund, weshalb die Kantonsregierung davon abrücken sollte, die in der Region offensichtlich geduldete Familie Huber ebenfalls zu dulden. 1832 endlich fügte sich Savognin zähneknirschend den Weisungen des Hochlöblichen Kleinen Rats. In gediegener Amtsschrift schreibt der Ammann von Schweiningen denn: «(…) so will diese Gemeinde aus schuldiger Achtung auch der sauberen Brut des Jakob Peter Huber den Angehörigkeits-Schein nicht länger verweigern.»[236]

Beschimpfungen wurden ganz amtlich verwendet: Es handle sich bei diesen Huber um «liederliche und lästige Personen», und man habe nicht mitwirken wollen, «eine neue Hubersche Colonie anzulegen», indem man jenen die Angehörigkeit in der Gemeinde bescheinige.[237] Da scheint eine Abgrenzung zum Ausdruck zu kommen, die sich nicht bloss gegen eine einzelne Familie, sondern gegen «solche Leute» überhaupt richtet.

So schlimm kann das Verhalten dieser Familie indes nicht gewesen sein, weist doch Jakob Peter Huber das Zeugnis eines angesehenen Talbewohners vor, der ihm ein gutes Benehmen bescheinigt.[238]

Das Vergessen schritt weiter fort. Im 20. Jahrhundert erscheint alles noch einmal anders. In der Ortsgeschichte von Savognin ist über die Familie Huber zu lesen: «Huber, Huober, Hober etc. Durch die Zwangseinbürgerung von 1851 in Savognin eingebürgertes Geschlecht.»[239]

Dass die Angehörigen der Familie Huber durch eine «Zwangseinbürgerung» in Savognin ansässig geworden wären, dafür findet sich kein Beleg. Sie sind auch nicht in jenem Register verzeichnet, das die 1852 durch den Schweizerischen Bundesrat eingebürgerten Heimatlosen erfasst.[240] Die Darstellung durch die Ortsgeschichte gibt vor allem Auskunft darüber, dass die Huber vom Chronisten und seiner Umgebung als «Fremde» angesehen wurden. Sie belegen die Wahrnehmung eines kulturellen Unterschieds: wir und ihr. Dass ganze Familien von den Sesshaften «als grundsätzlich anders» empfunden wurden, als «Volksteil», der sich «vom übrigen Bündnervolk» absondert, muss schon früh der Fall gewesen sein.[241]

Worin dieser Kulturunterschied im Streitfall Huber versus Savognin allerdings genau bestehen soll, geht aus den Akten nicht hervor. Jedenfalls nicht darin, dass die Huber Fahrende gewesen wären. Sie waren es nicht. Sie lebten ja seit Jahrzehnten am Ort und waren Ortsbürger. Vielleicht lag er im Gewerbe: Der Wasenmeister in seiner Baracke war nicht ein Bauer wie jedermann. Ärmlich zwar war man wohl hüben wie drüben. Wobei der Abdecker immerhin ein «Meister» war dem Titel nach und auf einigermassen regelmässige Einkünfte von den Gemeinden rechnen konnte. Aber er war der Verachtung anheimgegeben und aus der Dorfgemeinschaft ausgegrenzt. Nicht zuletzt, weil sein Gewerbe schmutzig war und stank.[242]

Auch seitens der Familie Huber scheint man sich ein Stück weit als «anders» verstanden zu haben. Die Huber haben sich in den Jahrzehnten oft verheiratet mit Geschlechtern wie Moser, Waser, Gruber, Stoffel, Mehr, Zablonier, die später ebenfalls zum «jenischen Volk» gezählt werden sollten. Mit «andern» also. Beide Seiten zogen einen feinen Strich der Abgrenzung.

Ein Moser (Franz) wurde Hubers Nachfolger als Abecker in Savognin.

Klar ist dennoch, dass die Huber zu Savognin gerechnet werden: Als ich mit Robert Huber einmal einen Standplatz von Fahrenden besuche, nennt ihn der dort wohnende Elvis Kollegger zum Scherz «Nüscher» – «Du bist halt ein

Nüscher» –, was ich anfänglich nicht verstehe. Worauf Robert Huber den andern als «Harzni» titulierte, was sich schneller erschliesst: Harzsammler. Beim Coca-Cola am Küchentisch erklären die beiden mir das Rätsel. Nüscher heisst auf jenisch «Schwein». Die Huber sind Jenische, die aus dem einstigen Schweiningen kommen.

Zu Vaganten erklärt und sesshaft gemacht

Die Huber scheinen Gewerbler geblieben zu sein. Roberts gesetzlicher Grossvater Peter, der schon einmal kurz erwähnt worden ist, wurde «Zündhölzlipeter» genannt, weil er «nach Art der Sippe durch Hausieren» seinen Unterhalt bestritt.[243] Von seinem eigenen Vater erzählt Robert: «Mein Vater hatte immer Rosse. Er ging dann jeweils mit schönen Tieren auf die Reise und kam mit Kleiderbügeln zurück, weil er so seltsame Geschäfte machte.»[244]

Als im 20. Jahrhundert die Verfolgungen anhoben, die in der «Aktion Kinder der Landstrasse» gipfelten, wurden die jahrzehntelang in Savognin sesshaften Huber, denen das Bürgerrecht wieder ganz zuerkannt worden war, zu «Vaganten» erklärt. Ganz offiziell.

Robert Hubers Vater – das unehelich gezeugte Kind eines Moser, das eben den Namen Huber erhalten hatte – liess sich in einem alten Haus in Weesen nieder. Gleichsam am Rand des Weges, den die Handelsreisenden aus Graubünden vorzugsweise benutzten, wenn sie ins Unterland fuhren. Hier kam jeder vorbei, der die Route entlang dem Walensee wählte. Hier lebten, wie Robert Huber weiss, auch andere Jenische.[245] Hier wurde Robert Hubers älteste Schwester, Ursulina, geboren. Und offenbar eine Anzahl weiterer Geschwister. Wobei die Familie immer wieder unterwegs war. «Ein Bruder von mir ist in der Hohlen Gasse zur Welt gekommen, im Wohnwagen», erzählt Robert Huber. Und als ich zweifle, sagt er: «Ja, Geburtsort Hohle Gasse, wo Tell den Gessler niederschoss.»[246]

Dann waren die Eltern ins Schindelhaus nach Bilten gezogen, das wir besichtigt hatten. Die Behörden in Savognin stellten es mit Genugtuung fest: «Nach vielen Jahren steten Umherziehens ohne festen Wohnsitz und ohne Obdach gelang es dem Vater Huber vor etlichen Jahren mit Hilfe der Heimatgemeinde und des kant. Vagantenfonds, ein Heim im Bahnhofquartier Bilten zu erwerben, wodurch man die Leute sesshaft zu machen glaubte, was der erste Schritt bedeutet (sic!), um sie allmählich zu gesitteten Menschen heranzuziehen.»[247]

Das Häuschen kostete einige 1000 Franken, versichert war es für 8700 Franken, so steht es in den Verträgen.[248] Die finanziellen Vorgänge sind nicht restlos dokumentiert. Mit dem Hausiergeld der Familie plus dem Zuschuss eines befreundeten Grossisten, welcher als Gemeindepräsident von Weesen geamtet hatte, sowie der Anschubfinanzierung aus dem «Vagantenkredit» hatte es jedenfalls für den Kauf gereicht.[249]

Dieser Fonds hatte schon an den Hauskauf eines Bruders 1200 Franken beigetragen[250], und auf dem Häuschen in Bilten lastete anfangs ein Inhaberschuldbrief des Erziehungsdepartementes des Kantons Graubünden in derselben Höhe, aus ebendem Vagentenfonds offenbar.[251]

1924 war dieser Fonds durch Beschluss des Grossen Rates ins Leben gerufen worden. Aus ihm wurden Beiträge an Gemeinden bezahlt, die den Fahrenden zu einer Anstellung oder zu einem eigenen Wohnsitz verhalfen.[252]

Das Nachbarhäuschen erwarb ein Jakob Waser aus Weesen, genannt «der gerollte Jakob», weil er lockiges Haar besass, wie Robert Huber sich erinnert.

So wurden die Huber durch die Subvention aus dem «Vagantenkredit» zu Vaganten erklärt und gleichzeitig sesshaft gemacht.

Eigentlich sesshaft wurden sie nicht gemacht, da sie es weitgehend schon waren, sondern abhängig.

In Vaz, Bündner Hauptort der Jenischen

In Bilten gebar Roberts Mutter Engelina – manchmal wird sie auch Angelina genannt – noch einmal zwei Kinder. Damit hatte sie 12 Kinder mit diesem Mann. Und zwei aus erster Ehe. Robert war der Jüngste.

Der Bub wurde ihr offenbar zu viel. Sie konnte ihn wirtschaftlich nicht tragen. Wie es bei Grossfamilien öfter vorkam, wurde er zu Verwandten gegeben. Nur die mündliche Überlieferung in der Familie erzählt davon.[254] Vermutlich geschah dies kurz nach der Geburt, Gemeindeeinträge lassen sich nicht finden, wahrscheinlich hat man das Kostkind nicht angemeldet. Tante Maria und Onkel Florian Moser – der Bruder von Roberts Mutter – lebten als Kleinbauern in der Gemeinde Vaz/Obervaz, wie sie zweisprachig heisst: Vaz in rätoromanisch, Obervaz in deutsch. Gelegentlich hüteten Mosers grösseren Bauern die Kühe.

Wir besuchen die abgelegenen Dörfer da oben neben dem Kurort Lenzerheide: Zorten, Muldain, Lain. Und ich fotografiere das Haus im Weiler Fuso, wo Huber als Kleinkind gelebt hatte. Es liegt auf 1274 Meter Höhe am Südhang Richtung Julier.

«Da könnte ich nicht mehr leben», sagt Huber, «da brauchen selbst die Hühner Steigeisen.»[255]

Das ist Obervaz, das in so vielen jenischen Gesprächen auftaucht, unbekannter Hauptort einer unbekannten Kultur. «Damals lebten viele Jenische in Obervaz», erinnert sich die Buchautorin Jeannette Moser – verheiratet Nussbaumer – an ihre Kindheit.[256]

Ein Prachtsband zur Ortsgeschichte, herausgegeben von der Gemeindebehörde, weiss von all dem so gut wie nichts, 440 Seiten zählt er, 2,15 Kilo wiegt er.[257] Über die Jenischen steht kaum etwas;[258] die Rede ist allenfalls von «Heimatlosen», die Ende des 18. Jahrhunderts aufgetaucht seien. Die einheimische Bevölkerung habe ihnen gegenüber «Zurückhaltung» geübt.[259] Nur schamhaft wird eingestanden: «Manch einer der Gemeindebewohner verdiente seinen Lebensunterhalt mit Hausieren.»[260]

Hin und wieder erwähnt die Chronik Geschirrhändler, Hausierer, Blechler und einen Glockengiesser. Das Familienregister der Gemeinde zählt allerdings um 1940 – das ist etwa die Zeit, da Roberts Karriere als Verdingkind beginnt – unter 2078 Bürgerberechtigten (von denen nur die Hälfte in der Gemeinde wohnte) nicht weniger als 113 Personen mit dem Familiennamen Kollegger und 416 mit dem Namen Moser[263] – jeder Jenische sagt, dass dies jenische Geschlechter seien.

Die erwähnte Jeannette Moser erinnert sich mit viel Gefühl an ihren Grossvater: «Als er dann heiratete, zog er mit der ganzen Familie im Planwagen von Ort zu Ort. Er reparierte hauptsächlich bei den Bauern das Zaumzeug der Pferde oder sonstige Lederwaren. Er konnte aber auch Schirme flicken, Messer schleifen und Körbe flechten. Als er später mit seiner Familie in Nivagl sesshaft wurde, ging er hausieren. Vor allem handelte er gern mit Steingutgeschirr. In seiner grossen selbstgeflochtenen Krätze trug er Teigschüsseln, Milchkrüge und Tassen mit sich herum. Dazu kamen noch kupferne Pfannenriebel und Handbürsten. Schon mit fünf Jahren durfte ich ihn auf seinen Touren begleiten. Er machte mir sogar eine ganz kleine Krätze und legte mir ein paar Tassen hinein, oder ich trug am Abend einen Laib Brot darin nach Hause.»[262]

Die Kindswegnahme

Robert – eigentlich war er der Töneli, alle riefen ihn so – war der Kleinste im Haus dieser Familie Moser in Obervaz. Er sei verwöhnt worden, glaubt Huber im Rückblick auf eine allerdings sehr frühe Kindheit. «Jedenfalls: Ich gehörte zur Familie; ich habe dazugehört.»[263]

Da blieb er längere Zeit. «Und dann bin ich in einer Nacht-und-Nebel-Aktion von der Pro Juventute dort abgeholt werden.» Die Tante, Maria Moser, habe es ihm später erzählt.[264] Vielleicht hat der Dorfpolizist vorgesprochen, in Begleitung eines Mitarbeiters oder einer Mitarbeiterin der Pro Juventute, wie das bei anderen Kindern geschah. Robert weiss nur: «Sie kamen am Morgen: Er ist da! Der muss mit! Machen Sie die Kleider zweg, wir nehmen ihn mit!»[265]

Wie und wann die Wegnahme genau erfolgte, kann Huber nicht sagen. Die Akten des «Kinderhilfswerks Pro Juventute» bestätigen indirekt wenigstens den Zeitpunkt, setzen sie doch nicht mit Roberts Geburt ein, sondern am 2. März 1936.[266] Da war Robert Huber knapp zweieinhalbjährig. Das muss der Moment gewesen sein, da der Kleine von den Behörden entdeckt und weggenommen wurde.

So widersinnig es scheint, ein Kind wegzunehmen aus der Obhut einer Familie – dass er sich überhaupt da befand, widersprach den Konzepten des «Kinderhilfswerks». Denn Mosers waren auch «so eine Vagantensippe», wie es hiess. Es war der erste Stempel, der Robert Huber aufgedrückt wurde. Du bist ein Vagant.

Die Geschichte liesse sich überschreiben: Wie die Pro Juventute Kinder den sesshaften Familien wegnimmt und sie zu unsteten Heimkarrieren zwingt. Durch die Wegnahme wurde der unter Sesshaften lebende Robert Huber zum «Kind der Landstrasse» erklärt.

1926 hatte die Pro Juventute mit jener Aktion begonnen, die den Namen erhielt: «Hilfswerk für die Kinder der Landstrasse».[267] Verantwortlich dafür war Dr. Alfred Siegfried, von Haus aus Romanist, der seit 1924 als Leiter der Abteilung Schulkind auf dem Zentralsekretariat der Pro Juventute wirkte. Zuvor war er Lehrer am Basler Gymnasium gewesen. Als Auftakt hatte er einen wegweisenden Artikel in der «NZZ» publiziert: «Es gibt in der Schweiz eine ganze Anzahl von nomadisierenden Familien, die, in irgend einem Graubündner oder Tessiner Dorfe heimatberechtigt, jahraus, jahrein das Land durchstreifen, Kessel und Körbe flickend, bettelnd und wohl auch stehlend, wie es gerade kommt; daneben zahlreiche Kinder zeugend, um sie wiederum zu Vaganten, Trinkern und Dirnen heranwachsen zu lassen.»

Er habe lange darüber nachgedacht und sich auch mit einem Freund besprochen, «(…) und endlich sind wir zu der Einsicht gekommen, es müsse trotz Geldmangel, trotz schlechten Erfahrungen, trotz Angst vor erblicher Anlage versucht werden, wenigstens *die Kinder* zu retten.»[268]

Dies wolle die Stiftung Pro Juventute nun versuchen, kündigt Siegfried an. Wozu die Redaktion der «NZZ» meint: «Möge der mutigen Tat ein voller Erfolg beschieden sein (…)» – und gleich auch den Hinweis setzt: «Spenden für dieses interessante Hilfswerk nimmt unsere Abteilung ‹Fürsorge› gern entgegen; wir bitten, sie mit der Bezeichnung ‹Vagantenkinder› zu versehen und auf Postscheck VIII/5602, Abt. Fürsorge der ‹N.Z.Z.› einzuzahlen, wenn man nicht vorzieht, sie direkt der Stiftung Pro Juventute (VIII/3100, Vagantenkinder) zu überweisen.»[269]

Es wurde in der Schweiz nie demokratisch darüber befunden, wie die Minderheit der Fahrenden zu behandeln sei. Hätte es aber eine Abstimmung gegeben, so vermute ich, wäre eine Mehrheit zustande gekommen für die Rettung der armen Kinder der Landstrasse. Gemeint: für die Zerreissung der Familien. Die Mehrheitsdemokratie ist in Zeiten erhöhter Erregung ein wenig taugliches Instrument für den Minderheitenschutz.[270]

Nun war also auch Robert Huber in die Mühle geraten, welche den grobkörnigen Eigensinn dieser «Vaganten» zu Flugsand zerhacken sollte. Er, der nie kesselflickend mit seinen Eltern das Land durchstreift hatte. Die Tante – seine engste Bezugsperson – würde er erst nach zwanzig Jahren wiedersehen. Wie hatte das geschehen können?

Der Tod des Vaters

Die Mutter Engelina – «sie war einmal eine bildhübsche Frau gewesen», sagt Robert Huber [271] – hatte es nicht einfach. Durch Hausieren versuchte sie, das Familieneinkommen aufzubessern, um das Dutzend Kinder durchzubringen, von denen sie einige in ein Heim gegeben hatte, was Kosten verursachte. Der Vater Johann Huber war wohl ohne Anstellung, wie viele Männer in der Depression Anfang dreissiger Jahre.

Die Heimatgemeinde Savognin verfolgte die Lebensführung der Familie Huber mit wachem Blick, hatte man doch jederzeit Angst, die Leute könnten der Armenfürsorge zur Last fallen. Und die Pro Juventute hatte schon in den ersten Zeiten der Aktion «Kinder der Landstrasse» versucht, «die Huber-Kinder unter Vormundschaft zu bekommen».[272] Zu Geschwätz führte, dass die Frau Kontakte pflegte zu den Nachbarn – es waren «Landsleute», wie sie sagte, Bündner Jenische also: der «gerollte Jakob», wir sind ihm schon begegnet, und seine Tochter. Diese kümmerte sich gelegentlich um das Jüngste der Engelina Huber, und der Papa mag Gefallen an der attraktiven Nachbarin Engelina gefunden haben. 1934 wurde das Ehepaar Huber ein erstes Mal vorgeladen vor die Armenpflege in Bilten, die anscheinend vom Pfarramt besorgt wurde: «Die Untersuchung galt mehr der häuslichen Unordnung, die mit dem Hausierhandel zusammenhing, und der angezweifelten Solidität und Arbeitsamkeit des Ehemannes (…).»[273]

Wobei die Armenpflege den Eindruck erhielt, der «Vater rechtfertige den Wirtshausbesuch allzu sehr mit dem Hausierhandel». Ausdrücklich aber ziehe sie «vor der Ehefrau den Hut».

Derselbe Grosshändler, der einst als Gemeindeammann in Weesen gewirkt und Vermittlerdienst beim Hauskauf geleistet hatte, beschrieb Frau Huber als «eine tüchtige und betriebsame, in ihren Zahlungen ziemlich genaue Hausiererin (…).»[274]

Dann starb Roberts Vater plötzlich. Am Karfreitag oder am Samstag vor dem Osterfest 1934. «Er war ein Bier trinken gegangen in einer Beiz beim Bahnhof», so habe es die Wirtin später erzählt, berichtet Robert Huber. «Eine eiskalte Flasche. Er kam heim und war tot.»[275]

Eine Lungenentzündung solls gewesen sein. 37-jährig war er geworden. Nun hinterliess er eine 32-jährige Witwe und zwölf gemeinsame Kinder.

Harter Kurs der Pro Juventute

Ohne Mann wurde das Überleben noch schwieriger für die Mutter. Sie würde noch mehr auf ihr Hausiergewerbe angewiesen sein, würde noch öfters auswärts weilen, und die Kinder, die sie bei sich behalten hatte, wären noch öfters zu Hause sich selber und den Nachbarn überlassen. Deshalb brachte sie sechs ihrer zwölf Kinder in eine Krippe in Arbon, wo schon eines lebte, und bat die Heimatgemeinde um finanzielle Unterstützung: Das wurde ihr von der Heimatgemeinde angekreidet.[276]

Denn die Leitung des Kinderheims hatte die Ankunft den Behörden gemeldet. Etwas unterernährt seien die Kinder gewesen und müde, auch hätte man einige Läuse gefunden. Im Übrigen aber waren sie offenbar gesund und munter. Nebst der Sicherung der Finanzierung plagte das Heim noch eine andere Sorge: «(…) ich weiss, dass ich bei den Lehrern nicht willkommen bin mit diesen Schülern.»[277]

Nachdem das Kinderheim seine Anzeige erstattet hatte, wonach sich die Kinder Huber bei ihm befänden, sah Savognin die Stunde gekommen. Die Gemeinde suchte in direkter Zusammenarbeit mit der Pro Juventute durchzusetzen, was sie schon früher beabsichtigt hatte, wobei sie am Widerstand der Eltern gescheitert war. Sie sei «im Interesse des Wohlergehens der armen Kinder gewillt, dieselben der Mutter vorwegzunehmen (…)».[278]

Das schreckte indes das pädagogische Gewissen der Heimleitung in Arbon auf, die sich vorgestellt hatte, man könne gütlich mit der Mutter auskommen und die Kinder gemeinsam am selben Ort aufwachsen lassen. Die Pro Juventute war anderer Ansicht: Wenn die Kinder zusammenblieben und in Arbon aufwüchsen, würden die Eltern den Kontakt mit ihnen aufrechterhalten.[279]

Das war unerwünscht: «Wir sind aber aus unseren Beobachtungen heraus zur Einsicht gekommen, dass es gerade für unsere Korberkinder ungemein wichtig ist, sie von den Einflüssen von Eltern und Verwandten fernzuhalten, wenn wir nicht riskieren wollen, sie nach Jahr und Tag im gleichen Fahrwasser zu sehen.»[280]

Es ging der Pro Juventute nicht um das individuelle Kindswohl – die Lebensweise und Kultur der Jenischen sollte aufgebrochen werden.

Die Krippenleiterin wurde aufgefordert, die Kinder wegzubringen ins St.-Josephs-Heim in Chur, von wo sie offenbar weiterverteilt werden sollten. Worauf die Erzieherin nachfragte, ob es nicht doch eine andere Möglichkeit gebe: «Ich habe auch die Auffassung, dass wir nicht ganz über den Kopf der Mutter hinweg bestimmen können (…).»[281]

Eindringlich argumentierte sie: «Meine ganze Arbeit hier lehrte mich immer wieder, das Verständnis der Mutter meiner Pfleglinge zu suchen (…).»[282]

Die Mutter besuchte ihre Kinder in den Heimen regelmässig und nahm, wenns ging, gern auch wieder ein Kind heim.[283] Damit vermehrte sie den Ärger. Die Vagantenkultur sollte ja auseinandergerissen werden. Die Pro Juventute blieb hart. Und Savognin auch.

Als dann auch die letzten Kinder aus der Obhut des Kinderheims Arbon abgeholt werden sollten, schrieb dieses: «Es wird ein schwerer Abschied geben, da die Kinder» – es folgt der Name einer Betreuerin – «sehr ans Herz gewachsen sind.»[284]

Gründe werden gesucht

Für die Gemeindebehörden ging es um Geld. Wenn sie selbst Subventionen der Pro Juventute erhalten wollte, mussten die Kinder unter Vormundschaft gestellt werden, darauf lief das Bestreben der Pro Juventute hinaus.[285] Savognin war arm geblieben, wie in der Ortsgeschichte über die zwanziger Jahre nachzulesen ist: «Savognin partizipiert immer noch nicht an den fremden Gästen, die Sonne, Schnee und frische Luft suchen. Eine erste bescheidene Touristenkundschaft an Ort und Stelle logierte während des Sommers jeweils in den zwei Hotels des Dorfes.»[286]

Eben in jener Zeit war die Gemeinde von der Kantonsregierung aufgefordert worden, ihre Finanzen ins Lot zu bringen, was nebst Erhöhung von Beiträgen dadurch geschah, dass die Einwohner zu unentgeltlichen Arbeiten – etwa beim Strassenunterhalt oder im Wald – aufgeboten werden mussten. Da dreht man jeden Franken um, den man ausgeben soll. Und wenn die Mutter der Huber-Kinder ihre Rechnungen im Kinderheim nicht vollständig bezahlte, wie das hin und wieder geschah, blieb der Fehlbetrag bei der Gemeinde hängen.

Doch um ihr die elterliche Gewalt zu entziehen, brauchte es Gründe. So schwärzte Savognin via Vormundschaftsbehörde der Talschaft die Mutter weiter an. Gute Nachrichten über das Benehmen der Frau Huber – die es auch gab – könnten kaum die Wahrheit sein: «Noch in letzter Zeit ist uns von Seite einer gewissen Frau Louisa Huber in Gams allerlei Verdächtiges über Frau Angelina Huber berichtet worden.»[287]

Es folgt erneut eine Verführungsgeschichte. Wonach Angelina oder Engelina Huber schon wieder einem Mann den Kopf verdreht habe. «Unwahrscheinlich klingt die Sache für uns nicht», schrieb der Präsident der Vormundschaftsbehörde.[288]

Zuvor hatte man von der Frau des Nachbars – des gerollten Jakob – gehört, «dass Frau Huber ihr den Mann verführe bzw. schon verführt habe, indem die beiden auf ihren Hausierreisen nicht die nötige Distanz bewahren».

Frau Huber verführe. Ob die Männer in diesen Geschichten allenfalls auch eine Rolle spielten, war nicht von Interesse. Die Vormundschaftsbehörde hatte jedenfalls verlangt, man solle die Tatbestände polizeilich feststellen lassen.

Doch nichts war herausgekommen. Ein Polizist war zwar bei Frau Huber vorbeigegangen und hatte gehört, dass sie mehr trinke als früher. Was allenfalls Anlass gäbe für ein «Trankverbot» – als Grund nicht hart genug für eine Entmündigung.[289]

In einem Schreiben an die Landjägerstation drängte die Pro Juventute: «War es Ihnen vielleicht möglich, die Verhältnisse weiterhin zu überprüfen, und konnte neues, belastendes Material zutage gefördert werden?»[290]

Mittlerweile behauptete Savognin: «Im Laufe der letzten Monate sind uns verschiedene Mitteilungen zugegangen, die Frau Huber stark belasten, so dass das Dossier an Beweismaterial nicht nur für den Entzug der elterlichen Gewalt, sondern sogar für eine korrectionelle Versorgung bald langen würde.»[291]

Der Entzug der elterlichen Gewalt

Am 30. Juli 1935 stellte Savognin formell den Antrag auf Entzug der elterlichen Gewalt. Zudem seien die Bevormundung und eventuell die Anstaltsversorgung von Engelina Huber in Erwägung zu ziehen. Aus den Gerüchten sind Tatsachen geworden: «Trotzdem Huber selbst auch kein Musterpappa gewesen, haben sich die Familienverhältnisse von dem Moment an» – seinem Tod – «zusehends verschlechtert, wohl aus dem Grund, weil die Mutter eine liederliche, um nicht zu sagen verkommene Person ist, dem Trunke ergeben und in moralischer Hinsicht nicht ganz einwandfrei.»[292]

Wobei die Gemeinde argumentierte: «Der Umstand, dass Frau Huber mit ihrem mageren Verdienst aus dem Hausierhandel für den Unterhalt der grossen Familie nicht aufkommen kann, bildet an und für sich keinen Grund zum Entzug der elterlichen Gewalt, wohl aber ihre moralische Disqualifikation als Erzieherin, verbunden mit dem Hausierberuf, der die Frau die grösste Zeit von zu Hause abhält und die Kinder verwahrlosen lässt.»[293]

Sechs Kinder waren durch die Vermittlung der Pro Juventute aus den Krippen, in denen sie sich befunden hatten, bereits abgeholt und neu platziert worden.[294] Mit dem Antrag der Gemeinde auf Entzug der elterlichen Gemeinde war der Handel perfekt. Die Pro Juventute bestätigte prompt, dass sie bereit sei, weitere Versorgungsbeiträge für die Kinder zu leisten.[295]

Der Pfarrer von Bilten, der für die Armenpflege verantwortlich war, führte eine Aussprache mit Engelina Huber, wieder einmal. Dabei habe er ihr alle Gerüchte offen vorgetragen. Sie sei keine Alkoholikerin, das sehe man ihr an.

Und er bemerkte, «dass sie trotz der in einem meist der mütterlichen Anwesenheit entbehrenden Haushalt und unvermeidlichen mancherlei Unordnung eine gute Mutter ist».[296]

Doch der Druck der Verleumdungen, Gerüchte und finanziellen Nöte wurde zu gross: «Frau Angelina Huber (…) hat unterm 13. Nov. 1935 unterschriftlich auf die Ausübung der elterl. Gewalt verzichtet und sich mit dem Entzug einverstanden erklärt», ist in einem regierungsrätlichen Protokoll zu lesen.[297]

So wurden die Kinder Huber von der Gemeinde offiziell bevormundet, und die Behörde konnte beschliessen, dass der Pro-Juventute-Sekretär Dr. Siegfried als Vormund amten solle.[298]

Dies dürfte der Moment sein, da die Weisung an den Gemeindepolizisten, eine Mitarbeiterin der Pro Juventute oder an wen auch immer erging, Robert Huber im Haus seiner Tante abzuholen. Gegen Ende seines Lebens sollte Robert Huber über diese Geschehnisse sagen: «Wir hatten nichts Böses getan, wir waren einfach arm, wie es damals viele Leute waren.» Savognin habe seine Aufsichtspflicht missbraucht.[299]

Das Haus wird verkauft

Auch mit dem Haus hatte man nicht zugewartet, bis alles abgesegnet war. Bevor Engelina Huber entmündigt war, war es verkauft! Was die Vormundschaftsbehörde Oberhalbstein mit sichtlicher Genugtuung verkündet: «Das Heim in Bilten ist jetzt veräussert, so dass an ein Zusammenhalten der Familie nicht mehr zu denken ist.»[300]

Wie das möglich war, fragt man sich. Die Mutter Engelina lebte noch, sie war im Vollbesitz ihrer Rechte. Sie war als Ehefrau erbberechtigt. Wie also? «Es ist alles mit rechten Dingen zugegangen», sagt eilig der Leiter des Grundbuchamtes in Glarus, der Robert Huber und mir, die ihn überfallen haben, die Bücher zeigt; «die Erbengemeinschaft hat den Verkauf genehmigt.»[301]

Für 6500 Franken wurde das Haus abgestossen, wie der Kaufvertrag belegt, der etwas später unterschrieben worden ist.[302]

Nach dem Tod des Ehemannes hatte die Mutter samt ihren Kindern erst einmal einen Beistand erhalten. Statt der Familie das Wohnen im Heim zu ermöglichen, machte der Beistand das Heim zu Geld. Wieder mit dem Ziel vermutlich, den Gemeinden Auslagen für die Familie zu ersparen.

Im Namen der ganzen Familie – der 14 Kinder von Engelina Huber, die namentlich aufgezählt sind, und der Mutter selbst – setzte der gesetzliche Beistand am 30. September 1935 seine Unterschrift unter das Dokument, und das Waisenamt Bilten genehmigte den Vorgang wenig später.

Käufer war jener Grossist und ehemalige Gemeindepräsident von Weesen, der schon wiederholt ins Geschehen hineingewirkt hatte, Hans Welti-Egli. Ob die Mutter einverstanden sei mit dem Handeln ihres gesetzlichen Beistandes, wurde nicht geklärt. Und für die Zustimmung der Kinder hätte es ohnehin der Unterschrift der Mutter bedurft, da sie im Besitz der elterlichen Gewalt war. Ihrer Zustimmung entledigte man sich mit Hilfe eines juristischen Kniffs: Im Kaufvertrag steht, sie sei «unbekannten Aufenthaltes».[303]

Das Grundbuchamt des Kantons Glarus bestätigt auf eine schriftliche Anfrage des Autors: «Beim fraglichen Kaufvertrag konnte ja Frau Angelina Huber zufolge Abwesenheit ihre elterliche Sorge gegenüber ihren Kindern nicht wahrnehmen! Deshalb hat anstelle ihrer Kinder der Vertretungsbeistand der Kinder» – sein Name sei schonungsvoll verschwiegen – «den Kaufvertrag unterzeichnet.»[304]

Die Frage reduziert sich darauf: Wo war Engelina Moser damals? War sie wirklich so weit weg, dass niemand ihren Aufenthalt wissen und keiner sie erreichen konnte? Und vielleicht noch: Warum bestand dringlicher Handlungsbedarf? Hätte nicht gewartet werden können, bis die Frau – wenn sie denn weg war – ihre Kinder in den Krippen und Heimen wieder besuchen würde? Warum war anzunehmen, dass sie diese auf lange Zeit verlassen haben sollte?

Die Lösung des Rätsels: Engelina Huber lebte mit Ursulina, der ältesten Tochter aus dieser Ehe, in Siebnen in der Gemeinde Wangen – wie einige Monate später in Akten festgehalten ist.[305] Und als die Pro Juventute Frau Huber wegen einer neuen Beschuldigung suchte, wusste die Polizei noch genauer, wo sie zumindest bis vor Kurzem gewesen war, wie aus einem Bericht der Pro Juventute hervorgeht: «Polizeikommando Schwyz meldet, da uns jede Spur der A. H. fehlt, deren letzten Wohnsitz in Siebnen/Schwyz, Bahnhofstrasse.»[306] Diese Bahnhofstrasse ist etwas lang und verbindet die Ortskerne Wangen und Siebnen. Zwar liessen sich in den zuständigen Gemeindekanzleien keine Niederlassungsbestätigungen finden.[307] Die Aktenstücke erzählen aber, dass Engelina Huber in der March herumgereist sei. Beim Hausieren war sie gewiss auch Menschen begegnet, die hätten reden können.

Man hätte sie wohl finden können, wenn man gewollt hätte zur Zeit des

Hausverkaufs. So wie sie wenig später gefunden wurde, als sie interniert werden sollte. Siebnen liegt nur ein Dutzend Kilometer von Bilten entfernt, zweieinhalb Stunden Fussmarsch.

Als Nichtjurist würde ich auf ungetreue Geschäftsführung und allfälligen Amtsmissbrauch plädieren. Statt für das Interesse der Mutter und das Kindswohl zu sorgen, hatte der Beistand die Mutter ihres Heims beraubt. Und verschiedene Ämter hatten das Vorgehen begünstigt. Offensichtlich im Interesse, der unterstützungspflichtigen Heimatgemeinde Savognin die flüssigen Mittel zu sichern.

Damit hatte sich auch die Logik der Pro Juventute durchgesetzt: Ein Haus, das mit Hilfe des Vagantenkredits erworben worden war, wurde verkauft, nicht weil die Familie den innern Zusammenhalt verloren hätte. Sondern damit der weitere Zusammenhalt nicht mehr möglich war.

Der Verantwortliche Alfred Siegfried stellte in einem Rückblick zur Geschichte der Familie Huber die Sache anders dar: «Nach dem Tod des Mannes verkaufte die Witwe Hab und Gut und brachte die Kinder in ein Heim und ging zusammen mit ihrer 14-jährigen Tochter auf den Hausierhandel.»[308]

Eine Fasnachtsgeschichte

Robert, der Jüngste, befindet sich seit der Kindswegnahme in einem Kleinkinderheim in Chur. Noch nicht die Zeit, über die es vieles zu erzählen gibt. Robert Huber erinnert sich an ein «Marienheim», wo Nonnen wirkten.[309] In Chur gab es auch ein «Josephsheim», das bedürftige Kinder beherbergte und ebenfalls von Schwestern aus Ingenbohl geführt wurde. Einige von Hubers Geschwistern waren dahin verbracht worden, ehe man sie weiterplatzierte. Nun lebten sie in Pflegefamilien und erwiesen sich als «folgsam, ordentliche Schüler, freundlich und gefällig».[310]

Roberts Mutter aber erlebte weiterhin dramatische Zeiten. Den Mann verloren, das Haus verloren, die Kinder verloren. Nur die älteste Tochter, Ursulina, hatte sie dem Zugriff der Behörden entziehen können. Könnte man es Engelina Huber verdenken, wenn sie sich in den Trubel des Lebens stürzte, um zu erhaschen, was ihr zu entfliehen drohte: die Freuden des diesseitigen Lebens?

Im April 1936 schon war sie auch für die Behörden wieder da, wenn sie denn je verschwunden gewesen sein sollte. War verhaftet und in Untersuchungshaft gesetzt.

In der March, wie das Gebiet heisst, wo Engelina Huber jetzt lebte, gings an der Fasnacht gern etwas höher zu als anderswo. Dr. Siegfried weiss, wie sie sich vergnügte: «Die Huber hat zur Fastnachtszeit unter anderm zugegebenermassen mit einem verheirateten Manne unerlaubte Beziehungen gehabt, und dieser Mann hat mit ihr und ihrer 14-jährigen Tochter im gleichen Bett geschlafen. Es wurde deswegen gegen sie ein Prozess wegen Unzucht eingeleitet und die Huber mehrere Wochen in Untersuchungshaft behalten.»[311]

Im Bezirkshauptort Lachen sass Engelina nun hinter Gittern. Nachdem ein Hausierer sich beschwert hatte, dass sie im Restaurant «Rütli» in Lachen mit einem Mann Nachtquartier bezogen habe. Was ein Unzuchtsvergehen war, weil es um einen verheirateten Mann ging. Ihr Freund solle gemäss Untersuchung zudem kurz vor dem ersten Fasnachtstag schon maskiert unterwegs gewesen sein. Auch hätten sich die beiden «im freien Feld» vergnügt – gemäss der Angeschuldigten war das allerdings «in einem Zelt» geschehen.[312]

Huber verteidigte sich, dass der Freund ihr die Heirat versprochen habe, wodurch sie gehofft habe, «wieder einmal unterzukommen».[313] Der Mann bot ihr die Aussicht auf ein neues Zuhause. Sie wurde dennoch verurteilt wegen Verstosses gegen den Paragrafen 11 der kantonalen Vaterschaftsordnung und hatte eine Geldbusse von 30 Franken zu zahlen. Ihr Freund erhielt das doppelte Strafmass, weil er sich zudem schuldig gemacht hatte der «Übertretung der Tanz- und Maskenverordnung, indem er sich zur Unzeit maskiert befunden hatte».[314]

Nachdem der Sachverhalt erstellt war, wurde Engelina Huber freigelassen und am 17. März gleich wieder in Untersuchungshaft gesetzt, «und zwar aus gleichen Gründen wie das erste Mal».[315] Sie habe sich auch am Beerdigungstag ihres Ehemannes ungebührlich verhalten: «Am Nachmittag sei sie regelrecht betrunken gewesen und am Abend mit einem Liebhaber Arm in Arm gewandert.»[316]

Siegfried hatte es gehört, und er verwendete es gezielt: «Ich bitte Sie, die Internierung der Angelina Huber in aller Gründlichkeit zu erwägen.»[317]

Gegen die Beschuldigung setzte sich die Betroffene indes vehement zur Wehr: «(…) mit Ausnahme von den Vorfällen in Lachen bin ich mir nicht bewusst, etwas verbrochen zu haben. Ich habe für meine Kinder gesorgt, so gut es eben anging, habe für sie seit dem Ableben des Mannes über 1100 frs. ausgegeben.»[318] Die Anschuldigung sei «eine Mär» und «rein erfunden», sagte sie in der Einvernahme.[319]

Robert Huber schmerzen die Vorgänge um seine Mutter noch heute. Verständlicherweise verletzen sie sein Schamgefühl. Immer wieder kommt er in den Gesprächen darauf zurück und versucht zu erklären: «Sie hatte vielleicht einen Nachholbedarf.» Hatte das Bedürfnis zu spüren, «dass sie ein bisschen gelebt hat».[320]

Der Transportbefehl wurde ausgefüllt. Seit 31. März 1936 sass die Mutter in der Korrektionsanstalt Realta in Cazis ein. Zur Nacherziehung.

Der Ausbürgerungsversuch

Was nun geschah, war eine Art Experiment auch für die Pro Juventute. Alfred Siegfried suchte in einem Testfall auszuloten, ob es möglich wäre, den verstorbenen Vater von Robert Huber, den Ehemann der Engelina, obwohl tot, nachträglich aus Savognin auszubürgern.

Die Überlegung war logisch. Wenn man den verstorbenen Mann ausbürgern könnte, dann wären auch seine Nachkommen nicht mehr Gemeindebürger, und die Gemeinde müsste nicht für deren Unterhalt aufkommen. Siegfried wollte dafür die Gemeinde Obervaz zur Kasse bitten. Das war zwar keine endgültige Lösung, aber für den Testlauf genügte das.

So reichte er in seiner Eigenschaft als Vormund der Kinder Huber in Oberhalbstein eine «Feststellungsklage» ein, «um die Unehelicherklärung des Johann Huber und die Löschung aus dem dortigen Bürgerrodel zu verlangen».[321]

Das Bürgerrodel ist ein Register mit den Bürgernamen. Um den Mann auszubürgern, brauchte es den Nachweis, dass er nicht rechtens Bürger geworden sei. Darum hatte Siegfried seine Eingabe mit dem Antrag gekoppelt, den Verstorbenen für unehelich zu erklären. War er unehelich geboren, hätte er damals nicht das Bürgerrecht des rechtlichen Vaters erhalten, sondern jenen des leiblichen. Und das wäre in diesem Fall das Bürgerrecht der Gemeinde Obervaz gewesen.

Der leibliche Vater von Johann Huber sei eben nicht jener «Zündhölzlipeter» gewesen, dem wir in Savognin schon begegnet sind. Sondern jener andere namens Franz Moser. Pferdehändler mit Obervazer Heimatort. Und so setzte sich auch die Vormundschaftsbehörde in Savognin in Bewegung und grub im Nachhinein eine Geschichte über Robert Hubers Grossmutter aus, die sie direkt unter der Bettdecke recherchiert haben musste: «Frau Marie Huber, geb. Moser, eine kraftstrotzende Natur, suchte oder fand Ersatz für den ehelichen

Umgang mit ihrem Manne, der sich anderwärts mit zweifelhaftem Weibervolk abgab, an Franz Moser.»[322]

Tatsächlich waren die beiden miteinander «abgehauen», wie Robert Huber sagt, ins Elsass.[323] Wo sie zuerst im Konkubinat lebten. Was sich in der Fantasie des Gerichtes noch schöner abspielte: «Um sein Ziel zu erreichen, inscenierte Franz Moser zu besagter Zeit eine förmliche, romantische Entführung der ‹cutscha bella›, um anschliessend daran ein dreijähriges Leben in wilder Ehe zu führen.»[324]

Das rätoromanische «Cutscha bella» heisst: schöne Schinderin. Die hatte sich entführen lassen, so richtig nach Zigeunerart. Später heirateten die beiden hochoffiziell.

Auf der Reise kamen zwei Söhne zur Welt, Robert Hubers Vater Johann und der Onkel namens Mathias. Und das Gericht hatte nun anhand von Vermutungen, Beschuldigungen, Akten und Daten zu urteilen, wer wirklich deren Vater gewesen sei. Leider finde man für die Vorgänge «in der kritischen Konzeptionszeit» keine brauchbaren Zeugen, ärgerte sich Savognin.[325]

Huber betont erneut, dass er der biologischen Abstammung nach wirklich ein Moser wäre, und sagts mit Bedauern, als ob das die besseren Jenischen wären und Huber doch nur ein sesshaftes Geschlecht. Wenn aber alle Kinder, die bislang brav als ehelich in die Rodel und Register eingetragen worden sind, aufgrund von DNA-Analysen nachträglich ausgebürgert werden sollten, käme die Schweizer Genealogie ziemlich durcheinander.

Das Urteil

Bevor das Gericht zum Urteil kam, geschah, was zu befürchten war. Siegfried erhielt einen Telefonanruf aus Obervaz, aus der Gemeinde, auf welche die Lasten der Savogniner Kinder abgewälzt werden sollten. Der Vertreter der Obervazer Armenbehörde, der Lehrer Nicolo Jochberg, muss getobt haben. Warum man denn die Gemeinde Obervaz nicht auch ins Verfahren einbezogen habe, damit sie sich äussern könne?[326] Und: «(…) man habe wohl genug mit 360 Moser, ohne jetzt noch 11 weitere zu bekommen.»[327]

In Savognin tönte es ähnlich: «Für uns ist die Sache penibel u. von unabsehbaren finanziellen Folgen; denn unter den 11 Kindern sind 6 Knaben, und diese bekommen wieder Nachkommen!!!!! Man ist in der ganzen Gemeinde auf den Ausgang sehr gespannt.»[328]

Es war ein absurdes Verfahren, klagten doch formal gesehen die Huber-Kinder – vertreten durch den Vormund Dr. Siegfried – und verlangten ihre eigene Ausbürgerung. Schon begann Alfred Siegfried zurückzubuchstabieren – zumal Jochberg als Vertrauensmann der Pro Juventute in Obervaz wirkte –, und er erklärte, das Problem lasse sich auch ohne Ausbürgerung regeln. Das Ganze drohte zur peinlichen Affäre zu missraten.

Das Gericht setzte den Hoffnungen Siegfrieds und der Savogniner ein böses Ende: «Die Klage wird im Sinne der Erwägungen abgewiesen.»[329] Die Kläger seien gar nicht zur Klage berechtigt, könne doch laut Gesetz die Ehelichkeit eines Kindes nur vom Ehemann innert dreier Wochen, seit er von der Geburt Kenntnis erhalten habe, angefochten werden.

Obervaz hatte Siegfrieds Pläne durchkreuzt: Die Gemeinde hatte einen Brief, den Siegfried dem Vertreter der Armenbehörde, Jochberg, vertraulich geschrieben hatte, dem Gericht eingereicht. Darin räumte Siegfried Verfahrensfehler ein und erklärte, die Klage sei für ihn nur ein juristisches Experiment.[330] Was das Gericht gegen die Pro Juventute stimmen musste. Jochberg hatte zwar eine Amtsgeheimnisverletzung begangen, indem er den Brief dem Gemeinderat vorgelegt und den Gerichtsunterlagen beigefügt hatte, und das Gericht hatte ihn auch dafür gebüsst, wozu er schulterzuckend bemerkte: «So zeigte ich – bin halt in Gottes Namen auch Obervazer und muss mit den Obervazern leben und Kreuz und Leid mit diesen teilen – Ihr Schreiben an mich unserm Gemeindevorstand und legte es – unter Zahlung einer Busse von Frs. 10.– zu den Akten.»[331]

Aber er hatte seiner Gemeinde Armenkosten erspart.

Des Diebstahls beschuldigt

Für ein Jahr war Engelina Huber in die Korrektionsanstalt Realta eingewiesen worden. Wegen einer Geringfügigkeit – wegen der Übernachtung mit ihrem Freund im einfachen Hotel und der Liebesszene im Zelt. Da ihr Verhalten in der Korrektionsanstalt indes nicht zu beanstanden war, hatte man sie nach zehn Monaten entlassen. Mit der Auflage, sie solle sich nicht wieder dem Hausierhandel zuwenden.

Woran sie sich nicht hielt. Der Auszug aus dem Strafregister des Kantons St. Gallen weist bis 1940 zwölf geringfügige Bussen auf wegen «Hausiervergehen», Hausieren war ihr Beruf und ihre Kultur.[332]

«Ich halte mich seit Juli 1938 in St. Gallen auf und betätige mich hier und auswärts als Hausiererin. Ich reise auf Handtücher, Schürzen usw.»[333] Zuschulden kommen liess sie sich weiter nichts. Obwohl ihr Name noch ein letztes Mal auftauchen sollte in Justizakten. Sie wurde des Diebstahls beschuldigt. Als der Bauer Oberlin am Jassen war in Altendorf – Huber besucht offenbar ihre alten Kunden in der March –, sei Engelina Huber mit einer zweiten Hausiererin in die Wirtschaft «Zum Freihof» gekommen.

«Sie konsumierten zuerst etwas, schauten dann dem Spiele zu und machten nachher einen Jass zu viert mit», heisst es im Gerichtsurteil, das den Fall ausgiebig darstellt. «Nach dessen Beendigung scheinen die Angeschuldigten gegenüber Oberlin etwas zudringlich geworden zu sein. Oberlin hat für sie Tranksame kommen lassen.» Der Bauer war ein lebenslustiger Siebzigjähriger. «Als er die Restschuld bezahlen sollte – einen Teil der Konsumationen hatte er vorher schon beglichen –, stellte er seine Mittellosigkeit fest, trotzdem er vorher eine Barschaft von Fr. 40.–, bestehend aus 8 Fünffrankenstücken, bei sich gehabt haben will.»[334]

Das konnten nur die beiden Zigeunerinnen gewesen sein! Die das Lokal verlassen hatten, bevor die telefonisch herbeigerufene Polizei erschien. Engelina Huber wurde zwar aufgegriffen. Das Verfahren schliesslich dennoch eingestellt. Wozu die zuständige Justizbehörde feststellte: «Die Möglichkeit ist nun nicht von der Hand zu weisen, dass die Traktierung der ‹Damengesellschaft› doch mehr gekostet und erfordert hatte, als der Geschädigte angenommen hat, sodass er sich möglicherweise einer Täuschung hingab, als er meinte, er sei bestohlen worden, weil er kein Geld mehr hatte.»[335]

Auf diese Weise kam wohl dieser und jener angebliche Diebstahl durch Jenische zustand.

Im Tannzapfenland

Den Robert hatte man aus seinem Kinderheim weggeführt zu einer Pflegefamilie in Wallenwil. Ein Dorf im Tannzapfenland, wie der Hinterthurgau auch genannt wird. Heute zur politischen Gemeinde Eschlikon gehörend. «Hierhin wurde ich verschachert», sagt Robert Huber hart.[336]

Der Lokalhistoriker weiss: «In den dreissiger und vierziger Jahren des letzten Jahrhunderts war Wallenwil noch ein echtes Bauerndorf mit etwa zwanzig Bauernfamilien, die zwei bis achtzehn Kühe besassen und daneben noch mit

Jungvieh, Schweinen und Hühnern ein eher karges Einkommen erwirtschafteten. Kleinbauern arbeiteten tagsüber zusätzlich als Arbeiter und Handwerker, um ihre Familie ernähren zu können.»[337]

Wir besichtigen das Häuschen, wo Robert gelebt hat. Er sagt nicht viel, sagt nur: Er wolle nichts nachtragen. Der Enkel Jeremy, der uns mit seinem Auto hingefahren hat, schweigt; es hat keinen Zweck, jetzt Fragen zu stellen.

Eine katholische Bauernfamilie namens Keller nahm ihn auf. Vier Töchter, ein Sohn. Und selber nicht viel zu beissen. Die Kinder schliefen zu zweit in einer Liege.

Robert erinnert sich an ein Zimmer, klein wie eine Besenkammer, in dem er untergebracht worden sei. Gegessen habe er am Tisch der Familie. Für Robert erhielten die Pflegeltern einen Zustupf von ein paar 100 Franken im Jahr.[338]

Und er erinnert sich an einen Holzhasen, den er hinter sich hergezogen habe. Und den man ihm weggenommen habe, um ihn zu verbrennen. «Es war etwas von mir.»[339] Diese Geschichte muss eine seiner frühesten Kindheitserinnerungen sein.

«Anfänglich schien alles gut zu gehen; der Kleine schien gutmütig, liess sich gern als Jüngster etwas verwöhnen, fiel aber in keiner Hinsicht auf», weiss Alfred Siegfried.[340]

Robertli, wie die Pflegeeltern ihn nannten, kannte niemanden im Dorf. Den Robertli aber kannten sofort alle am kahlen Kopf. «Der Coiffeur musste mir alle paar Wochen sämtliche Haare abschneiden.»[341]

Bald konnte er Kühe hüten. Später mistete er den Stall aus, bevors zur Schule ging. «Und Schläge hat es auch genug gegeben.»[342] Dass seine Geburtstage gefeiert worden sein könnten, ist eine naive Idee des Fragenden: Nichts, gar nichts.[343]

«Im Alter von 11 Jahren zeigten sich die ersten Schwierigkeiten. Als Robert anfangen sollte, da und dort ein klein wenig mitzuhelfen, da zeigte er sich gleichgültig und unwillig», berichtet Siegfried.[344]

Bis zur 5. Klasse besuchte Robert die Schule. Er ging «ganz gern», wie er noch weiss, und sei besser nachgekommen als manch eines der Bauernkinder.[345] Als Ministrant lernte er sogar einige Brocken Latein. «Confiteor Deo omnipotenti...» Ich bekenne Gott dem Allmächtigen. Am wohlsten war ihm dennoch draussen, im Wald, auf dem Feld. «Ich war gern mit den Viechern, ich hatte ja sonst gar nichts.»[346]

Sein Blick wird oft zum Himmel geschweift sein. Wo er den Bomber sah, der herunterkam. Die geöffneten Fallschirme. Es war Krieg. Das Ereignis ist in der Ortsgeschichte verzeichnet: «Viele erinnern sich noch an das unheimliche Brummen der Bombengeschwader, die nachts unser verdunkeltes Dorf überflogen, und einige wohl auch an die eines Tages mit dem Fallschirm abspringenden Piloten, die beim Schützenhaus und einer von ihnen im Hühnerhof des Altersheims landeten.»[347]

Von der Weltgeschichte hat der Verdingbub sonst nicht viel mitbekommen. Ein paar Mal kam Herr Doktor Siegfried zu Besuch. Holte ihn aus der Schule: «Plötzlich ist er hinter dir gestanden, hat dir auf die Achsel geklopft. ‹Robertli, ich komme wieder einmal schauen, was du machst.›»[348]

Er wurde nicht gehänselt. Aber es hiess schon hin und wieder: «Deine Mutter, dein Vater sind Jenische. Die Mutter ist, wie sagt man, eine liederliche Person, die jeder haben kann. Der Vater wäre noch recht gewesen, aber der ist ja gestorben, und man konnte die Kinder nicht mehr belassen. Darum hat man dich wegnehmen müssen.»[349]

So erfuhr er, dass sein Vater gestorben war. Von Geschwistern wusste er nichts. Im Dorf aber wusste man, dass er ein Zigeunerbub war.

Geistig nicht normal

Zehn Jahre sollte Robert in Wallenwil bleiben. «1946 meldete uns der Lehrer, der Knabe wachse seinen Pflegeeltern über den Kopf», notiert Pro-Juventute-Sekretär Siegfried. «Während sie mit ihren eigenen Kindern sehr gut fertig geworden seien, seien sie diesem frechen und faulen Buben gegenüber einfach nicht hart genug. Es ginge ihm jedes Ehrgefühl ab, und es würde eine Entlastung aller Eltern des Dorfes bedeuten, wenn Robert fortginge, denn er übe auf seine Kameraden einen schlechten Einfluss aus.»[350]

Von nun an reihten sich die Stationen, wo Robert H. versorgt wurde, aneinander wie die Perlen des Rosenkranzes. Durch Vermittlung des Dorfgeistlichen von Wallenwil kam der Dreizehnjährige im Spätherbst 1946 zu einem Kirchenpfleger in Wilen bei Herdern, auf dem Seerücken zwischen Frauenfeld und dem Untersee gelegen. Ein Landwirtschaftsbetrieb. Man habe einfach einen billigen Knecht gesucht, sagt Huber. Und dort hiess es bald, du kommst an einen andern Ort.

Im Februar 1947 wurde der Junge zur Beobachtung ins Heim «Am Ray» in Quarten gebracht – «Am Ray» heisst: am Hang. «Im Privaterziehungsheim

‹Am Ray› in Quarten, am Walensee, in einer schönen, voralpinen Lage, werden solche ‹Sorgenjünglinge› sorgfältig und individuell nach wissenschaftlichen Richtlinien vorerst beobachtet, behandelt und erzogen.» Sagte ein Werbetext des Heims.[351]

Das Gutachten, das der Direktor über Robert erstellte, fiel vernichtend aus. Der Rorschachtest habe zwar nichts Eindeutiges ergeben, aber: «Wollte man allein auf sein Verhalten während der Untersuchung, die Zahl der Antworten und deren Inhalt abstellen, wäre man versucht, ihn für einen torpiden Schwachsinnigen zu halten.» – «Torpid» ist so viel wie gleichgültig oder stumpf. – Der Bericht erwähnt «absolute Gedankenarmut und Stereotypie». «Der Gedankenablauf ist so verlangsamt, dass man glaubt, der Bub müsse beim Denken still stehen.»[352]

Vielleicht war es keine Gedankenarmut. Vielleicht hatte es dem Bub in all den Jahren «abgelöscht» – wie man umgangssprachlich hübsch sagt. Sollte er dem Psychiater zeigen, was in ihm steckte? Es war ja alles egal. Sodass der Psychiater schliesslich formulierte: «Der syntone Rapport zur Umwelt fehlt.»

Und der Untersuchende kam bei Röbi Huber zum «bestimmten Verdacht», «dass es sich nicht nur um einen psychisch rudimentären, sondern um einen geistig nicht intakten Menschen handelt».[353] Es signierte «Die Heimleitung», Jakob G. Blum-Faller.

Wieder ein Stempel. Durch die Kindswegnahme wurde Robert Huber zum Vaganten gestempelt. Nun war er im Kopf nicht normal. So wurden die Voraussetzungen geschaffen, damit aus dem Burschen gewiss sein Leben lang nichts Rechtes mehr werden konnte.

Bei den Patres

Wir fahren weiter nach Fischingen, am Steuer Robert Hubers Enkel Jeremy. Am 11. April 1947 trat Robert da ins Heim ein. Wenigstens war man als Zögling nicht allein.

Wieder eine Untersuchung: 13 ½ Jahr alt, 151 cm gross, 44,8 Kilo, gemäss Eintrittsuntersuchung körperlich gesund, sieht man von etwas Karies ab. Und geistig?

«Intelligenz: gut», ergab die schulärztliche Eintrittsuntersuchung.[354]

Huber erklärt seinem Enkel. «Gegessen hat man morgens im gemeinsamen Essraum. Da hat das Geschirr von vielleicht 120 bis 150 Kindern geklappert.»[355]

Er erinnert sich an das immergleiche Habermus. Und an eine Nonne, die das Dankgebet für die gute Speise verlangte. An den Schlafsaal, wo er mit vielen anderen Buben lag. Und an die Kartoffelschälmaschine im Erdgeschoss. «Da war ich oft. Da wurde man hingeschickt zur Strafe. Ich bin halt immer aggressiv gewesen.»[356]

Wir betreten die Barockkirche. Robert geht zum Weihwasser, netzt die Hand, bekreuzigt sich. Erst Jahre später habe er erfahren, dass auch eine seiner Schwestern und zwei Brüder eine Zeitlang in Fischingen untergebracht waren.

Hier also besuchte er die Oberschule, wo die Patres den Kindern mit Respekt begegnet seien und sich um die Schüler bemüht hätten. Er schloss zwar nur mit einer Durchschnittsnote 2–3 ab, was als mangelhaft galt. Dennoch erklärt er, im St. Iddaheim in Fischingen – benannt nach einer Lokalheiligen – habe er die schönste Zeit seiner Jugend erlebt. «Du hattest Gleichgesinnte um dich.»[357] Und – welche Erleichterung! – die Haare wurden nicht geschnitten. Es hatte einfach zu viele Kinder.

Es kam ein unerwartetes Ende: Robert, der morgens mit Pferd und Wagen Milch holen ging, erlitt einen Unfall. «Beim Hinunterfahren ist es eisig gewesen, die sogenannte Wagge hat eingehängt. Es hat den Wagen überschlagen, und ich untenhinein mit einem Bein ins Rad.»[358] Ein weiterer Zögling war dabei. Hatten die beiden das Pferd zu schnell traben lassen? Nach dem Spitalaufenthalt – sein Bein war zweimal gebrochen und zersplittert – behielt man ihn auf dem Hof, der zu Fischingen gehörte, als Landarbeiter, und Robert führte ein friedliches Leben unter den Fittichen des Meisterknechts.

Der Landdienst wird abgebrochen

Im Begleitformular, das die Pro Juventute bei Roberts Eintritt nach Fischingen schickte, war die vorgedruckte Frage gestanden: «Darf der Zögling Kontakt haben mit den Eltern?» – handschriftliche Antwort: «Nein.»[359] «Wer die Vagantität erfolgreich bekämpfen will», wir erinnern uns an Siegfrieds Credo, «muss versuchen, den Verband des fahrenden Volkes zu sprengen, er muss, so hart das klingen mag, die Familiengemeinschaft auseinanderreissen.»[360]

Doch bei diesem Jungen schlugen Siegfrieds Rezepte nicht an. Robert Huber entwickelte sich anders, als die Pro Juventute erhoffte. «Robert ist ein hochmütiger und eingebildeter Tropf, frech und grob gegen alle Leute und meint, er könne machen, was er wolle.»[361]

Ein erstaunliches Urteil des Vormundes über einen Jungen, der vor Kurzem noch beschrieben worden war als «torpid» – reaktionsschwach wie ein Engerling. Später sollte Siegfried gar ausrufen: «Robert Huber gehört zu meinen schwierigsten Schützlingen und hat mir seit Jahren nur Ärger bereitet.»[362]

Qualifikationen, ausgeteilt von einem, der den Schuldienst am Basler Gymnasium hatte quittieren müssen und der vom Basler Strafgericht verurteilt worden war «wegen Vornahme unzüchtiger Handlungen mit einem Schüler». Worauf er sich in die Anstellung bei der Pro Juventute geflüchtet hatte.[363]

All das lässt einen verständlicherweise nicht kalt; Huber argumentiert heute noch, als stünde Siegfried leibhaftig im Raum: «Was heisst Unehrlichkeit? Wenn du nichts hast.» Der Bursche hatte Kleider gekauft und der Pro Juventute die Rechnung geschickt, was ihm als Fehlverhalten angelastet wurde. «Wie hätte ich es sonst zahlen sollen, wenn ich nur Schulden am Arsch hatte? Sie haben ja alles eingezogen. Ich habe meiner Lebtag nie einen Lohn gesehen, geschweige denn eine Abrechnung. Wenn es gut ging, haben sie mir einen Fünfliber in die Hand gedrückt.»[364]

Siegfried hätte sich wohl nie vorstellen können, dass dieser junge Mann einmal im Zeichen des «Scharotl» – das Speichenrad – den Kampf aufnehmen würde für die Wiedergutmachung des Unrechts am ganzen jenischen Volk.

Derzeit war er Knecht in Egerkingen, wieder an einer neuen Stelle. Egerkingen im Kanton Solothurn, bekannt geworden durch das Autobahnkreuz, das später angelegt wurde. Ausgerechnet bei diesem Bauern erfuhr er eine entscheidende Neuigkeit über seine Familie. «Der Bruder von dem, das ist ein Guter, den habe ich drei Jahre gehabt», habe der Bauer herumerzählt. «Da wusste ich, ich habe einen Bruder.»[365] Wenige Tage, bevor Robert die Stelle antrat, war jener – Franz – dort weggeholt worden.

Es ging von Anfang an nicht gut. Lassen wir die Beschreibungen Hubers über diese – wie er sie nennt – «Monsterfamilie» weg.[366] Er habe Fusstritte erhalten, dass er nicht wieder habe aufstehen können.

«Entweder harrt er in Egerkingen aus, oder er geht in eine Arbeitserziehungsanstalt», drohte Siegfried.[367]

Es kam bald zum Eclat. In Hubers Worten ging das so: «Nach acht Tagen hat mir der Bauer ein Senseli gegeben. Als ich das Gras abhaute, ist das Gerät stecken geblieben im Dreck. Haut er mir grad eine an den Grind. Ich lern dich schon, sagt er.» Doch Huber habe sich gewehrt. «Ich sah noch nie einen Bauern so springen. Ich habe ihn nur nicht erwischt.»[368]

Postwendend holte ihn ein Herr von der Pro Juventute am Bahnhof Egerkingen ab. Als Erkennungszeichen eine «NZZ» in der Hand; der Zögling Robert Huber trug ein Schild um den Hals.

«So, Bürschtli, mitkommen», habe der Mann gesagt.[369]

Im Grossen Moos

Am Fuss des weiterum sichtbaren Mont Vully, im Grenzgebiet von Freiburg und Bern, erstreckt sich das sogenannte Grosse Moos.

Das war früher ein Biotop für «Heimatlose». Der jenische Schriftsteller Albert Minder schreibt in einer Autobiografie über die einstigen Korber: «Da, wo sich damals, vor der Seeland- und Juragewässerkorrektion und der Entsumpfung des ganzen dreifachen Flussgebietes, in unendlicher Weite das dicht mit Sträuchern und Weiden bestandene Grosse Moos im bernischen Seeland bis weit ins welsche Waadtland hinzog, war nun ihre eigentliche irdische Heimat. Das war ihre Freistätte, das Schonrevier des gehetzten Wildes, wo die Korber unbehelligt von sogenannten ‹Landjäginen›, polizeilichen Treibjagden, ihr armseliges Leben fristen, ihr müdes Haupt zur Ruhe legen konnten.»[370]

Der ideale Platz für Korrektionsanstalten und Zuchthäuser. Auf dem Boden der Gemeinden Sugiez, Vully und Galmiz liegen die Anstalten von Bellechasse. Zu diesen gehört der Erlenhof – auch «Les Vernes» genannt –, der grösste Landwirtschaftsbetrieb des Kantons Freiburg, welcher hier ins Grosse Moos hineinreicht.

Der junge Mann, der da eintrat am 15. Juli 1949, war nicht in Fetzen gekleidet wie eine Vogelscheuche. Für damalige Verhältnisse kam er elegant daher: trug einen Gürtel an der Hose, Hemd und Krawatte, er besass eine Uhr und ein Portemonnaie. In einem Koffer fanden sich, wie im Effektenverzeichnis fast neidisch festgehalten wurde, nicht weniger als «5 Hemden von verschiedener Farbe» und «5 Krawatten» nebst weiteren Hosen und einem Überzieh-Pullover.[371] «Interné par: Pro Juventute Zurich, à une duré de: indéterminé.»[372]

Versorgt auf unbestimmte Dauer. Die Pension von Fr. 1.20 im Tag bezahlte die Pro Juventute. Kaum denkbar, dass die Leute, die Pro-Juventute-Briefmarken zu kaufen pflegten, solches wussten.

Die Abteilung für Minderjährige, wo Huber hinkam, war ein Hof draussen im Moos. In einer Jubiläumsschrift rühmte sich die Direktion 1948: «Die asozialen Jugendlichen, die uns anvertraut werden, finden bei uns, wenn sie den guten Willen aufweisen, Gelegenheit, durch eine heilsame Sittendisziplin ihren Charakter wieder zu festigen (…).»[373]

Wer es nicht schaffte, konnte in Bellechasse alt werden. Sein Ich wurde gebrochen in der Arbeitserziehungsanstalt für Erwachsene. Oder, wie es die gleiche Jubiläumsschrift netter formulierte: «Einige von ihnen fühlen sich dort ziemlich wohl, und im Bewusstsein ihrer Ungeeignetheit für den Kampf ums Dasein, sowie aus Furcht vor einer Rückkehr ins Elend des Vagabundenlebens, geben sie kaum mehr Anzeichen von Verlangen nach der Freiheit.»[374]

Bellechasse

Fünfzehneinhalb zählte der neu Eingewiesene. Wieder wurden ihm die Haare geschnitten. «Ein Querulant» sei er gewesen, beginnt Huber die Schilderung. Er erzählt eher stockend.

Über den Huber schreibt der Direktor: «Er sprach den ganzen Tag nur von Lausbubereien, Maschinenpistolen und Messern.»[375] Sodass schon bald der Psychiater geholt wurde, der für Pro-Juventute-Kinder zuständig war. Und der gefragt habe – Huber ist stets anschaulich –: «Was siehst du da für eine Farbe, und was ist dies und was ist das?» Und der dann erklärt habe: «Der Bub ist unverbesserlich.»[376] Akten über diese Sitzung liessen sich nicht finden.

Huber war nicht der einzige Jenische in den Anstalten von Bellechasse. Eine Forschungsarbeit berichtet: «Allein in den eben erwähnten und besonders berüchtigten Etablissements de Bellechasse im freiburgischen Sugiez sassen 43 Bündner Mündel, darunter 18 Frauen, insgesamt 93 Mal ein, und 4 junge Männer lernten den zum Anstaltskomplex gehörenden, rund drei Kilometer entfernten Erlenhof kennen.»[377]

Der Schirmflicker Gottlieb Huser aus Magliaso kam als Jugendlicher nach Bellechasse und wurde zum Schwerkriminellen, der später ins Zeughaus Derendingen einbrach, Waffen stahl, einen Raubüberfall verübte und anschliessend auf dem Scheltenpass seinen Komplizen erstach. Die «NZZ» berichtete: «Den Vater verlor er durch einen Unfall, als er drei Jahre alt war. Von seiner Mutter, an der er stark hängt, war er zwölf Jahre lang getrennt. Ein Aufenthalt in der Anstalt Bellechasse, wohin er als Jugendlicher eingewiesen wurde, habe ihn dann vollkommen verdorben.»[378]

Ein bitterböser Witz mag auf Husers Schicksal zurückgehen. Der Berner Volkskundler Sergius Golowin hat ihn mir einmal erzählt, verbunden mit der eindringlichen Bitte, ich solle das nicht publizieren, es könnte der jenischen Sache schaden. «Überquert ein Zigeuner die Schweizer Grenze, und der Zöllner sieht auf dem Rücksitz eine Maschinenpistole. Was ist das? – Eine Rechenmaschine. – Warum Rechenmaschine? – Weil ich damit meine Abrechnungen mache.»[379]

Weg, nur weg

Wie sollte es weitergehen mit Huber? die Anstaltsleitung wusste es nicht recht. Sollte er vielleicht etwas lernen? Das hatte sie die Pro Juventute offenbar angefragt, die antwortete: «Wir haben bereits einen netten Platz auf Mitte März in Aussicht.»[380]

Tiere töten sollte er. Huber konnte zu einem Metzger in die Lehre in Münchwilen. Nicht weit weg von den Pflegeeltern, die er sonntags besuchen mochte. Kein Zweifel, der junge Mann war kräftig. Er war auch geladen. «Ich habe keinen Klapf hingenommen. Ich habe auch dem Metzger gesagt, rühr mich nicht an, sonst ists passiert.»[381] Aber Tiere töten, nein! Huber verliess den Arbeitsplatz und das Zimmer, wo er Logis hatte, ohne die 10 Franken zu bezahlen, die er der Schlummermutter schuldete, nachdem er sie um Vorschuss gebeten hatte für ein Überkleid.

Immer kürzer wurden seine Aufenthalte, immer neue Stätten wurden an ihm ausprobiert. Er war bei einem Landwirt im thurgauischen Herdern. In die Arbeiterkolonie am selben Ort wurde er offenbar zweimal eingewiesen. «Jugendgymnasium» sagt er spöttisch über die Einrichtung, die auf Besserung durch Arbeitstherapie setzte. Dann kam er zu einem Landwirt im Jura, wo Fuchs und Has sich gute Nacht sagen, eine halbe Stunde Fusswegs von Delémont entfernt. «Ein überaus tüchtiger, pädagogisch selten begabter Bauer», laut Alfred Siegfried.[382]

Wieder steht Hubers Darstellung im Gegensatz zu derjenigen Siegfrieds: «Der Bauer war bös», sagt er gradaus.[383] «Ich hätte mit den Rossen aufs Feld hinaus sollen. Wenn du nur ein Paar Turnschuhe hast – und ein Ross steht drauf … Da habe ich ein Paar Schuhe gekauft und habe Siegfried die Rechnung geschickt. Du hättest schauen sollen, wie das gekommen ist!»[384]

Alles Geld habe Huber für Kleider ausgegeben, klagte Siegfried. Was wohl stimmte. In unwürdigen Verhältnissen bewahrt manch einer dank guter Kleidung und Aussehen die Selbstachtung.

Wieder fuchtelte Huber mit der Heugabel. Der Bauer habe einen anderen Knecht angegriffen und fast umgebracht. Nach drei Viertel Jahren lief Huber weg. Nun wollte er sich nicht weiter herumschieben lassen. Nun wollte er sich selber durchschlagen. Schliesslich war er schon 18 Jahre alt.

Er rief noch die Pro Juventute an, er wolle sein Metzgerkleid wieder, weil er eine andere Lehre anfangen werde. Diesmal war es die Pro Juventute, die gestehen musste, dass sie das Kleid schon zu Geld gemacht hatte: «... an einen anderen Schützling verkauft, um die grossen Auslagen für Robert einigermassen zu decken».[385]

Immer schneller drehte sich das Karussell dieses jungen Lebens. Es musste einmal zur Ruhe kommen! Huber selbst wollte es zum Anhalten bringen.

Ohne Wissen der Pro Juventute, und schon gar nicht mit deren Einwilligung, nahm er eine Stelle an bei einer Düngerfabrik im Jura, einem Betrieb der Firma Marti aus Kallnach. Er wollte Geld verdienen und sich anständig kleiden können. Die Arbeit war zwar giftig und gefährlich, aber immerhin. Logis hatte er im Bahnhofhotel von Delémont gefunden.

Doch als er seine Übernachtungen zahlen sollte, konnte er es nicht. Der Meister habe ihm partout den Lohn nicht auszahlen wollen. «Ich schwöre drauf, ich will tot umfallen, sie haben mir...»[386] Huber wirkt heute noch empört, vermutet er doch, dass zwei Vorarbeiter damals das Geld unter sich aufgeteilt hätten. Der junge Arbeiter Huber war ja ein Bevormundeter.

«Vor lauter Panik habe ich das Hotel wieder verlassen, ich habe die Pension nicht bezahlt, weil ich das Geld nicht bekommen habe, ich habe es heute noch nicht.»[387]

So erhielt er die allererste Strafe, wegen Zechprellerei. 15 Tage Gefängnis bedingt.[388]

Ausflug nach Marseille

Den Gerichtsbeschluss hatte er wohl gar nicht abgewartet. Er war weg. Die Pro Juventute scheint die Kontrolle über ihr Mündel immer mehr verloren zu haben. Deren Sekretariat schrieb, dass Huber «ohne unser Wissen und unsere Zustimmung» weggegangen sei nach St. Gallen.[389]

Er ging nicht nach St. Gallen. Es klafft eine Lücke im chronologischen Ablauf, die Akten geben keine Auskunft. Für das, was offenbar geschah, gibt es nur eine Quelle: die Erzählung von Robert Huber.

Demnach war er ausser Landes. Zusammen mit einem Kollegen, den er im Jura kennengelernt hatte – auch ein Knecht, auch ein Jenischer, obwohl sie das voneinander damals nicht wussten. Marseille sei ihr Ziel gewesen. Ihre Absicht: in die Fremdenlegion einzutreten, diese Hoffnung vieler Verzweifelter.

Es war der Ausweg, der einen von allem erlöste.

«Der Eintritt erfolgt im Prinzip freiwillig und steht diensttauglichen Männern zwischen 18 und 40 Jahren, gleichgültig welcher Nationalität, offen», heisst es in einer kritischen Dokumentation über die Fremdenlegion.[390]

Die Legion schenkte einem, wenn man wollte, eine neue Identität: einen neuen Namen, der streng respektiert wurde. Jährlich meldeten sich über 150 Schweizer.[391]

Südliche Sonne, Sahara, eine Uniform, vielleicht ein algerisches Mädchen oder die Küste von Tanger. Das Leben in der Legion war alleweil besser als das bisherige.

Schien es. Wie brutal die Wirklichkeit war, hat mir ein Jenischer einmal erzählt, der in Indochina gekämpft hatte, bevor die Franzosen in Dien Bien Phu eingekesselt wurden. «Es war hart, entweder du oder ich, wenns auf Tempo ging», sagte er in seiner direkten Sprache. «Ich darf offen sagen, ich habe gesehen, als ich den Ersten genommen habe. Aber ich habe geweint einen Moment. Danach kommst du so hinein, du weisst ja nichts anderes.» Er flüchtete noch Jahre danach, wenn es nachts donnerte, unter die Bettdecke.[392]

Röbi und sein Kumpel, Amsler mit Namen, schafften es bis Marseille.

Dort standen sie schon vor der berüchtigten Kaserne Bas Fort-St.-Nicolas. Als die französische Polizei die minderjährigen und mittellosen Ausreisser vor dem Portal aufgriff. Und zurückspedierte in die Schweiz, «im Affenkasten» – der Zelle im Eisenbahnwagen.[393]

Die Flucht hatte offenbar keine behördlichen Folgen für Robert Huber, er war ja nicht in fremdem Militärdienst gewesen. Und was er den Genfer Polizisten erzählte, damit diese nicht die Pro Juventute avisierten, ist unbekannt. Vielleicht hatte er einfach gesagt, seine Eltern lebten nicht mehr und er kehre zurück zu seinen Pflegeltern.

Stellensuche

Erst jetzt wandte sich Robert Huber nach St. Gallen. Er sah der Volljährigkeit entgegen, hatte mehr erlebt als Jugendliche seines Alters gemeinhin und suchte verzweifelt eine Stelle und damit die Freiheit. Er hatte ein Zimmer genommen in einem Hotel in Wil, in einer Gegend, die er kannte: wenige Kilometer von Wallenwil entfernt, wo er zehn Jahre seiner Jugend verbracht hatte.

Was er anrührte in dieser Zeit, kam schief heraus. Sich ohne fremde Hilfe den Fürsorgebehörden zu entziehen, war schwierig. Ohne Geld ging gar nichts.

Der Polizeibericht sagt, man habe Meldung erhalten von der Wirtin im «Landhaus» über einen Burschen, der bei ihr in Logis sei, aber die Rechnung für die vergangene Woche noch nicht bezahlt habe. Die Geschichte klingt bekannt. Worauf man Erkundigungen über den Huber einzog und herausfand, dass er keine Arbeit hatte, sich allerdings um eine solche bewarb.

Zweimal hatte er im Transportgeschäft Wick bei Umzügen mitfahren können. «Es wurde ihm zum vornherein mitgeteilt, dass eine definitive Anstellung nicht in Frage komme. Am vergangenen Samstag, den 19. April, sei Huber bereits um 06.30 bei Wick vor der Türe gestanden und habe wiederum nach Arbeit gefragt, worauf er dann während 3 Stunden den Platz vor dem Hause sowie die Garagen wischen konnte», steht im Rapport.[394]

Darauf meldete sich Hilfsarbeiter Huber beim Freileitungsbau als Hilfsmonteur, worauf die Firma feststellte, dass der Mann von der Sache ja gar nichts verstehe. Zudem sei er schon am zweiten Tag von der Arbeit weggeblieben.

Gemäss Polizeibericht sei er, Huber, an diesem Tag mit einem Auto nach St. Gallen gefahren, wo er sich bei der Motorfahrzeugkontrolle um einen Lernfahrausweis für Lastwagen bemüht habe. Was zwar eine Arbeitsversäumnis darstellte, aber längerfristig auch eine Bemühung für den Erhalt einer Stelle.[395]

Und dann holte ihn die Polizei ab: «Arretierung wegen Zechprellerei, Arbeitslosigkeit und Vagantität».[396]

Man fand heraus, dass der junge Mann unter Vormundschaft der Pro Juventute stand. Also: Telefon an die Pro Juventute. «Ich war im Büro der Polizei», erzählt Huber, «Bürschchen, du wirst versorgt», habe es geheissen. «Ich einen Sprung zur Türe hinaus, den Schlüssel gedreht, doch dummerweise habe ich ihn herausgerissen, sodass die drinnen die Tür öffnen konnten. Verfolgungsjagd hintenherum, ich über eine Mauer. Da oben hat mich fast der Schlag getroffen, so hoch war die. Aber ich bin gesprungen.»[397]

Eine Räuber-und-Poli-Geschichte. Doch sie wird durch die polizeilichen Akten bestätigt: «Währenddem der Postenchef Wm. Dürrmüller sich telefonisch durch das Sekretariat der Pro Juventute in Zürich über Huber orientieren liess (…), sprang der Genannte blitzschnell von seinem Stuhl im Polizeiposten auf und ergriff die Flucht ins Freie. Huber konnte nach kurzer Verfolgung eingebracht werden.»[398]

Er hatte sich die Beine verstaucht.

Das Polizeiprotokoll schliesst lapidar: «Auf Verfügung des Sekretariates der Pro Juventute in Zürich wird Huber am Freitag, den 25. April 1952, polizeilich der Anstalt Bellechasse Fr. zugeführt.»[399]

Ausbruch

Mit einer Sprungkette gefesselt – sie reichte vom Handgelenk durch die Kleidung hinunter bis zum Bein –, wurde Huber in der Anstalt abgeliefert. «Zieht ihm die Sprungketten aus», soll der Direktor gesagt haben, «so ein Junger.»[400]

Siegfried hatte die Einweisung angeordnet, und die Vormundschaftsbehörde Savognin hatte sie sanktioniert.[401]

Wieder war Huber also im Erlenhof, und nach weniger als vier Wochen unternahm er seinen ersten Fluchtversuch.

«Entweichung v. Feld am 9. Juni 1952
15 Uhr
Eingefangen um 19.30 Uhr
Am 9. Juni 1952»,
vermerkt eine Verwaltungsnotiz.[402]

Sie seien eine ganze Gruppe von fluchtbereiten Insassen gewesen. «Ich hatte schon damals ein gewisses Organisationstalent.» Gemeinsam hätten sie einen Ausbruch geplant. Das sei dann aufgeflogen. Er, Huber, habe es dann doch probiert – vielleicht allerdings erzählt Huber schon von einem zweiten Fluchtversuch, den die Akten nicht dokumentieren. Unter den Augen der Aufseher habe er alles weggeworfen und sei davongerannt. Da war kein Hag, da war die grosse Ebene und nur noch die Broye, der nahe Fluss. Er sei gerannt, auch auf die Gefahr hin, dass die Wächter schiessen würden. «Aber sie hatten einige Zeit zuvor einen Jungen niedergeknallt; darum getrauten sie sich nicht mehr.»[403] Die Presse hatte berichtet. «Trifft es zu, dass ein junger Internierter, der aus Bellechasse zu flüchten suchte, über den Haufen geschossen wurde, obschon der Ausreisser wehrlos war und sich einer Festnahme nicht mehr entziehen konnte?», hatte der «Schweizerische Beobachter» gefragt.[404]

Im Bâtiment

Für Robert hatte die Tat gravierende Konsequenzen. Wegen des Fluchtversuchs wurde er aus dem Landwirtschaftsbetrieb genommen und ins Zuchthausgebäude verlegt. «Bâtiment» genannt – der Bau.

«Neben der Kirche, in östlicher Richtung, befindet sich das im Jahr 1919 fertiggestellte Pénitencier, das eigentliche Herz von Bellechasse. Die Fassade des viergeschossigen, U-förmigen Zellenbaus ist kalt, grau abweisend (…)», schildert ein Autor die Anstalten von Bellechasse.[405] Das ist eine Stadt für sich: «Anlage: Trostlose Ansammlung von grauen Gefängnis- und Wirtschaftsgebäuden, Personalwohnhäusern und Stallungen mit Kirche im Zentrum.»[406]

Zwei separate Stockwerke im einen Flügel der Strafanstalt beherbergten die Schwerverbrecher. Da kam Robert Huber hin, in den Zellengang 1. Ein noch nicht 19-jähriger junger Mann ohne schwere Vorstrafen. Zum dritten Mal gestempelt: zum Verbrecher. Nun trug er Zuchthauskleidung, längsgestreifte, gelb-schwarze. Militärisch waren die Abläufe. Wieder war er kahl rasiert.

Appell am Morgen. Achtungstellung. Und hinaus aufs Feld in Viergergruppen! Bewacht von drei Wärtern, die Waffen und Knüppel auf sich trugen. Huber erinnert sich an ihre Namen. An den «Knabenschütz» vor allem, jenen, der den flüchtigen Jungen erschossen hatte.

Sonntags gings in Viergergruppen in die Kirche. «Confiteor Deo omnipotenti…» Und wer nicht parierte, wurde in eine Sonderunterkunft geschafft.

Die Anstalten von Bellechasse befanden sich damals auf dem Tiefpunkt des öffentlichen Ansehens. Schwere Vorwürfe waren laut geworden gegen den langjährigen Direktor. Dass er Insassen aus Spargründen hungern lasse. Dass Disziplinarstrafen und Vergünstigungen willkürlich verhängt würden. Die Angelegenheit schlug Wellen weit über die Region hinaus, pflegten doch 17 Kantone Straffällige und administrativ Verurteilte nach Bellechasse zu schicken. Auch der Zürcher Kantonsrat beschäftigte sich mit der Affäre.[407]

Die Zeitschrift «Beobachter», die sich als Anwalt der Kleinen verstand, hatte die Vorwürfe aufgegriffen: «Trifft es zu, dass, wie von fast allen ehemaligen Internierten bezeugt wird, die Ernährung in der von Direktor Grêt geführten Anstalt zeitweise so schlecht und ungenügend war, dass viele der zu strenger Feldarbeit angehaltenen Insassen entsetzlichen Hunger litten und auf dem Felde und in den Ställen alles verzehrten, was sich an Essbarem auftreiben liess, darunter aus dem Schnee ausgegrabene halbfaule Rüben, ferner Würmer, Eidechsen, Schnecken, Frösche, Mäuse, Ringelnattern und sogar Ratten?»[408]

Weiter:

«Trifft es zu, dass Strafgefangene wie Administrativ-Versorgte (Fall Haslimeier) zur Strafe für zuweilen geringfügige Verstösse gegen die Anstaltsordnung in eine Dunkelzelle (Cachot) gesperrt wurden, wo sie Tag und Nacht sich kaum rühren konnten, und in diesem Loch nur unter Verabreichung einer Suppe in 24 Stunden während 10 bis 14 Tagen hungerten und froren (…)?»[409]

Es traf nicht zu, befand eine freiburgische Regierungskommission. Die Beschuldigungen seien «haltlos».[410] Aber der Direktor hatte Ende 1950 gehen müssen.

Das Cachot sollte Huber dann selber erleben. So wie es der «Beobachter» beschrieben hatte. Nur dass er die Suppe dem Direktor an den Kopf geworfen habe, als der einmal persönlich mit dem Wärter vorbeikam.

Der Insasse Robert Huber war jederzeit zur Explosion bereit. Ein Fass Pulver.

Unter Kriminellen

Unter Schwerstverbrechern habe er gelebt im Zellengang Nr. 1, berichtete Huber wiederholt. Ich zweifelte: Trägt er nicht etwas dick auf?

Huber erwähnt unter den Insassen seiner Zeit den Mörder Moser, «der den eigenen Vater vom Kirschbaum heruntergeschossen hatte» und der kein Jenischer gewesen sei, trotz dem Namen.[411]

Manche Insassen, die Huber erwähnte, fanden sich tatsächlich in Zeitungsartikeln wieder. Sie hatten Schlagzeilen gemacht: Ernst Thalmann etwa. Auf der Flucht, nachdem er einen Raubmord begangen hatte, hatte der noch einen Polizeikorporal getötet. Louis Gavillet, mehr als ein Dutzend Mal in seinem Leben verurteilt wegen Sittlichkeitsdelikten, Diebstählen, Brandstiftung und schliesslich Mordes.

Am 28. November 1951 steckte Ernst Thalmann das Hauptgebäude der Strafanstalt in Brand.[412]

Und dann erinnerte sich Huber noch an einen «Cevevey» – den er wiederholt erwähnt –, der ein Kriegsverbrecher gewesen sei und Mitglied der Waffen-SS. Der Nazi-Schweizer interessierte mich, und so habe ich auch das zu überprüfen versucht. Indes fand ich keinen Kriegsverbrecher Cevevey. Was hatte mir Huber da erzählt? Ich wollte das genau wissen. Das Staatsarchiv Freiburg, wo die Akten der Insassen von Bellechasse heute liegen, grub dann ein Dossier aus über einen Herren De Vevey. Einen Mann aus einer bekannten Familie, der das Amt eines Friedensrichters innegehabt hatte und prächtig verdiente, indem er sich Erbschaften und Mündelgelder aneignete. 10 Jahre Zuchthaus, eingeliefert nach Bellechasse, wie das Staatsarchiv bestätigen konnte.[413] Ein SS-Mann war das nicht.

Akten des Bundesarchivs brachten eine überraschende Wende. Da war ein Herr Cevey dokumentiert, geboren 1908. Ein Genfer mit Sympathien für Hitler-Deutschland, der zur Waffen-SS gegangen war. Gestützt auf diese Angaben, konnte das Freiburger Staatsarchiv schliesslich bestätigen, dass man nun auch den Raoul Cevey gefunden habe – Gefangener in der Zeit, wo auch Robert Huber einsass.[414]

Ein Zusammenzug zweier ähnlich klingender Namen, ein halbes Jahrhundert danach. Sonst stimmte die Geschichte.

Noch einmal Huber: «Da waren lauter Killer, Sittlichkeitsdelinquenten und Naziverbrecher im Zellentrakt.»[415] Aber er erlebte nicht das Gewaltsame an ihnen. Er erlebte das Fürsorgliche. Was er selten erfahren hatte in seinem bisherigen Leben. «Die haben das Brot geteilt mit einem. Haben gesagt: ‹Du bist so jung. Schau dass du hinauskommst. Dass du nicht so endest wie wir drinnen!›» Huber wiederholt: «Die Menschen, die am fürsorglichsten zu mir waren, das war das grösste Pack.»[416]

Ein bemerkenswerter Brief

Zwischen Huber und dem Direktor herrschte Krieg. Und die Anstaltsleitung hatte sich eine besonders erniedrigende Strafe ausgedacht. «Huber Robert ist ein junger Taugenichts. Er würde der Armee sicher keine Ehre machen. Huber wird sehr wahrscheinlich nie Soldat werden können», schrieb der Anstaltsdirektor an den Aushebungsoffizier.[417]

Huber hatte den Stellungsbefehl erhalten, war an die Aushebung gegangen und dann, wie vom Gefängnisdirektor gewünscht, für «dienstunfähig» erklärt worden.[418] Dabei war er, wie Dokumente bestätigen, ein kräftiger Bursche. Noch ein Stempel also, wir hören auf zu zählen.

Dr. Alfred Siegfried von der Pro Juventute hatte mit einem Schreiben verlangt, der Direktor solle sich den jungen Mann einmal vornehmen. Er schicke nämlich «freche Briefe, in welchen er mir mit Gericht usw. droht» und die er natürlich nicht beantworte: «Wollen Sie ihm bitte auch erklären, dass ich unter allen Umständen beantragen werde, ihn bei Erreichung des 20. Altersjahres zu entmündigen und ihm einen neuen Vormund zu bestellen (…). Ich danke Ihnen für alle Mühe.»[419]

In dieser Zeit muss Robert Huber den Brief verfasst haben an die Amtsvormundschaft in Chur, in der er seinen ganzen Zorn zu Papier bringt. Gefangene, die Erfahrung hatten im Schriftverkehr mit Behörden, werden ihm geholfen haben. Das Dokument ist erhalten. Es zeugt davon, dass Huber lernte, sich nicht nur mit Fäusten zu wehren.

Huber berichtete, dass er nun also seit dem 25. April 1952 in Bellechasse sei: «Nach dreiwöchigem Aufenthalt wurde ich als Uhrheber (sic!) einer Aufwiegelei beschuldigt und ins Zuchthaus versetzt. Ich möchte mich hier als Mitschuldiger erklären. Verblieb ich aber schon 4 Monate im Zuchthaus, wo ich mit Kriminellen, Mördern und anderen Subjekten Menschen zusammen arbeiten muss. Möchte ich Sie nun fragen, ob vielleicht nicht eine Versetzung am Platz wäre.»

Atemlos scheint der junge Mann zu schreiben.

«Zum Zweiten weiss ich nicht einmal, warum ich in Bellechasse eingeliefert wurde, auf drei Briefe an die Pro Juventute erhielt ich keine Antwort bis zum heutigen Tag, was mich eigentlich zu diesem Schreiben zwingt. Ich habe das Gesetz nach meinem Wissen nicht übertreten. Wenn dem anders sein sollte, bin ich der Pro Juventute für die Zurechtweisung sehr zum Dank verpflichtet.»

Und nun entschlossen und klar:

«Sie werden mir dieses Schreiben entschuldigen, aber ein 19 Jahre alter Bursche gehört nicht ins Zuchthaus, wo sowieso keine Besserung verlangt werden kann und nicht verlangt werden darf. Ich verlange hiermit sofortige Versetzung entweder in eine geschlossene Jugenderziehungsanstalt oder in eine Kolonie für Jugendliche, wenn der Verbleib in einer Anstalt überhaupt für mich nötig ist.»

«Hochachtend zeichnet, Huber Robert 1933, von Savognin.»[420]

Weihnachten

Eine Weihnachtsfeier sollte die Wende einleiten. Wenn auch nicht im Sinn der Behörden. Nicht dass Robert Huber nachgegeben hätte. Aber er änderte seine Art, Widerstand zu leisten.

An der Weihnachtsfeier 1952 fand der Direktor von Bellechasse eine Gelegenheit, Siegfrieds Wunsch zu erfüllen und den Burschen einmal richtig niederzumachen. Als Letzter wurde Huber in den Saal geführt. Direktor Rentsch, ein dürrer langer Mensch, wie Huber sich erinnert, begrüsste die Familie der Insassen. Huber: «Als Letzten also haben sie mich in den Saal geführt, und dann sagt der Direktor: ‹Seht hin: Derjenige, der jetzt hereinkommt, für den wird Bellechasse einmal die Heimat sein. Der wird nie mehr hinauskommen.›»[421]

Eine Demütigung, die Huber nicht vergessen hat. Es hatte ihn auch damals beschämt, hatte in ihm gefressen. Und da habe er sich gedacht. «Nein, so geht es nicht weiter.»[422] Von da an wurde er offenbar stiller, er zog sich in sich zurück. Sodass er wirkte, als hätten die Anstaltstorturen endlich seinen Willen gebrochen. Huber machte mit bei einem verlogenen Spiel. Er kam sich unehrlich vor dabei. Aber sein Widerstand ward überlegter.

An diesen Weihnachten habe es bei ihm «Klick» gemacht, sagt Huber.[423]

Vielleicht hatte sich das seit einiger Zeit abgezeichnet. Nach der Einweisung in die Abteilung für Strafgefangene war er psychologisch begutachtet worden. Einige der Qualifikationen überraschen nicht: «Der junge Mann offenbart einen grossen Erlebnishunger, mischt sich überall ein und hält sich für zuständig.» Doch zeigte sich auch schon ein neuer Zug: «In seinen Äusserungen ist er sehr vorsichtig und zurückhaltend. Misstrauisch ist er darauf bedacht, sich ja nicht zu vergeben und sich nicht festzulegen.» Und dann lesen wir gar: «Seinem ganzen Verhalten liegt ein starkes Verlangen nach Geborgenheit, Zärtlichkeit und Liebe zugrunde.»

Der Gutachter riet ab, unmotivierte Strafen über Huber zu verhängen: «Man kommt mit ihm weiter, wenn man seine Mitarbeit gewinnt. An gutem Willen fehlt es bei ihm sicher nicht.»[424]

Kontakt zur Mutter

Ein Mitgefangener habe ihn angesprochen in jener Zeit. «Hör mal, du heisst doch Huber.» Und dann die seltsame Behauptung: «Ich kenne dich, du bist ein Jenischer.»[425]

Huber habe ihn zuerst einmal fragen müssen, was ein Jenischer sei.

Der andere: «Du bist einer dieser Huber. Du bist weggekommen. Sie haben deine Familie auseinandergerissen wie meine auch. Ich kenne deine Geschwister. Ich habe auch deine Mutter und deinen Vater gekannt.»[426]

Vor allem aber habe der andere gesagt, dass Roberts Mutter noch lebe.

Tagelang hätten sie dann geredet. Es war Hubers erster bewusster Kontakt mit einem Jenischen. Ein Scherrer aus dem Calancatal.

Von nun an wusste Huber, dass er eine Familie hatte. Er war kein Waise. Er war ein Verdingkind. Geholt von der Pro Juventute. Irgendwo draussen lebten Geschwister und eine Mutter. Er hatte ein Zuhause unter Jenischen. «Es ist eine fixe Idee geworden.»[427]

Jener Scherrer war dann entlassen worden; er knüpfte den Kontakt zu Hubers leiblicher Mutter, hatte er doch herausgefunden, wo sie wohnte: in St. Gallen an der Sankt-Jakob-Strasse.

Wieder schrieb Huber einen Brief. Schreiben war ihm erlaubt worden. Dieses Schriftstück ist leider nicht erhalten. Er sei ein Kind von ihr, habe er der unbekannten Frau geschrieben. Und die Mutter habe tatsächlich geantwortet. Sie habe erzählt, was geschehen sei. Und dass sie keine Beziehungen zu den Kindern haben dürfe. Sonst werde sie wieder versorgt.[428]

Die Antwort stürzte Huber offenbar in Verwirrung, in Zweifel auch. Was ist das für eine Mutter, die zulässt, dass ihre Kinder versorgt werden?

Sein eindringlicher Brief an die Vormundschaftsbehörde Oberhalbstein war nicht ohne Wirkung geblieben. Denn diese verlangte von der Strafanstalt einen Bericht über den Zögling Robert Huber. Einen Bericht, den der Direktor auch abfasste, offenbar voller Zorn, wie die Deutschfehler belegen: «Er ist ein Aufwiegler und vor allem bei Seinesgleichem ein furchtbarer Prallhans. Wir glauben kaum, dass sich ein Leiter einer Jugendanstalt bereit erklären wird, ihn aufzunehmen.»[429]

Huber aber hatte schon eine neue Eingabe formuliert, diesmal an die Gefängnisleitung selbst.

«Sehr geehrter Herr Direktor …»

Er möchte fragen, «ob es evtuell möglich wäre, mich in der Garage zu beschäftigen. (…) Sobald ich hier meine Strafe fertig habe, möchte ich mich als Traktorführer betätigen.»[430]

Und das Unerwartete geschah. Man suchte ihm eine Stellung.

«Auf jeden Fall dürfen wir berichten, dass sich Robert Huber in der letzten Zeit sehr gut gehalten hat», schrieb der Direktor der Anstalt Bellechasse an die Pro Juventute. Das Weihnachtswunder entfaltete seine Wirkung. «Sein ganzes Wesen ist männlicher geworden.»[431]

Dass er entlassen würde, wusste Huber zuvor nicht. Eines Morgens habe es einfach geheissen: «Huber, Schublade!» Schublade hiess: Man kann zusammenräumen und die Kleider holen. Er erhielt ein Zettelchen in die Hand gedrückt mit einer Adresse, wo er sich zu melden habe.[432]

Einen Platz als Traktorführer hatte man zwar nicht gefunden für ihn. Er konnte Küher und Knecht werden in der Genfer Landgemeinde Satigny. Wir wissen schon, wie das ausgehen würde. «Er» – der Patron – «wollte mich nicht mehr und ich bin ausgezogen.»[433] Der Pro Juventute meldete Robert kaum mehr etwas. Er schickte dahin noch einige Rechnungen für Kleiderkäufe. Worauf Siegfried über den «Schlendereian» (sic!) Hubers wetterte und die «Vergnügungssucht» dieses jungen Menschen beklagte.[434]

Es folgte der Entschluss, zur Mutter zu gehen. Die Mutter in St. Gallen, die Robert Huber nicht kannte.

Rückblick in Zorn und Milde

Am schwersten bestraft habe man die Kinder, sagt Huber. «Was hatte ich denn verbrochen mit drei Jahren?»[435]

Tatsächlich wurden Gesetzesübertretungen von Hilfswerken und Fürsorgebehörden begangen. Im Fall Huber meines Erachtens bei der Kindswegnahme selber, da Robert im geordneten Haushalt seiner Tante keines Kindsschutzes bedurfte, beim Verkauf des Häuschens der Familie, bei der Internierung als Unmündiger im Straftrakt von Bellechasse und bei der Errichtung der Vormundschaft, als er volljährig wurde.

Dennoch sollte die Pro Juventute ihre Ziele nicht erreichen. Das Ergebnis sei «recht armselig», lautete die offizielle Pro-Juventute-Bilanz im Fall der Familie Huber: «Von den 10 Kindern, die wir längere Zeit betreuten, ist nur eines sicher sesshaft geworden.»[436]

Robert Huber und eine seiner Schwestern wurden zudem – nach der Freilassung aus der Obhut – als «Moralisch verkommen» taxiert.[437] Wer rebelliert, ist verkommen. Die Psychiatrie hielt für solche Leute wissenschaftlich begründete Begriffsgefässe bereit: «Moralische Idiotie», «Querulantenwahnsinn».[438] In ihrer Mehrheit, so die Pro Juventute weiter, hülfen die Geschwister Huber wieder mit, mindestens zeitweise «die Hausierplage zu vermehren».[439] – Und drei von ihnen sollten sich mit Mosers verheiraten, Ursulina, Wilhelm, Emil, mit Angehörigen dieses «berühmten fahrenden Geschlechtes», wie die Pro Juventute es genannt hatte.[440]

Viel Leid für nichts. Hubers waren nie wirklich fahrend gewesen und hatten ihre Lebensweise nach zwei Jahrzehnten Drangsalierung nur wenig geändert. Etwas war allerdings anders geworden: Der Familienzusammenhalt war beschädigt. Robert Huber sollte fortan darunter leiden.

An Begräbnissen später, wenn eines der Geschwister starb, so berichtet Hubers Sohn Daniel, «war keine Träne im Gesicht von Robert».[441] Er konnte nicht weinen über den Verlust, es waren nicht wirklich Brüder oder Schwestern gewesen.

Das Verhältnis zur Mutter hatte sich zwar normalisiert. Robert Huber hatte begonnen, sie zu unterstützen, zahlte den Hauszins, besuchte sie hin und wieder. Doch er zürnte ihr, weil sie ihre Kinder verlassen habe. Als sie begraben wurde, lief er zur Kirche heraus. Plötzlich schämte er sich, dass er ihre Situation all die Zeit nicht besser verstanden hatte. «Du redest von den Fehlern, die die Sesshaften gemacht haben, aber die grössten hast du selber gemacht.»[442]

Zorn war die erste Reaktion auf den Raub der Jugend. Einer seiner Brüder habe Alfred Siegfried umbringen wollen, erzählt Huber, sei schon bis in die Seehofstrasse im Zürcher Seefeldquartier gelangt, wo der Sitz der Pro Juventute war. Dort habe man ihn, der ein Metzgermesser auf sich trug, festhalten können. «Der wollte ihn killen.»[443]

Ganz anders blickt Schwester Ursulina auf ihre Jugendjahre zurück. Wir treffen sie im Altersheim in Graubünden; 88-jährig ist sie, bildschön: ein kantiges Gesicht, durch die Jahre weicher geworden, mit hellen Augen und einem steten Lächeln. Das allerdings auch daher kommt, dass sie nicht mehr alles verstehen will, was auf dieser Erde vor sich geht.

Doch in einem Interview mit einer Journalistin hatte sie sich noch klar geäussert: «Ich hatte also keine schlechte Jugend. Man musste sich einfach damit abfinden.»[444]

14-jährig war sie damals gewesen, als die Mutter verhaftet wurde unter der Anklage der Unzucht. Die Pro Juventute platzierte Ursulina bei einer Familie in Weesen, wo sie im Haushalt arbeitete. Den Kontakt mit der Mutter habe sie aufrechterhalten können. Und die Mutter hatte der Pro Juventute nie verraten, wo ihre älteste Tochter war. Als sie 18 wurde, berichtet Ursulina, sei sie einfach abgehauen und wieder zur Mutter gegangen, die in St. Gallen in eine Wohnung gezogen war.[445]

«Von Siegfried kann ich nichts sagen. Mit mir war er recht, und mit meinen Brüdern war er auch recht.»[446] So mildert sie das Geschehen ab. Siegfried habe ihren Brüdern gar zu Ferien verholfen. Und sie wiederholt: «Ich kann nichts Schlechtes über den Siegfried sagen, mit uns war er recht.»[447]

Dabei waren ihr selber vier Kinder weggenommen worden nach dem Tod ihres Mannes. «Aber sie waren nicht lange fort; die Brüder schauten, dass ich sie wieder zurückbekam.»[448]

Nur als das Gespräch auf ihre Mutter kommt, bricht es dann plötzlich doch aus ihr heraus: «Sie hatte ja nichts verbrochen. Ich weiss es selber nicht, was sie mit ihr machten. Nein, weiss es nicht. Ich möchte nichts – der Röbi weiss das besser, ich möchte da nicht weiterreden. Über die Mama – nein.»[449]

Und dann sagt sie noch: «Sie war noch nicht alt, als sie starb.»[450] 1972 war die Mutter beim Hausieren in Rorschach von einem Hirnschlag getroffen worden.[451]

Marias Schicksal

Die Angehörigen derselben Familien haben unterschiedliche Erinnerungen. Sie haben die Zeit jeweils anders erlebt. Aber ein Kind der Engelina Huber bezahlte mit dem Leben.

Robert Huber erzählt die Geschichte von Marie, die an eine Haushaltstelle gekommen war. Bei einem Direktor in Baden. «Dann hiess es, sie sei verstorben.» Sie habe den Gashahn aufgemacht. 16 war sie gewesen.

Ein Bericht der Kantonspolizei Aargau bestätigt: «Am Mittwoch, den 20. November 1946, in der Zeit von 7.30–10 Uhr, hat Maria in der Küche des Göbeler durch Gasvergiftung Selbstmord begangen, indem sie die Küchentüre inwendig abgeschlossen und die Fensterladen des Küchenfensters zugemacht hatte. Nach der Sachlage zu schliessen, muss die Genannte einen Hahnen des Gasherdes geöffnet haben, dann beim Gasherd auf einem Taburett abgesessen und mit dem Kopf über den Gasherd auf das ausströmende Gas gelegen sein, worauf sie umfiel und anscheinend schon leblos auf dem Küchenboden auf dem Bauche liegen blieb.»[452]

Maria sei beschuldigt worden, einem Pensionär 50 Franken weggenommen zu haben. Worauf ihr Siegfried gedroht habe, sie abzuholen.

Die Staatsanwaltschaft verfügte: «Die Untersuchung wird eingestellt, da nach der Aktenlage ein Freitod durch Leuchtgasvergiftung angenommen werden muss und ein Verbrechen von dritter Hand ausscheidet.»[453]

Nach Marias Tod habe der Pensionär gesagt: Bitte um Entschuldigung Frau

Sowieso, die 50 Franken sind zum Vorschein gekommen, ich hatte sie als Buchzeichen in einem Buch verwendet. So Huber.[454]

Der Vormund Alfred Siegfried sah keine Schuldigen: «Ich glaube wirklich nicht, dass irgend jemandem eine Schuld an diesem tragischen Unglücksfall zugeschrieben werden darf», schrieb er in einem Brief.[455] Er sah die Gründe bei der Verstorbenen: «Marie hatte leider immer etwas lange Finger, und es passierte auch wieder allerhand kurz vor dem Unglücksfall. Wahrscheinlich hatte das Mädchen Angst, zur Rechenschaft gezogen zu werden, und das, vermute ich, war Ursache zum entscheidenden Schritt.»[456]

Die Akten erwähnen, das Mädchen habe ein Stofftüchlein bei der Herrschaft gestohlen. Und früher ein Halsketteli. Und auch die 50-Franken-Note, die ein Zimmerherr vermisste, ist aktenkundig.[457] Die Hausherrin habe Maria damit konfrontiert. «Sie zeigte jedoch keine Reue, weshalb ich ihr in anständigem Tone erklärte, dass die Sache noch nicht erledigt sei und wir dann noch einmal darüber sprechen werden.» So erklärt die Dame gegenüber der Polizei.[458]

Worauf das Mädchen den Hahn aufdrehte. Eine abgebrühte Diebin hätte sich anders verhalten, wäre weggelaufen oder hätte den Herrschaften einige Wahrheiten an den Kopf geworfen.

Eines der Anverwandten – sicher ist die Autorschaft nicht – hatte später eine Art Protestbrief an Dr. Siegfried verfasst. Das berührende Schreiben trägt kein Datum und ist unerzeichnet mit «J. Huber». Der Titel lautet:

«Wie die Kinder, Eltern und Geschwister behandelt werden.»

Der Untertitel:

«Ein Beischpiel von einem Mädchen.»

Dann ist die Rede von Maria.

«Das 17-jährige Mädchen wurde in Baden beerdigt ohne das Wissen der Mutter oder Geschwister. Es war traurig für uns, als wir von einer Zeitung die Todesanzeige lesen mussten.»[459]

Die Pro Juventute hatte weder die Geschwister Marias noch ihre Mutter zu informieren für nötig befunden.

Wie es früher war – Scheren- und Messerschleifen, vorgeführt von Paul Schirmer.

Aus einem Familienalbum – In der Axenstrasse am Vierwaldstättersee; vor dem Zweiten Weltkrie

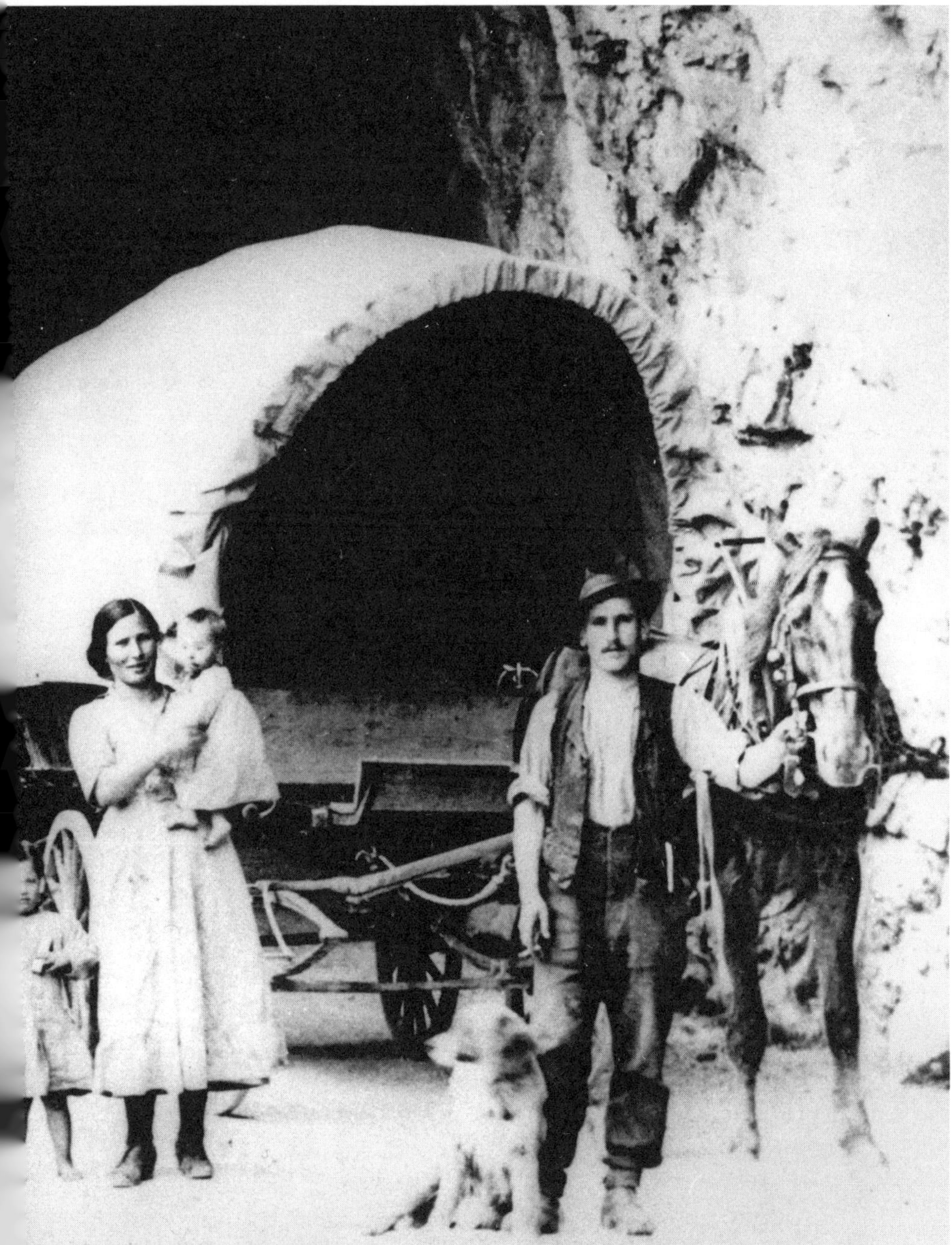

Familie Huber – Robert als Baby auf Mutters Schoss; links hinter dieser Roberts Vater.

Die Mutter, Engelina Huber-Moser.

Vater Johann Huber, mit Handorgel.  Robert bei der Erstkommunion.

Obervaz mit seinen Weilern – wo Robert als Kleinkind bei Tante und Onkel lebte (1977).

Beim Elternhaus in Bilten (2008).    Im Ortszentrum von Savognin (2008).

Haus der Pflegeltern in Wallenwil (2008).    Blick aufs Kloster Fischingen (2008).

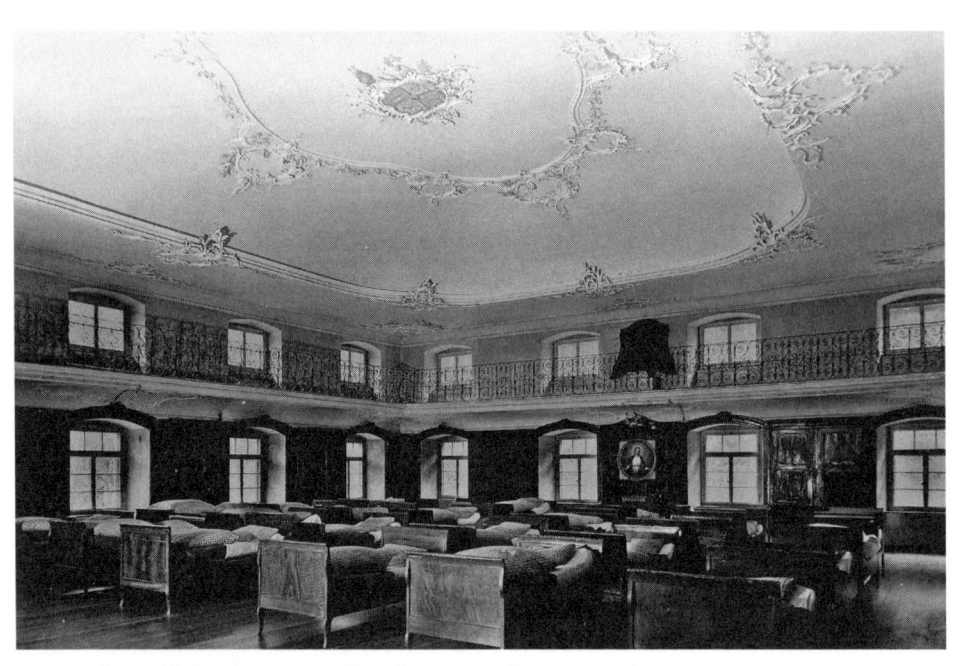

Der Knabenschlafsaal im Heim des Klosters Fischingen, undatiert.

Wo Robert interniert wurde – Gelände der Anstalten von Bellechasse (1958).

Im Zuchthaustrakt von Bellechasse – Der 19-jährige Robert war der jüngste Gefangene.

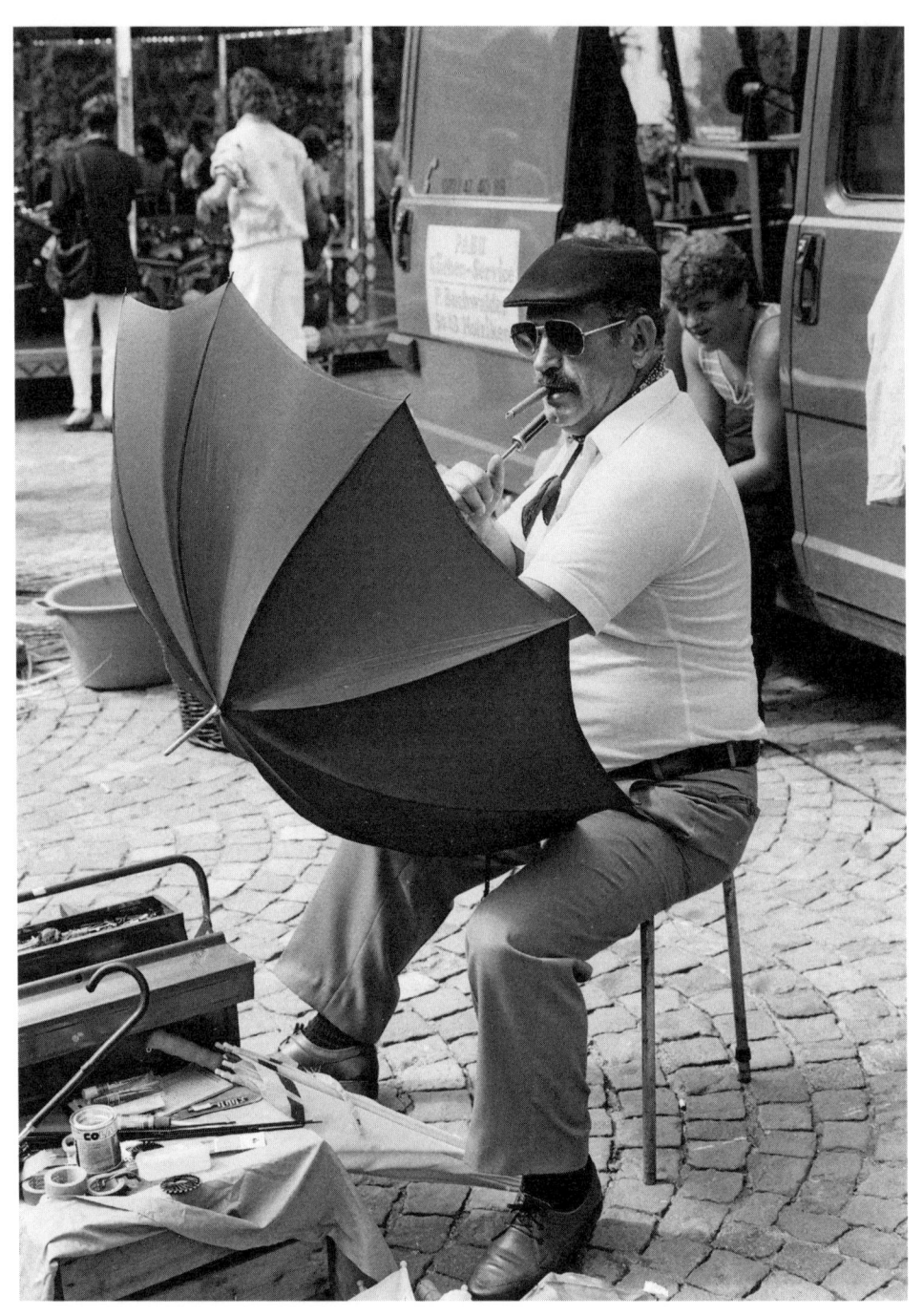

Zurück in seiner Kultur – Robert Huber demonstriert, wie man Schirme flickt.

Teil III
Wortführer der jenischen Bewegung

Was tun?

Huber ist also zum Präsidenten gewählt worden. Nun kommt Wind in die Segel. «Der im Februar 1985 zum Präsidenten der Radgenossenschaft gewählte Robert Huber war von Anbeginn an eine starke Leitfigur», schreibt ein Kenner der jenischen Geschichte, der Historiker Thomas Huonker.[460]

Nun muss Huber umsetzen, was in den Statuten über die Ziele der Organisation geschrieben worden ist: «Sie» – die Radgenossenschaft – «fördert Brauchtum und Kulturgut der Jenischen und Zigeuner.»[461] Die Formel muss mit Inhalt gefüllt werden.

Wieder einmal sitze ich mit Robert Huber zusammen, wir sind zur Stärkung vor einem Ausflug ins Restaurant gegangen in Zürich-Altstetten, wo Robert seit 30 Jahren regelmässig sein Frühstück einnimmt. Man kennt also seine Bestellung schon, gebratenen Fleischkäse. Huber lacht: «Das ist nämlich jenisch. Früher ging man ins Bahnhoffbuffet und bestellte eine Speckrösti oder eine Bratwurst. Das ist jetzt anders. Der Huber hat den Fleischkäse eingeführt.»[462]

Er formuliert gern drastisch: «Ich habe den Jenischen die Kultur fast wieder aufzwingen müssen.»[463]

Ein andermal genehmige ich mir an einer Feckerchilbi einen «jenischen Kaffee» – so ist auf der Tafel des Standes angeschrieben. Er fährt in den Kopf. «Zwetschgenwasser?» – frage ich – «Nicht nur», sagt der Standinhaber, und er erläutert: «Wenn Jenische zusammensassen, haben sie mitgebracht, was sie eben an Trinkbarem noch im Wagen hatten, und zusammengeschüttet.» So etwa könnte man sich jenische Kultur vorstellen: Ein Gemisch von Einflüssen, mit Selbstbewusstsein zum eigenen Gebräu erklärt.

Auch das Fahren liegt nicht im Blut, es wurde Teil der Kultur.

Zurück zur Radgenossenschaft: Dringlichstes kulturelles Anliegen ist es, Lebensraum für die Fahrenden zu sichern. Früher war es noch möglich gewesen, einen Wagen in Wäldern zu stationieren und auf Bauernland, wenn die Eigentümer einverstanden waren. Dann hatte die Zersiedlung die Freiräume aufzufressen begonnen, und die Behörden hatten versucht, der Betonierung und Verhäuselung mit Raumplanung und Zonenordnungen Herr zu werden. Aus der Sicht der Fahrenden: mit immer mehr Vorschriften. So schwand der Lebensraum. Anfang achtziger Jahre bieten nur wenige Gemeinden die Möglichkeit, sich in den Wintermonaten für längere Zeit niederzulassen oder im Sommer auf der Durchreise anzuhalten. Eine offizielle Studie wird Ende des Jahrhunderts feststellen, dass es landein, landaus an Plätzen für Fahrende fehle.[464]

Die Feckerchilbi von 1985 in Gersau am Vierwaldstättersee, wo man wieder einmal zusammengekommen ist, um zu parlieren und es sich gut sein zu lassen, ist der Boden, auf dem eine ungeplante Aktion aufschiesst.

Viele Wagen sind da. Man sitzt in der Beiz und redet. Man diskutiert darüber, dass es im nahen Luzern keinen Platz gebe für Fahrende.

Die Stimmung ist gut, die Temperatur steigt, der Lärmpegel auch. Man will ein Zeichen setzen. Dass nun Schluss sei mit dem Verschaukeltwerden. Unwichtig, wer als Erster die Idee in die Runde wirft, einen Platz zu besetzen. Warum nicht den Lido selbst, das Stück Strand, auf dem sich auch der Parkplatz des Verkehrshauses befindet?

Die Idee muss die Gemüter zum Vibrieren gebracht haben. Der Lido! Jetzt, da es gegen Pfingsten geht, besuchen viele Leute das Verkehrshaus. Oft kommen sie von weither mit Cars, die auf dem Lido-Parkplatz abgestellt werden. Das wird ein Chaos geben, wo wollen die dann parkieren? Das wird ein anderes Aufsehen erregen als damals die Blockade-Aktion neben der Kehrichtverbrennungsanlage Hagenholz, am Rand der Stadt!

Die Lidobesetzung

«Es gab dafür und dawider», sagt Huber, «aber der Grossteil war dafür.»[465] Und Venanz Nobel, der damals junge Aktivist, ergänzt: «Für die meisten Jenischen war die Idee neu, sich für einen Platz einmal anders zu wehren, als bloss mit einem Polizisten ein wenig zu streiten.»[466]

Erfahrungen mit Polizisten haben sie genügend. Von diesen ist man jeweils vertrieben worden, darum haben manche auch Angst. Der Fotograf Rob Gnant hat eine typische Szene festgehalten in der Bildserie: die Vertreibung des Silvio Lehner und seiner Frau Singula samt dem Söhnchen Amaro aus dem Burgerwald des Städtchens Unterseen – gelegen zwischen Thunersee und

Brienzersee – im Jahr 1977.[467] Würden auch in Luzern die Wohnwagen von der Polizei abgeschleppt werden? Würde es Bussen geben? Verhaftungen gar?

Der Widerstandswille setzt sich durch. Man muss einmal öffentlich ein Zeichen setzen. Es gelingt, trotz der grossen Anzahl Beteiligter, das Vorhaben geheim zu halten.

Am Montag geht es los. Es heisst «Anhängen!».

Der «Scharotl»-Redaktor Venanz Nobel erinnert sich: «Im Konvoi sind wir abgefahren, alle Autos und Wohnwagen, die in Gersau waren – vielleicht sind zwei, drei auf die andere Seite abgeschlichen. 30 Wohnwagen oder mehr sind in Einerkolonne auf dem schmalen Strässchen dem See entlang um hundert Ecken dahingefahren, durch Küssnacht am Rigi und all die Örtchen. Ein Spektakel, die Leute haben geglotzt, dass die Zunge heraushing.»[468]

So fahren sie am 20. Mai 1985 auf den Lido-Parkplatz. Rund 70 Wagen seien es jetzt gewesen, sagt Huber.[469] Vielleicht sind es auch weniger, es hat jedenfalls Zuzug gegeben. Die «NZZ» titelt: «Zigeuner besetzen Luzerner Parkplatz – Forderung nach festen Standplätzen», und sie meldet: «Eine Gruppe von rund 150 Zigeunern hat am Montag den Lido-Parkplatz beim Verkehrshaus in Luzern besetzt. Die Zigeuner fordern Verhandlungen mit den Luzerner Behörden über einen festen Durchgangsplatz für ihre Wohnwagen. Falls die Forderung nicht erfüllt wird, wollen sie Verstärkung anfordern und den ganzen Platz besetzen. Die Zigeuner wollen mit ihrer Aktion gegen das Verhalten der Luzerner Behörden protestieren, die auf ihre schriftliche Forderung nach einem festen Durchgangsplatz nicht einmal geantwortet hätten.»[470]

Die Polizei ist bald auf dem Platz. Ein Polizist mit Töff. «Dem wurde fast schlecht», erinnert sich Huber, «das gehe doch nicht.» Der Uniformierte sei umringt worden. «Wir bleiben jetzt einfach da», sagen sie. Man wolle mit den Verantwortlichen sprechen, nicht mit einem gewöhnlichen Uniformierten. Huber kommentiert: «Er wurde nicht einmal böse. Ich würde auch nicht böse, wenn 200 Leute um mich herumstehen.»[471]

Der Polizeikommandant erscheint denn auch persönlich, um sich ein Bild vom ungewohnten Geschehen zu machen. Auch er ist sofort umgeben von einem Pulk von Jenischen.

Acht grosse Wochen

Diese richten sich ein. In der nahen Minigolf-Anlage findet sich eine minimale Infrastruktur, da kann man einen Kaffee trinken oder einen Brief an die Behörden schreiben. Bis zum Abend des ersten Tages erhalten die Wohnwagen gar Strom.

Es herrscht Hausbesetzerstimmung. Tagsüber geht man arbeiten wie gewohnt. Abends vertreibt man sich die Zeit mit Spielen. Ein Foto zeigt die Männer beim Botschnen, einem dem Boule verwandten Spiel, das als traditionell jenisch gilt. Und dann hockt man beim gemeinsamen Feuer. Wo bald einmal das Fett von Würsten oder Koteletts brutzelt. Und redet über die Lage, Gott, das Geschäft, die Politik und die Welt.

Einen Generalstab haben die Besetzer nicht. «Es ging sehr jenisch zu», sagt Nobel.[472] Wenn Behördenvertreter kommen oder Journalisten oder das Fernsehen, werden sie empfangen wie vordem die Polizisten. Die Wortführer sind Robert Huber, David Burri, Venanz Nobel – Präsident, Vizepräsident, Redaktor der Radgenossenschaft. Clemente Graff in seiner Wohnung in Wettingen erledigt die Büroarbeit der Lidobesetzer.

Ein seltener Moment von Einmütigkeit in der Geschichte der jenischen Bewegung. Wohnwagen aus der Westschweiz sind eingetroffen. Vertreter der sinto-jenischen Familie Minster sind da. Die Schriftstellerin Mariella Mehr lässt sich am Seeufer blicken. Und man spürt die Unterstützung in der Bevölkerung. Das Frühstück nehmen die Besetzerfamilien im Restaurant des Verkehrshauses ein. Im Schwimmbad geniesst man freien Eintritt.

Die Kirche setzt sich ein für die Brüder und Schwestern in Christo.

Der Luzerner Stadtpräsident aber ist unmutig und schreibt den Leuten: «Sie halten sich widerrechtlich auf dem Lido-Parkplatz auf, der für Cars, die Gäste des Verkehrshauses und des Lidos benötigt wird.» Und er teilt mit: «Durch Ihre Weigerung, den Platz zu verlassen und das kurzfristig angebotene Provisorium auf der Allmend zu beziehen, zwangen Sie die zuständigen Organe, die Fehlbaren beim Amtsstatthalter zur Anzeige zu bringen.»[473]

Der städtische Polizeidirektor verkündet ein Ultimatum – das die Jenischen ablehnen –, und die kantonale Regierung stellt ein Gespräch in Aussicht – das die Besetzer einmal abwarten wollen. Offenbar wird der Schwarzpeter zwischen den Behörden hin und her geschoben.

Die Besetzer verlangen das schriftliche Versprechen der Stadt, einen definitiven Platz für das fahrende Volk zu schaffen. Bei der Raumplanung und beim

Bau von Autobahnen werde selbst an Schrebergärten gedacht, an Fahrende nicht, heisst es in einem von Robert Huber und David Burri unterzeichneten Schreiben. Und dann in der für die beiden typischen trocken-harten Art: «Wir glauben, dass eine vom Bundesrat anerkannte ethnische Minderheit, die um das Überleben ihres Volkes kämpfen muss, auch in Luzern soviel Recht haben sollte wie ein Schrebergartenverein.»[474]

Vier Wochen sind sie schon da. Dann kommt es zu einer Einigung mit den Stadtbehörden. Die Fahrenden können noch einen Monat bleiben. In einer Pressemitteilung der Radgenossenschaft heisst es: «Wir hoffen, dass die Luzerner Behörden jetzt für das Anliegen des fahrenden Volkes sensibilisiert sind. Im Vertrauen auf die Versprechungen der Amtsstellen ziehen wir jetzt auf die Allmend, damit den Behörden der Weg zur Schaffung eines provisorischen (und später eines definitiven) Lagerplatzes für unser Volk offen steht.»[475]

Bis auf Weiteres steht die Allmend zur Verfügung – dahin gehts. Die Stadt hat versprochen, den verlangten Standplatz zu schaffen.[476] In Emmen bei der Kehrichtverbrennungsanlage soll ein Provisorium entstehen.

39 Jenische sind verzeigt worden «wegen Widerhandlung gegen die Verordnung über das Campingwesen».[477] Sie sollen eine Busse zahlen von 60 oder 80 Franken, wie sich Huber erinnert.[478] Er sei vor den Untersuchungsrichter vorgeladen worden. Wenn sie nicht zahlten, gebe es Konsequenzen. Und er, Huber, habe geantwortet: «Sie wollen sagen, wenn wir nicht zahlen, müssen wir abhocken. Ich weiss, wo das Gefängnis ist. Wir werden alle mit unseren Wohnwagen draussen parkieren und kommen die Strafe absitzen, mit Kind und Kegel. Das ist unser gutes Recht.»[479] Die Bussenverfügung wird zurückgenommen.[480]

Das «Scharotl» kommentiert zum Abschluss: «Die Besetzung des Lido in Luzern war eine historische Tat (...).» Und zwar für Jenische wie für Nichtjenische: «Unsere Volksgruppe wurde endlich von einer grösseren Menge beachtet, was auch der Zweck der Übung war.»[481]

Ein Büro der Fahrenden

Doch Huber, der neue Präsident der Radgenossenschaft, ist nicht einfach der Strassenkämpfer. Im Gegenteil.

Jetzt erweist sich als Vorteil, dass er beide Kommunikationskulturen kennen gelernt hat, die der Sesshaften mit Schriftverkehr, Vertrag und Paragrafen, und die Kultur der Jenischen, die auf den direkten Kontakt zwischen den Leuten baut. Er ist nah genug bei den Jenischen und ihrer Lebenserfahrung, um als einer der ihren akzeptiert zu werden, und doch weit genug entfernt, um mit verschiedenen jenischen Familien verkehren zu können, die nicht selten zerstritten sind untereinander.

Doch die Art, wie er die Zügel der Radgenossenschaft in die Hand nimmt, ist für die Leute ungewohnt. Er will den Verein professionalisieren und trifft einen erstaunlichen Entscheid.

Sein Vorgänger hatte kurz vor dem Rücktritt noch jenen Kleinbus angeschafft und darin ein mobiles Sekretariat eingerichtet, mit dem man die Fahrenden auf den Plätzen kontaktieren und ihre Geschäfte gleich an Ort erledigen könnte. Einen Dodge MaxiVan B 350 mit Turtle-Top-Aufbau. Eine interessante Idee. Doch Huber visiert ein festes Büro an und stellt eine Sekretärin ein.

Viele Fahrende seien «schockiert» gewesen, erinnert sich Huber.[482] Ein Büro? Schränke mit Ordnern? Ordner voller Akten? Akten, von denen vor allem bekannt ist, dass man darin Menschen erfasst und abstempelt? Nur mit Mühe kann Huber die Idee des Büros in seinem Vorstand durchsetzen. Für ihn steht offensichtlich im Vordergrund, dass die Jenischen im Kontakt mit den Behörden eine repräsentative Ansprechstelle brauchen. Untereinander hat man seit jeher kommunizieren können; das Mobiltelefon, das sich zu verbreiten beginnt und dessen sich Jenische schnell bedienen, erleichtert die Kommunikation. Huber selbst ist einer der ersten gewesen, der im Auto eine mobile Telefonanlage eingerichtet hat – eine ganze Sende- und Empfangsanlage seis gewesen, die damals noch Tausende von Franken gekostet habe.

So wird im Frühjahr 1987 der erste feste Sitz der Radgenossenschaft eingerichtet in Zürich-Albisrieden. Da hat der Fotograf Urs Walder den Präsidenten denn auch in typischer Stellung aufgenommen: Huber hinter dem Büropult, Telefonhörer am Ohr.

Das Verständnis für das Funktionieren einer Organisation ist klein. Schon im Editorial der ersten Nummer des «Scharotl» hatte die zuständige Redaktorin festgestellt: «Der Verein ist ohnehin eine Organisationsform, die der Mentalität des Fahrenden zuwiderläuft.»[483]

Die Organisationsformen der Jenischen sind die Familie, die Freunde, der Handel. Huber versucht nun, seine Leute zum Organisationsleben zu erziehen. So verschickt er etwa an seine Mitarbeiter einen Zirkularbrief – «An alle

Verwaltungsräte» – mit der Anweisung: «Zwecks besseren Informationsflusses sollte jeder Verwaltungsrat jeden Montag ab ca. 10.00 Uhr telefonisch mit dem Büro in Zürich Kontakt aufnehmen.»[484]

Meinungsverschiedenheiten und Spaltungen

So etwas muss ein unabhängiger Geist wie David Burri als herrscherlich empfunden haben. David Burri, bisher der engste Weggefährte, geht vermehrt eigene Wege. Er baut zusammen mit seiner Frau Maria Mehr – nicht zu verwechseln mit der Schriftstellerin Mariella Mehr – die bisherigen Zigeunermärkte zu einem «Fahrenden Zigeunerkulturzentrum» aus. Auch der etwas jüngere «Scharotl»-Redaktor Venanz Nobel schliesst sich dem Zigeunerkulturzentrum an und scheidet unter Nebengeräuschen zusammen mit Burri schon Anfang 1986 aus dem Vorstand der Radgenossenschaft aus.[485]

So beginnen die Tourneen des «Fahrenden Zigeunerkulturzentrums», das – um zu überleben – nebst Jenischen auch Sinti und Gadschi in seinen Lagern aufnimmt und sie an seinen Kulturtagen als Musiker oder Standbetreiber mitwirken lässt. Burri versteht sich und sein Kulturzentrum zwar weiterhin als «jänisch», wie er zu sagen pflegt, denn ein Jenischer hat oft viele Identitäten: er ist auch ein Fahrender, ist auch ein Schweizer (hierzulande), ist auch ein Weltzigeuner. Und wechselt den Akzent der Selbstdefinition unter Umständen wieder. Das Kulturzentrum nimmt denn auch weiter an den Vollversammlungen der Radgenossenschaft teil. Doch ein Spannungsverhältnis zwischen den beiden alten jenischen Leitfiguren David Burri und Robert Huber wird die spätere Zeit prägen.

Zwei Jahrzehnte danach erzählt David Burri von der Trennung, als ob es gestern gewesen wäre. Und er glaubt, dass Huber, indem er den Weg der Anerkennung durch die Behörden ging, sich verkauft habe. «Entweder Plätze oder Subventionen vom Bund, das war die Wahl»,[486] bringt er es auf eine Formel, was besagen will, dass mit direkten Aktionen im Stil der Lido-Aktion mehr Plätze für Fahrende hätten herausgeholt werden können als durch Verhandlungen, bei denen man als von den Behörden anerkannter – und mit Geld unterstützter – Gesprächspartner auftritt.

Der Geist der Einmütigkeit, der auf dem Lido geherrscht hat, ist verflogen. Es bestehen tiefe Meinungsverschiedenheiten darüber, was weiter zu tun sei.

Die von der Aktion «Kinder der Landstrasse» direkt Betroffenen legen das Gewicht auf die Forderung nach Aktenherausgabe durch die Pro Juventute. Nicht betroffene Fahrende interessieren sich vordringlich für die Schaffung von Aufenthaltsplätzen. Es gibt persönliche Rivalitäten und die alten Geschichten zwischen verschiedenen Familien.

So spriessen aus der Kraft, welche die Bewegung entwickelt hat, verschiedene Zweige. Es bildet sich die Stiftung «Naschet Jenische», eine Organisation von Direktbetroffenen – Naschet heisst: Steh auf! – Eine zweite Gruppe Betroffener, die radikaler vorgehen will, hat den «Verein Kinder der Landstrasse» gegründet. Freikirchlich gesinnte Jenische und Sinti – auch das gibt es – versammeln sich unter dem Banner einer seit Langem bestehenden «Zigeunermission», wo der Sinto-Prediger May Bittel zur tonangebenden Figur aufsteigt.[487]

Streit entzündet sich um das Vorgehen eines Rechtsanwaltes, der den «Verein Kinder der Landstrasse» vertritt und Prozesse führt bis vors Bundesgericht. Er missbrauche seine Stellung und verdiene sich «eine goldene Nase» am Leid der Jenischen, lauten die Vorwürfe.[488]

In der Radgenossenschaft gehen die Umwälzungen weiter. Die Ordner im Archiv enthalten Austrittserklärungen und Protestbriefe. Die Autorität des neuen Präsidenten ist noch nicht gefestigt. Auch er verliert gelegentlich die Nerven. Er, der ohnehin kein Blatt vor den Mund zu nehmen pflegt. In einem Schreiben herrscht er zwei Alpha-Frauen in der Bewegung an, die miteinander im Streit liegen, «Privatkriege» gingen ihn nichts an.[489] Ein Verwaltungsrat tritt zurück, weil Huber ihn mit einem A-Wort tituliert habe.[490] An einer Versammlung der Radgenossenschaft können schon einmal Bakelit-Aschenbecher fliegen. Und es gibt Zeiten, da Verwaltungsräte vor den Sitzungen abgetastet werden müssen, weil es zu Schlägereien gekommen ist. Messer und allenfalls Schusswaffen werden in einen Korb gelegt.

Mariella Mehr, die einstige Redaktorin des «Scharotl», spricht jetzt von einer «sich in der Pubertät befindenden Organisation».[491]

Ein Führer ist letztlich allein

Doch Robert Huber, das zeigen die folgenden Jahre, hat offenbar genug Atem, um durchzuziehen, was er für richtig hält. Mit der Zeit wird er souveräner und seine Autorität wächst. Er kann vermitteln und mässigen. Ein Bericht in der «NZZ» über ein Treffen von Jenischen ist aufschlussreich: Hundert Personen hätten da beraten, wie weiter vorzugehen sei gegenüber der Pro Juventute, die sich gegen eine Herausgabe der Akten sperrte. Einige Anwesende hätten verlangt, «Illegalität durch Illegalität zu vergelten», doch – so die «NZZ» – «das Präsidium der Interessengemeinschaft der Fahrenden verstand es immer wieder, einen moderaten Ton in die Diskussion zu bringen».[492]

Dass sich alte Freunde wie Burri abwenden, tut Huber allerdings weh. Es scheint das Schicksal von Politikern zu sein – zu denen Huber immer mehr gehört –, zu vereinsamen. Treu bleibt ihm Walter Wyss, ein freundlich-stiller Mann, der als langjähriger Kassier amtet und früh an Krebs sterben wird.

Und auf wen sich Robert Huber blind verlassen kann, ist sein Sohn Daniel, den er nachzieht und der an fast allen Sitzungen dabei ist. Der «Zwerg» – wie Robert seinen Sohn noch als erwachsenen Mann nennt – unterstützt seinen «Olmischen» – was auf jenisch der Alte bedeutet – auch auf den neuen politischen Pfaden, die der nun geht. «In diesen ersten Jahren habe ich, wenn der Vater nickte, auch genickt, und wenn er nicht nickte, nicht genickt. Dann wurde ich älter und habe das etwas anders angesehen.»[493]

Daniel Huber wird bald Vizepräsident – er ist erst wenig über zwanzig – und wird mehr als zwei Jahrzehnte in dieser Funktion bleiben. Nichts ist einfach für ihn, der weder die Lebenserfahrung des Vaters hat sammeln können, noch Diskriminierungen der «Kinder der Landstrasse» erlitten hat, und der die Schule nie geliebt hat und sie früh verliess. Offen erzählt er, wie er in der Radgenossenschaft mit Fremdwörtern zu tun bekam, die er nur verstand, weil er hartnäckig nachgefragt habe: das Wort «Mobilität» etwa.[494]

Die beiden Geschwister Daniels treten nicht in die Fussstapfen des Vaters, auch wenn sie sich durchaus zum jenischen Volk bekennen. Ihre Geschichten seien hier deshalb ausgeblendet.

Das Leben ist nicht leicht, für keinen in dieser Familie, mit einem solchen Vater, der immer mehr zur tonangebenden Figur der jenischen Bewegung wird. Die Ehefrau Gertrud unterstützt ihn geduldig, auch wenn sie das gekochte Essen allein einnehmen muss, weil Robert wieder nicht wie abgemacht nach Hause kommt, sondern aufgehalten worden ist von irgendeinem Anrufer aus der jenischen Gemeinschaft und die Sache gleich an Ort und Stelle erledigen will. Sie widmet sich still der Familie und vertreibt sich die Abende mit Stricken.

Die Wohnung in Altstetten hat die Familie ja gekündigt. Hubers sind auf dem neu geschaffenen Standplatz Leutschenbach in Zürich Nord eingezogen. In eine Baracke, die mit der Zeit erweitert wird zu einem komfortablen Heim.

Gezerre um die Akten

Die Lido-Besetzung hat den politischen Druck erhöht, die Spaltungen hatten trotz Problemen auch das Bild einer vielfältigen Bewegung erzeugt. Da blühte ein bunter Feld-Wald-und-Wiesen-Strauss auf in den Schweizer Landen.

Immer dringlicher rufen Betroffene nach Einsicht in die Akten. Vor zehn Jahren schon hat man mit der Pro Juventute darüber zu verhandeln begonnen. Immer wieder sind die Jenischen vertröstet worden.

Das «Scharotl» hat in einem ganzseitigen Inserat aufgerufen, sich die Akten einfach zu holen.[495] Die Nationalrätin Angeline Fankhauser erkundigt sich 1984 in einer parlamentarischen Anfrage, wie weit denn nun die historische Aufarbeitung der Geschehnisse gediehen sei.[496] Eine Gruppe Berner Lehrer zieht nach mit einem Aufruf, die Öffentlichkeit solle die Sondermarken für die Pro Juventute, die jährlich von der Post herausgegeben und von Kindern auf der Strasse verkauft werden, boykottieren.[497]

Nachdem Robert Huber in den Vorstand der Radgenossenschaft gewählt worden ist, nimmt er sogleich an den Gesprächen mit der Pro Juventute teil. Die Parteien befinden sich im Grabenkrieg. Pro Juventute und Bund wollen die Akten betreffend die «Kinder der Landstrasse» aufteilen und sie den Kantonsarchiven übergeben: Die Heimatkantone, wo die Vormundschaftsbehörden gewirkt hatten, seien dafür zuständig. Die Jenischen sperren sich gegen eine Aufteilung der vielen Laufmeter auf verschiedene Zuständige und verlangen, dass die Akten den jeweils Betroffenen als Gesamtpaket herausgegeben würden.

Im Archiv der Radgenossenschaft liegt das Protokoll der Sitzung vom 7. November 1984. Man trifft sich in der Freizeitanlage Altstadt der Pro Juventute an der Obmannamtsgasse in Zürich. Vier Traktandenpunkte stehen an, zusammengefasst: Wer ist die rechtmässige Besitzerin der Mündelakten? Was soll mit diesen Akten geschehen? Wer entscheidet über die Herausgabe der von den Betroffenen verlangten persönlichen Akten? Ist die Pro Juventute als Verantwortliche zu einer Wiedergutmachung bereit?[498]

«Das ganze Rösslispiel war da», erinnert sich einer: Der Stab der Pro Juventute mit dem Zentralsekretär und mehreren Departementsleitern, die Sponsoren der Pro Juventute mit dem Bankier Guy F. Sarasin aus Bottmingen als dem Präsidenten der Stiftungskommission, Vertreter des Bundesamts für Polizeiwesen.

Auf jenischer Seite «etwa 20 Nasen», darunter Robert Huber, die Schriftstellerin Mariella Mehr, der hitzige David Burri, der ruhige Venanz Nobel.[499]

Die Situation sei eskaliert, erzählt Huber, habe doch der Bankier Sarasin geäussert, dass das Vorgehen der Pro Juventute schon seine Berechtigung gehabt habe. Was die Jenischen mit Missfallensäusserungen quittiert hätten.[500] Gemäss Protokoll erklärt Mariella Mehr: «Ich möchte nur schnell richtig stellen. Es geht vor allem bei mir und den anderen, die anwesend sind, nicht um eine Akteneinsicht, sondern wir wollen die Akten bekommen.» Worauf Huber gemäss demselben Protokoll nachdoppelt: «Im Klartext, die Jenischen wollen die Akten für sich behalten, als abgeschlossen für sich persönlich behalten. Dass diese niemand mehr zu Gesicht bekomme. Sie gehören denen, die es angeht, und nicht in irgend ein Archiv.»[501]

«Man hat sich angeschrieen. Das ist einmal mehr sehr emotional geworden von jenischer Seite», erinnert sich Nobel.[502] Man hat den Leuten von der Pro-Juventute-Seite entgegengeschleudert: «Eure Hilfe ist keine. Ihr haltet uns hin von einer Sitzung auf die andere. Ihr kassiert hohe Löhne. Und bei uns gehen die Betroffenen dem Tod entgegen.» – Das sei so etwa die Tonart gewesen.[503] Und Huber sagt: «Wenn wir nicht knallhart gewesen wären, hätte sich nichts bewegt.»[504]

Pressekonferenz der Pro Juventute

Es bleibt nicht beim Schlagabtausch hinter verschlossenen Türen. Die Pro Juventute kündigt eine Pressekonferenz an. Zur Aufklärung der inzwischen hellhörig gewordenen Öffentlichkeit. «Die Radgenossenschaft wurde selbstredend nicht eingeladen», kritisiert die jenische Seite. «Ihr Vorstand beschloss deshalb, auch ohne Einladung an dieser Pressekonferenz teilzunehmen.»[505]

Die jenischen Aktivisten haben ein Communiqué vorbereitet, signiert von Robert Huber und Mariella Mehr: «Mit lächerlichen Lügen hat der Zentralsekretär Bruni» – von der Pro Juventute – «versucht, die Jenischen an einer Teilnahme an dieser Konferenz zu hindern. Wir erlauben uns, trotz dieses Ausschlusses, als Betroffene, als Opfer und als AnklägerInnen hier anwesend zu sein.»[506]

Am 5. Mai 1986 findet die Veranstaltung in einem Hotel in Zürich in der Nähe des Hauptbahnhofs statt. Alt-Bundesrat Rudolf Friedrich, Präsident der Stiftung Pro Juventute, hat zu sprechen begonnen. Er erklärt, dass die derzeitigen Verantwortlichen die damaligen Massnahmen nicht billigten und nicht guthiessen: «Die Stiftung bedauert insbesondere», sagt er gemäss dem

Bericht in der «NZZ», «dass durch die Tätigkeit des ehemaligen Hilfswerkes Kinder von ihren Eltern und Geschwistern getrennt wurden, was der heutigen Zielsetzung in keiner Weise mehr entspricht.»[507] Und: «Friedrich erinnerte aber daran, dass damals ein ganz anderer Zeitgeist herrschte und somit aus ganz andern Anschauungen heraus gehandelt wurde.»[508]

Die Pro Juventute «bedauert» und erinnert an den «Zeitgeist». Das kann in der hochemotionalen Situation die Jenischen nicht befriedigen. In ihrer Pressemitteilung verlangen sie «eine öffentliche Entschuldigung» der Pro Juventute «für die unter ihrer Aufsicht geschehenen Verbrechen an den Jenischen».[509]

Niemand von den Veranstaltern hat wahrgenommen, dass Mariella Mehr im Saal sitzt und den richtigen Moment abpasst. Draussen vor der Tür warten die Jenischen, die man zusammengetrommelt hat. Die Pressekonferenz erreicht den Punkt, wo die Fragerunde für die Medienvertreter angesagt wird, als Mehr die Tür öffnet… Der grosse Auftritt der Nichteingeladenen. Mariella Mehr als Jeanne d'Arc zuvorderst. Robert Huber als kampfbereiter Ritter zweieinhalb Schritte hintendrein. Mit ihnen ein Dutzend Jenische: ein Auftritt, den das Fernsehen DRS filmt. Theatralisch ruft Mehr in den Konferenzsaal: «Das ist der Vorstand der Radgenossenschaft der Landstrasse, den Sie nicht eingeladen haben!»[510]

Raumgreifend schreitet sie Richtung Podium. «Und jetzt fordere ich erstens eine öffentliche Entschuldigung vor diesen Menschen da. Es sind Betroffene des Hilfswerks Kinder der Landstrasse!»[511]

Die Überraschung ist gelungen. «Die Veranstalter hatten offenbar nicht gedacht, dass Jenische kommen könnten; sie sassen auf dem Podium und wunderten sich, was da geschah», erzählt Venanz Nobel.[512] «Ja, Frau Mehr, das ist unsere Pressekonferenz, seien Sie jetzt ruhig», hätten die Pro-Juventute-Vertreter gesagt. Und als sie merken, dass das nicht funktioniert: «Könnten Sie sich in den Vorraum zurückziehen, weil wir zuerst fertigmachen wollen? Sie können nachher die Presse übernehmen.»[513]

Für Journalisten und Fernsehleute ist es ein wunderbares Spektakel. Die Kamera schwenkt hin, die Kamera schwenkt her. «Und dann haben die Journalisten nicht mehr Bundesrat Friedrich gefragt, sondern uns. Bei jedem Vorwurf, den wir erhoben, haben sie wieder Friedrich gefragt: ‹Was sagen Sie dazu?›», erinnert sich Mariella Mehr. «Der hat nur noch gestottert.»[514]

Die «NZZ» berichtete über diese Jenischen und deren Auftritt: «Sie verlangten eine ausdrückliche öffentliche Entschuldigung für erlittenes Unrecht sowie Wiedergutmachung und forderten die Herausgabe der Akten. Sie fürchten, eine Übergabe an die Kantone erschwere ihnen zusätzlich den Zugriff. Zudem hätten sie bis heute in dieser Angelegenheit immer nur mit der Pro Juventute verkehrt. Sie erhoben schwere Vorwürfe gegenüber der Stiftung – in trotz verständlicher Erregung nicht immer ganz angebrachtem Ton.»[515]

Mariella Mehr schreibt in einem Rückblick: «Die Forderung nach einer öffentlichen Entschuldigung quittierte der Stiftungspräsident, Altbundesrat Rudolf Friedrich, mit der lapidaren Behauptung: ‹Eine Stiftung ist eine Fiktion und hat kein Unrechtsbewusstsein. Sie kann sich deshalb auch nicht entschuldigen.›» Und sie erinnert sich im selben Artikel: «Das Gelächter der Presseleute und der Betroffenen brachte keinen der PJ-Vertreter in Verlegenheit.»[516]

Die Pressekonferenz ist geplatzt. Die Jenischen sind empört und doch zufrieden. «Erstmals seit Beginn ihres Kampfes konnten sich die Betroffenen selbst in aller Öffentlichkeit artikulieren.»[517] Das Wir-Gefühl ist gewachsen.

Der Bundesrat entschuldigt sich

Mit diesem Auftritt ist Bewegung in den Grabenkampf gekommen. Die öffentliche Meinung neigt sich den Jenischen zu. Im Zürcher Kantonsrat stellt eine Parlamentarierin später fest: «Ein Hilfswerk, das laut Alt-Bundesrat Friedrich kein Gewissen hat, ist nicht das richtige Hilfswerk.»[518]

Mag Alt-Bundesrat Friedrich sich weiterhin jeder Einsicht verschliessen. Mag er argumentieren, die Pro Juventute sei eine private Institution gewesen, die keinerlei vormundschaftliche Kompetenzen gehabt habe. Mag er schützend vorschieben, dass ja der Vorsteher des Justiz- und Polizeidepartementes langjähriger Präsident der Pro Juventute gewesen sei und der Vorwurf des Kinderraubes durch die Pro Juventute also schon von dieser Ausgangslage her unbegründet sei. Mag er darauf hinweisen, dass es unter den Fahrenden Verwahrlosung, Trunksucht und Kriminalität gegeben habe.[519]

Friedrich kämpft auf verlorenem Posten. Nun hat er den Zeitgeist gegen sich. Jenen ominösen Wind, auf den sich die Handelnden gern berufen, obwohl es im historischen Luftraum immer auch Gegenströmungen gibt.

Was die Pro Juventute nicht schafft, bringt der Bundesrat über die Lippen. Die lange verlangte, die längst fällige Entschuldigung!

Am 3. Juni 1986 beginnt im Nationalrat die Debatte über die Geschäftsführung des Bundesrates. Als es um die Stiftungen geht, die der Bundesrat zu beaufsichtigen hat, bringt Nationalrätin Angeline Fankhauser das Thema «Pro Juventute» zur Sprache. «Warum ist der Bundesrat in seiner Gesamtheit in dieser Sache so lange inaktiv geblieben?» Es gebe eine Schuld, die über die Pro Juventute hinausreiche: «Diese Vergangenheit ist nicht nur die Vergangenheit der Stiftung, das ist auch unsere Vergangenheit. Wir waren mehr oder minder alle daran beteiligt, wenn auch nicht als Person, aber als Gesellschaft.»[520]

Der Abgeordnete Herbert Maeder aus Appenzell, lebenslang ein eigenwilliger Kopf, prangert die Einsichtslosigkeit der Pro Juventute an: «Die Pro Juventute weigert sich nicht nur, längst fällige, heute kaum mehr mögliche ehrliche Entschuldigungen anzubringen, sie tut auch seit Jahren alles, um den Betroffenen die traurigen Akten vorenthalten zu können.» Er fügt die kritische Bemerkung hinzu: «Selber erlauben sich die Verantwortlichen, die Akten einzusehen und auszusortieren. Dass sich die Betroffenen die Frage stellen, ob dabei nicht belastende Unterlagen verschwinden, ist mehr als nur verständlich.»[521]

Dann schreitet Bundespräsident Alphons Egli zum Pult. Er antwortet auf die verschiedenen Voten der Parlamentarier. Dabei findet er das erlösende Wort: «Was den Bund anbelangt, gebe auch ich meinem Bedauern Ausdruck, dass Bundeshilfe hiezu geleistet wurde. Ich scheue mich sogar nicht, mich in der Öffentlichkeit dafür zu entschuldigen, dass diese» – so im Protokoll – «vor mehr als zehn Jahren passieren konnte.»[522]

Versiegelung der Akten

Auch im Verkehr zwischen ganzen Gruppen der Bevölkerung sind Worte des Mitgefühls manchmal wirkungsvoller als Geld und Macht. Die Radgenossenschaft dankt dem Bundespräsidenten in einem Telegramm für die «öffentliche Entschuldigung in Sachen Kinder der Landstrasse».[523]

Die Pro Juventute wird nachziehen müssen. Ein Jahr später, am 7. Mai 1987, entschuldigt endlich auch sie sich, wenn auch nicht durch ihren Stiftungspräsidenten, sondern durch ein anderes Mitglied des Stiftungsrates und der Stiftungskommission. Gemeinden wie Savognin haben bis heute kein Wort des Bedauerns geäussert.

Nun scheint es auch vorwärts zu gehen mit der Aktenherausgabe. Da die Radgenossenschaft befürchtet, Akten der Pro Juventute könnten beseitigt werden, reicht sie Beschwerde ein und verlangt, dass das Archiv gesichert werde. So wird der Aktenbestand des «Hilfswerks» im Beisein von Jenischen versiegelt.

Im Sommer 1987 werden die Dokumente aus den Räumen der Pro Juventute in Zürich geholt, um ins Bundesarchiv überführt zu werden.

«Ich war dabei», erzählt Huber; «etwa zehn Polizisten mit Maschinenpistolen standen im Treppenhaus der Pro-Juventute-Räumlichkeiten, als die Kisten hinuntergetragen wurden ins Auto mit der Bundesnummer.»[524] Er habe als Präsident die Vereinbarung unterzeichnen müssen, wonach die Jenischen mit der Überführung einverstanden seien. Im Bundesarchiv werden die Dossiers in einem separaten Räumchen eingemauert.[525]

Doch damit fangen die Schwierigkeiten erst an. Was für ein Papierkrieg, bis die Betroffenen Zugang erhalten werden zu ihren Akten, bis klar ist, wer welche Papiere bekommen soll, auf welchem Weg, und was nicht herauszugeben sei. Auf 100 Jahre – so bestimmte schliesslich eine Vereinbarung zwischen Bund und den Kantonen – werden die Pro-Juventute-Akten danach im Bundesarchiv weggesperrt.[526] Zum Schutz der Opfer einerseits, die Angst haben vor erneutem Missbrauch. Aber vielleicht auch zum Schutz der Täter.

Jenische Sprecher hatten die Vernichtung der Akten gewünscht.

Hier lässt sich die Geschichte nicht in alle Verästelungen verfolgen. Hier steht die Biografie Hubers im Vordergrund.

Die versprochene wissenschaftliche Aufarbeitung der Verfolgung lässt mehr als ein Jahrzehnt auf sich warten. Ein Forschungsprojekt des Nationalfonds, für das als Autoren Thomas Huonker und Clo Meyer vorgesehen sind – beide haben sich früh mit der Thematik beschäftigt –, ist von den Behörden nicht bewilligt worden.

Huber träumt davon, dass sich Akten berichtigen liessen. «Was nützt mir eine Entschuldigung, wenn man die Akten nicht richtigstellen kann? Und was nützen die Akten, wenn sie nicht berichtigt werden?»[527] Würden denn die eigenen Kinder später nicht sagen, die Eltern hätten dies oder jenes getan, es stehe so in den Akten? Unkorrigiert und akzeptiert?

Wie soll das gehen?, frage ich Huber. – «Jede einzelne Seite müsste man durchgehen und schauen, was ist wahr, was ist nicht wahr. So müsste man die Akte neu erstellen.»[528]

Er weiss, dass er es vergessen muss. Nicht nur des Aufwandes wegen. Die letzten Betroffenen sterben. Und damit die Letzten, die erzählen könnten. Gerade das fürchtet er, dass einmal kein Zeitzeuge mehr wird erzählen können, wie es war, und dass die Akten das letzte Wort haben. Und dass sie gar wieder verwendet werden könnten.

Eine einfachere Idee wird nicht verfolgt: von den Behörden eine offizielle Erklärung zu verlangen, dass keine dieser Akten je für eine Amtshandlung verwendet werden dürfe, weil sie unter Bedingungen zustande gekommen seien, die illegal waren.

Die Betroffenen erhalten Kopien ihrer Akten. Dann werden die Papiere wie beschlossen weggesperrt im Bundesarchiv, der Öffentlichkeit nicht mehr zugänglich. Nur Betroffene erhalten Einsicht, und für Wissenschafter gelten Sonderregelungen.

Eine eigenartige Geschichte ereignet sich mit den Pro-Juventute-Akten der Schriftstellerin Mariella Mehr. Auf Wegen, die verborgen sind – die Behörden gehen davon aus, dass die Akten von der Schriftstellerin einfach behändigt worden seien, und Mariella Mehr dementiert das nicht –, gelangen die delikaten Schriftstücke früh in den Besitz der Schriftstellerin, die öffentlich erklärt hat, dass Akten denen gehören sollen, deren Leben darin herabwürdigend dargestellt ist. «Es geht vor allem bei mir und den anderen, die anwesend sind, nicht um eine Akteneinsicht, sondern wir wollen die Akten bekommen», hat sie ja schon in den Verhandlungen mit der Pro Juventute erklärt.[529]

Ihren schriftlichen Besitz übergibt Mariella Mehr 1997 dem Schweizerischen Literaturarchiv in Bern – das die Einsicht für Forschende in diese Akten später von Bewilligungen abhängig macht, die den Bestimmungen für die Pro-Juventute-Akten im Bundesarchiv entsprechen.[530] Was heisst, dass Mariella Mehrs historisch wichtige Pro-Juventute-Akten, wenn überhaupt, nur mit Sondergenehmigung des Literaturarchivs zugänglich sind.[531] Die Einwilligung der Schriftstellerin genügt nicht.[532] Wie sie erklärt, sei das mit ihr nicht vereinbart gewesen. Jetzt gilt für Drittpersonen bei diesen Dokumenten die Schutzfrist von 100 Jahren wie bei allen Pro-Juventute-Akten.

Verkürzt gesagt: Eine Bundesstelle sperrt eine der äusserst seltenen der Wissenschaftsöffentlichkeit zugänglichen Aktenbestände aus der Zeit der «Aktion Kinder der Landstrasse», sobald sie ihrer habhaft wird. Indem sie Privatbesitz, der teilweise legal und teilweise in einer Grauzone der Legalität erworben worden ist, in eigener Kompetenz sich aneignet. Was eine Form öffentlicher Selbstjustiz darstellt. Man stelle sich vor, der Staat würde überall einfach enteignen, wo er der Meinung ist, dass Besitz illegal erworben sei!

Geld und Streit

Für den Präsidenten der Radgenossenschaft sind das oft schwierige Verhandlungen. Nicht nur wegen der Gesprächspartner vis-à-vis, die wenig verstehen vom Denken und Handeln der Jenischen. Vor allem aber wegen des Pluralismus in den eigenen Reihen, häufig sind es auch nur persönliche Streitereien. Ein Brief der Pro Juventute «An die Organisationen der Fahrenden» im Frühjahr 1988 beispielsweise muss adressiert werden an:
- Stiftung Naschet Jenische
- Radgenossenschaft der Landstrasse
- Schweiz. Evang. Zigeunermission
- Pro Tzigania Svizzera
- Verein Kinder der Landstrasse
- Stiftung Kinder der Landstrasse[533]

Die Radgenossenschaft wird vom Bund als Dachorganisation der verschiedenen Organisationen anerkannt und seit 1987 regelmässig subventioniert. Doch die verschiedenen Organisationen zu einigen, kann nicht ohne Zwist und Reibereien abgehen.

Robert Hubers Wirken ist daher innerhalb der Jenischen nie unumstritten. Eine seiner schärfsten Kritikerinnen bleibt Mariella Mehr, die ihre Tätigkeit für die Radgenossenschaft eingestellt hat und sogar die Schweiz verlassen hat, um sich in Italien niederzulassen. Huber beziehe sich auf die Fahrenden und lasse die Sesshaften ausser Acht. Er grenze sich von der internationalen Bewegung der Roma ab und zeige keine Solidarität ihr gegenüber.[534]

Organisationen wie das «Zigeunerkulturzentrum» finden, sie erhielten von der Radgenossenschaft zu wenig finanzielle Unterstützung. Huber kontert, er brauche Geld für Sekretariat und Büro.

Die Radgenossenschaft sei ein Familienclan und schliesse Leute aus, die auch einen Beitrag leisten könnten, ist zu hören – auch ein Enkel, Benjamin Huber, ist mittlerweile in den Verwaltungsrat aufgerückt. So bleiben manche ganz abseits. Und nicht ausbleiben kann in all dem Zank der Vorwurf, Huber profitiere persönlich von der Radgenossenschaft. Erhält seine Radgenossenschaft nicht Unsummen Geld von Bern?

Die jährliche Generalversammlung der Radgenossenschaft ist daher jeweils spannungsvoll. Ein Tag der Auseinandersetzung und zugleich ein Zigeunerfest. Manche der Männer erscheinen hier im Sonntagskostüm, Goldschmuck im Ohr, manche Frauen im Rüschenrock, behängt mit noch mehr Gold, und während Reden gehalten werden, weinen Babys, rennen hübsch frisierte grössere Kinder zwischen den Tischen umher – «Haben nicht wir alle auch geschrien, als wir klein waren?», fragt ein Jenischer einmal, als sich einer über den Kinderlärm beschwert. An solchen Versammlungen äussern sich oft lautstark auch die Frauen, die nach den ersten Jahren nicht mehr in den leitenden Gremien vertreten sind. Da können Beschimpfungen fallen und Zornentbrannte frustriert den Raum verlassen.

Die «Wiedergutmachung»

Entspannt hat sich das Verhältnis zum Bund seit der Entschuldigung des Bundesrates. Und an der Feckerchilbi 1988 dürfen die Jenischen gar Alt-Bundesrat Alphons Egli als Gast begrüssen, ein Foto zeigt ihn am Ehrentisch mit Robert Huber. Ein ungewöhnliches Zusammensein: der einstige Bellechasse-Gefangene und der Bundesrat.

Bei den verantwortlichen Politikern hat sich die Einsicht durchgesetzt, dass Geld für eine Wiedergutmachung geleistet werden müsse. So das offizielle Wort: «Wiedergutmachung». Doch Unrecht, das Leid verursacht hat, lässt sich nie wieder gutmachen; es lassen sich Folgen mildern, und es lässt sich verhindern, dass neues Unrecht verübt wird.

Die Bundesbehörden stellen also Geld bereit mit dem Ziel, es an die Betroffenen zu verteilen.

Huber sieht eine neue Gefahr. Auch wenn er selber vom Vorgehen der Pro Juventute direkt betroffen ist und sicher Geld erhalten würde. Er habe früh gesagt: «Ich möchte das Geld nicht», erinnert sich sein Sohn Daniel, der Vizepräsident.[535] Lieber hätte Robert Huber gesehen, dass der Bund das Geld gebraucht hätte, um etwas für das jenische Volk in seiner Gesamtheit zu tun: Plätze schaffen, die Kultur fördern.

Individuell verteiltes Geld ist bestenfalls ein Tropfen auf den heissen Stein. Schlimmstenfalls aber Schweigegeld. Doch mit dieser Ansicht kommt der Präsident bei seinen Leuten nicht durch. Sie folgen dem Grundsatz «Nur Bares ist Wahres» und bestürmen ihn mit Telefonaten: «Wir brauchen das Geld.»

Elf Millionen stellt der Bund zur Verfügung. Es soll nach verschiedenen Massen verteilt werden. Bis zu 20 000 Franken erhält, wer durch die Aktionen des Hilfswerks «direkt» betroffen ist, also Kinder, die von ihren Eltern entfernt worden sind, oder auch Eltern, denen die Kinder weggenommen wurden. 2000 Franken erhält, wer «indirekt» betroffen war.

Dazwischen gibt es Abstufungen. Die Dauer der Fremdplatzierung und die Verhältnisse in den Heimen und bei den Pflegefamilien spielen eine Rolle. Manche Betroffene erhalten 5000, andere 10 000.[536] Robert Huber erhält als Schwerstbetroffener 20 000 Franken. Für jedes Jahr des Wartens auf die Freiheit 1000 Franken.

Eine schöne Bescherung. Das Ganze beelendet Huber. Was er befürchtet hat, tritt ein. Es gibt Streit. Manche fühlen sich benachteiligt und halten andere für bevorzugt. Und manchmal ist es wirklich so; es habe «unverständliche Entscheide» gegeben, schrieb der «Beobachter». «Schwerstbetroffene erhielten nur das Minimum, Härtefälle wurden bürokratisch behandelt. Opfer, die sich erst jetzt meldeten, erhalten gar nichts. Das ist rechtlich und menschlich unhaltbar», stellte das Blatt 1994 nach der Untersuchung von Einzelfällen fest.[537] Die Verfahren seien undurchsichtig. «Das einzig Schriftliche, was die Betroffenen erhielten, sind Postquittungen.»[538] Keine Begründung, warum wie viel. Kein Brief des Bundesamtes.

Man habe schnell und unbürokratisch handeln wollten, erklären die Behören. Damit öffnet man allerdings Verdächtigungen Tür und Tor. Jeder hats nur per Telefon, niemand kanns beweisen. Schnell kursiert der Vorwurf unter den Jenischen, andere hätten zu Unrecht Geld bezogen. David Burri scherzt einmal: «Es braucht auch Schelme bei den Jenischen.» Und als ich frage, wie er das meine, antwortet er: «Das ist die wirkliche Gleichstellung der Minderheiten.»[539]

Und einige, die bisher nichts mit dem Fahrenden Volk zu tun haben wollten, zählen sich angesichts der zu erwartenden Entschädigungen zu den alten Fahrenden. «Als es Geld gab, sind die Jenischen einander noch das Leiden neidisch geworden», sagt Uschi Waser einmal, die Sprecherin der Organisation «Naschet Jenische».[540]

Irgendwann muss der Bund sparen, weil das Geld zur Neige geht. Späterkommende werden nicht mehr berücksichtigt.

Robert Huber ist heute noch nicht glücklich über das Resultat: «Man hätte ablehnen sollen», denkt er.[541] Peter Paul Moser, ein Schwerstbetroffener, sagt umgekehrt: «Man hätte den Betroffenen eine lebenslange Rente ausrichten müssen; Sie mögen fragen, warum – ganz einfach, wir sind für das ganze weitere Leben benachteiligt.»[542]

Die Auszahlung hinterlässt letztlich vor allem Unzufriedene. Schliesslich ist das Geld verteilt. Die Fondskommission kann aufgelöst werden.

Aus der Sicht der Behörden

Bisher habe ich mit Vorliebe Aussagen von Jenischen zitiert, weil sie die erste authentische Quelle sind. Wie erlebte die Gegenseite den Umgang mit dem Häuptling der Jenischen und Fahrenden? Der ihnen auf dem Parkett der Verhandlungen begegnete als Regierungspräsident des imaginären Kantons der Fahrenden und als Diplomat, obwohl er nie eine weiterführende Schule besucht hatte.

Ich bitte Claudia Kaufmann um ein Gespräch; von 1996 bis Anfang 2003 war sie Generalsekretärin im Eidgenössischen Departement des Innern. Sie wirkte als rechte Hand von Bundesrätin Ruth Dreifuss und verhandelte in diesen Jahren oft mit Robert Huber: bei der Öffnung der Akten, bei der Vorbereitung einer Studie über die «Kinder der Landstrasse», bei allen Belangen der Radgenossenschaft im Verhältnis zum Bund.

Oft habe sie an Tagungen mit Teilnehmern aus Verwaltung, Funktionären von Organisationen und Vertretern von Verbänden zu tun gehabt – die sich irgendwie geglichen hätten, sagt sie. Dieser Robert Huber sei anders gewesen. «Eine eindrückliche Figur im Vergleich zu vielen Leuten, denen man in der Verwaltung oder bei Verbandsvertretern begegnet.»[543] Schon äusserlich: «Ein gross gewachsener stattlicher Mann. Immer in korrekter Kleidung, mit der er einem zu verstehen gab: Ich achte die Institution, die ich besuche.» Die Ohrringchen verrieten eine Herkunft von anderswoher. Er hatte auch kein Zuhause in einem üblichen Büro. Wenn sie ihm telefonierte, konnte sie ihn nur auf dem Natel erreichen. «Immer on the road.»

Sie habe vieles lernen müssen. Einmal habe sie ihm vorgehalten, dass die Jenischen sich nicht an Abmachungen hielten, die nach zähen Verhandlungen schriftlich vereinbart worden seien. Da habe er ruhig geantwortet: «Wissen Sie, Frau Kaufmann. Das ist ein Vertrag bei den Sesshaften. Bei den Fahrenden ist es ein Stück Papier.» Was sie im Nachhinein beeindruckend fand: «Er hat nicht gesagt, es ist nichts wert. Er hat sich herausnehmen können und den Konflikt wie ein Ethnologe analysiert.»

«Herr Huber erschien als scheu und respektvoll. Aber er konnte auch fordernd und polternd sein.» Das habe sie erst verstehen lernen müssen, sagt

Claudia Kaufmann. Und sie glaubt, dass Huber sich oft im Dilemma befunden habe zwischen den eigenen Ansichten und dem Druck der Radgenossenschaft, die er vertrat. «Er hatte eine Organisation im Rücken, der er beweisen musste, dass er denen in Bern schon zeige, wo der Bartli den Most holt.» So konnte ein Gespräch geradezu herzlich enden und dann im «Scharotl» ein empörter Artikel über die Bürokraten in Bern erscheinen. Was allerdings bei Vertretern anderer Organisationen oft auch der Fall gewesen sei.

Sie habe den Eindruck gewonnen, dass das Amt als Präsident Huber manchmal belastet und unter Druck gesetzt habe. «Denn eigentlich ist er einer, der es gut haben will mit den Leuten.» Und so habe es denn etwas gegeben an diesem Sprecher der Jenischen, das ihn von vielen Interessenvertretern unterschieden habe: «Er konnte sich entschuldigen. – Er konnte poltern und heuschen, aber sich dann auch entschuldigen und sich zurücknehmen in einer Art, wie ich das von wenigen Männern erlebt habe.»

Der Bund hatte beschlossen, die lange diskutierte historische Studie über das Geschehen rund um die «Kinder der Landstrasse» in Auftrag zu geben. Doch sei es im letzten Moment zum Streit gekommen zwischen dem vom Bund bestellten Forscher, Geschichtsprofessor Roger Sablonier, und der Radgenossenschaft. Beide hätten die Studie plötzlich nicht mehr für durchführbar gehalten. Die Generalsekretärin des EDI habe zum Telefon gegriffen, weil sie die Parteien habe am Tisch sehen wollen. So habe man sich in ihrem Beisein wieder getroffen und – dazu sei Huber eben auch fähig gewesen – habe einen neuen Konsens finden können. «Wir entschuldigen uns, wie sind zu weit gegangen», habe er gesagt. Und Sablonier habe seinerseits zugestanden, dass er überreagiert habe.

So sei das Verhältnis mit den Jenischen stets «fragil» gewesen. «Es brauchte wenig, dann musste man alles neu aufgleisen.» Das Flüchtige habe sich bis in die Äusserlichkeiten gezeigt. Jenische seien an die wichtigsten Treffen in ihren Strassenjacken erschienen. «Es besagt auch: Wir gehen wieder, wann wir wollen. Wir wollen nicht festgenagelt werden.» Doch wenn eine Sache auf des Messers Schneide stand, habe Huber oft einen neuen Weg öffnen können.

Schmunzelnd erinnert sich Claudia Kaufmann daran, dass Huber auch mit der Generalsekretärin als Gesprächspartnerin Vorlieb nahm, während andere Lobbyisten deutlich zu verstehen gaben, dass sie lieber die Chefin gegenüber sitzen sähen. Der Präsident der Radgenossenschaft habe gesagt: «Frau Kaufmann, wir geschäften mit Ihnen.»

Claudia Kaufmann hat sich auf einem Block ein Wort notiert; es enthält die Bilanz ihrer Eindrücke. «Brückenbauer». Und sie sagt: «Ich habe Herrn Huber als Brückenbauer erfahren. Zu uns Sesshaften in Bezug auf die jenische Kultur. Ich denke aber auch den Jenischen gegenüber.» Und die einstige Generalsekretärin, die hinter einem riesigen Blumenstrauss auf ihrem Pult fast verschwindet, sagt: «Nur ganz wenige Leute, mit denen ich zu tun hatte, haben mich so sensibel berührt.»[544]

Die Studie von Professor Sablonier

Worum der Streit sich drehte, hält ein handschriftlicher Bericht eines Vertreters der Radgenossenschaft fest: «Auch sieht Herr Sablonier die Jenischen nicht als eine Volksgruppe, eine schlimme Haltung für diesen Studienbericht.»[545]

Professor Roger Sablonier soll an dieser Sitzung hinausgelaufen sein, wird mündlich berichtet. Die Jenischen haben ihm auch vorgeworfen, er verdiene an ihnen.

Die Radgenossenschaft hat einen eigenen Autor für die Studie portiert. Der steht in den Augen des Bundes den Betroffenen offensichtlich zu nahe.[546] Nun also Sablonier.

Die Studie des Geschichtsprofessors an der Universität Zürich und seiner beiden wissenschaftlichen Mitarbeiter kommt 1998 heraus. Sie wird den Jenischen nützen, wie sich später erweist, auch wenn diese ursprünglich dagegen gewesen sind. Bekräftigt die Untersuchung doch aus akademischer Warte: «Die stereotype Berufung auf den sogenannten ‹Zeitgeist› darf nicht dazu herhalten, individuelle Vergehen gegen Recht und Menschenwürde zu rechtfertigen und eine erhebliche Mitschuld einzelner Individuen, Gruppen und Organisationen zu verschleiern.»[547]

Der Bundesrat, der sich von den Resultaten «beeindruckt» zeigt,[548] beschliesst, eine Stiftung «Zukunft für Schweizer Fahrende» ins Leben zu rufen, die beitragen soll, dass sich so etwas nicht wiederhole.

Das Bemerkenswerteste an dieser Studie ist das persönliche Nachwort Professor Sabloniers, der in unakademischer Betroffenheit schreibt: «Die Lektüre dieser Akten wird auch für den unbeteiligten Wissenschafter zu einem geradezu deprimierenden persönlichen Erlebnis.»[549]

Der Leiter der historischen Arbeit, der angetreten ist mit der Ansicht, dass Jenische kaum als «Volk» bezeichnet werden könnten, stellt im selben Schlusswort fest, dass die Aktivität der Pro Juventute eine überraschende Wirkung gezeitigt habe: «Etwas zugespitzt könnte man sagen, die Aktivitäten des ‹Hilfswerks› hätten ‹die Jenischen› als ‹schweizerisches Zigeunervolk› überhaupt erst geschaffen.»[550]

Für ihn selber ist die Forschung eine Reise ins Land des eigenen Herkommens geworden. Denn seine Grosseltern waren von Massnahmen der Behörden gegen «Vaganten» erfasst worden. Und er war als Sohn eines Vaters, der zwar lesen konnte, aber nicht schreiben, zum Hochschulprofessor aufgestiegen. Robert Huber erzählt, er habe Sablonier einmal auf den Kopf zu gesagt: «Du bist ein Jenischer, ich kenne deine Verwandten.»[551]

Ich habe den Historiker Roger Sablonier nicht nach seiner Erinnerung an einen solchen Disput gefragt. Er erklärt jedenfalls an einem Gespräch ungefragt, er sei ja auch ein Jenischer.[552]

Der Radgenossenschaft wirft er aber weiterhin vor, Volk «im Sinne einer historischen, biologisch-herkunftsmässigen Ethnie» zu verstehen. Das verschleiere «die viel wichtigeren sozialen und sozialkulturellen Gründe von Stigmatisierung und Diskriminierung». Eine solche Auffassung sei historisch schlicht falsch und verharmlose zudem die Verfolgung Fahrender im 20. Jahrhundert, die eben nicht einfach in antiquiertem Rassismus wurzle.[553]

Angesichts der ständigen Zweifel am Bestehen einer jenischen Ethnie, erscheint das «Scharotl» ab 1996 mit dem neuen Untertitel «Zeitung des jenischen Volkes».[554]

Sabloniers Bericht wird von Bundesrätin Ruth Dreifuss an einer Pressekonferenz der Öffentlichkeit vorgestellt. Gegen den Willen des Bundesrates. Denn manche hätten gewünscht, dass nach der Debatte über die Rolle der Schweiz im Zweiten Weltkrieg – die kurz zuvor ausgebrochen ist – nicht auch noch der Deckel gehoben werde über einer anderen Brühe.

Reisen für den Holocaust-Fonds

Tatsächlich fliesst dann beides ineinander. Die Debatte über das Verhalten der Schweiz im Zweiten Weltkrieg und diejenige über die Verfolgung der Zigeuner. Die Schweiz ist von internationalen jüdischen Organisationen angeprangert worden, sie habe im Zweiten Weltkrieg sich Vermögen von Naziopfern angeeignet. Namentlich die Banken stehen im Visier.

Der Bundesrat richtet eine Expertenkommission ein, die den Umgang von

Schweizer Banken mit jüdischen Vermögen im Zweiten Weltkrieg untersuchen soll. Da sie unter der Leitung des ETH-Professors Jean-François Bergier steht, wird sie schnell auch Bergier-Kommission genannt. Es ist der Lobby-Arbeit von Robert Huber, dem Roma-Vertreter Rajko Djuric und anderen zu verdanken, dass die Kommission auch den Umgang der Schweiz mit Roma, Sinti und Jenischen zur Zeit des Nationalsozialismus erforscht. Daraus resultiert ein gesonderter Bericht über die «schweizerische Zigeunerpolitik zur Zeit des Nationalsozialismus».[555]

Weiter sollen Entschädigungszahlungen geleistet werden, wofür der Bund einen Spezialfonds schafft, der aus Geldern von Banken, Versicherungen und Industrie gespiesen wird und dessen Sekretariat die Arbeit am 1. September 1997 aufnimmt. Ansprüche für Entschädigungszahlungen aus dem Fonds können alle Holocaust-Opfer oder ihre Nachkommen geltend machen, sofern sie bedürftig sind; ein Zusammenhang zur Schweiz ist nicht gefordert. Und da auch Roma, Sinti und Jenische von den Nazis verfolgt worden sind, können auch sie Forderungen stellen. Die Opfer der Aktion «Kinder der Landstrasse» sind ausgeschlossen, da ihr Schicksal «ein eigenständiges Unrecht der Schweizer Sozial- und Minderheitengeschichte» darstelle;[556] sie haben durch den Schweizer Wiedergutmachungsfonds bereits Abgeltungszahlungen erhalten.

Ein Fondsbeirat behandelt die Gesuche; in diesen wird nebst bekannten jüdischen Persönlichkeiten der Vorsteher der Internationalen Romani-Union – der aus Belgrad stammende Rajko Djuric – berufen. Und für die Jenischen der Präsident der Radgenossenschaft – Robert Huber.

Der soll nun herausfinden, wo es jenische Überlebende europaweit gibt, die in Konzentrationslagern gesessen hatten oder von den Nazis auf andere Weise verfolgt worden sind und Ansprüche stellen können.

Huber fliegt nach Berlin, Prag, New York. Er verhandelt mit Vertretern der internationalen Bewegung in Singen und mit solchen in Texas. «Wir sprachen über die Abfindungen für die Holocaust-Opfer, über die Forderungen, die zu erheben, über die Regelungen, die zu treffen sind.»[557] Er setzt sein Sekretariat in Bewegung, ohne nationale Engstirnigkeit oder Gruppenchauvinismus, um Unterlagen zusammenzustellen über Verfolgte, viele davon deutsche Sinti, und reicht sie der Fondsleitung ein.[558]

Und er will die Gelegenheit nutzen, um das Schicksal der Jenischen, die europaweit unter Hitler litten, aufzuzeigen. Er findet in den Wäldern Vorarlbergs Menschen, auf die ihn mündliche Berichte aufmerksam gemacht haben.

«Fast auf den Knien haben mich die Leute gebeten, ich solle in den Dörfern nicht erzählen, dass sie da oben lebten, sonst seien sie gefährdet.»[559] Denn, wie er in einem Bericht an den Holocaust-Fonds formuliert: «In den umliegenden europäischen Ländern (…) werden die Jenischen noch immer als asoziale Gruppe betrachtet.»[560]

Nachweise sind oft schwierig zu erbringen: «Durch die Verfolgung», schreibt eine Betroffene, «und in Folge Vertreibung durch die Chechischen (sic!) Behörden – es ging ums nackte Leben – konnten weder Dokumente noch andere Utensilien mitgenommen werden. Es blieb mir lediglich die Erinnerung an mein Elternhaus.»[561]

Im Auftrag von Angehörigen habe ich einmal ein solches Schicksal erforscht. Ein Jenischer, dessen Angehörige regelmässig heute noch die Schweiz bereisen, erlitt in der Nazizeit nach Auskunft des Internationalen Suchdienstes des Internationalen Roten Kreuzes – in Bad Arolsen, Deutschland – Folgendes: «Georg Zepf wurde am 27. Juni 1938 in das Konzentrationslager Dachau eingeliefert, Häftlingsnummer 17733.» Häftlingskategorie: «Vorbeugungshaft AZR». Das Kürzel heisst: Arbeitszwang Reich. In den folgenden Jahren wurde er von Lager zu Lager verschoben. «Am 11. Oktober 1944 kam er zum Konzentrationslager Mauthausen/Kommando Wien-West. Er ist dort am 4. November 1944 um 19.45 Uhr verstorben, Todesursache: Auf der Flucht erschossen.»[562]

Dokumente bei der Radgenossenschaft berichten, dass auch Angehörige der grossen jenischen Familie Hartmann – die sich in die Schweiz hinein verzweigt – in Konzentrationslagern waren.[563]

Auf der Suche nach letzten Überlebenden der Verfolgungen also reist Huber durch halb Europa. Wenn einer der Menschen, die er trifft, den Ärmel hochkrempelt und die tätowierte Nummer zeigt, ist offensichtlich, dass dessen Bericht übers KZ stimmt. Nicht nur aus Westeuropa, aus Polen und der tiefsten Ukraine tragen die Beauftragten Namen zusammen.

Auch bei dieser Geldverteilung versucht mancher zu maximieren. Es kommt zu Unregelmässigkeiten. Als Journalist konnte ich mit einem 70-jährigen polnischen Zigeuner sprechen, der Zwangsarbeiter in Polen gewesen war und Schützengräben für die Nazis ausgehoben hatte. Er erzählt mir vom Tag, an dem eine lokale Roma-Organisation in einer Kneipe in Polen Geld aus dem Schweizer Fonds auszahlte. «Wir erhielten 1500 neue Zloty.» Dass dem Mann und seiner Frau statt 1500 polnische Zloty in Wirklichkeit ebenso viele Schweizer Franken, also das Doppelte, zugestanden hätte, erfuhr er erst später. Die

Differenz hatten die mit der Auszahlung Beauftragten eingesteckt.[564] Die Fondskommission in Bern wird stets abstreiten, dass es zu solchen Betrügereien gekommen war; die Kontrollstelle habe alles überprüft.[565]

Ohnehin versandet mit der Zeit das Interesse, wirkliche Opfer zu finden. Huber kehrt zurück von einem Besuch im Roma-Zentrum in Berlin mit einem Karton voller Lebensgeschichten. «Ich bin damit nach Bern gefahren und erhielt von der Fondskommission die Nachricht, man sei überlastet. Diese Akten werde man nicht mehr anschauen können.»[566] Sie lagern noch heute im Archiv der Radgenossenschaft.

So tritt Huber im Juni 1999 vorzeitig aus dem Beirat zurück. Weil er nicht habe vertreten können, dass die später Gekommenen immer weniger und dann gar nichts mehr erhielten.[567] Die Lobby der Zigeuner ist weniger stark als jene der jüdischen Opfer, die solches nicht zugelassen hätte.

Das Familienleben leidet

Huber ist aufgerückt zum nationalen Politiker, hat sich auf Reisen begeben als eine Art internationaler Vermittler, hat mittendrin gestanden im Wirbel um «Wiedergutmachungen» für die Kinder der Landstrasse und um Entschädigungen für Holocaust-Opfer.

Sein Wirken hinterlässt institutionelle Spuren. Im selben Jahr, da Sabloniers Studie über die «Kinder der Landstrasse» abgeliefert wird, 1997, tritt die Stiftung «Zukunft für Schweizer Fahrende» ins Leben, deren Ziel sein soll, die Lebensbedingungen der fahrenden Bevölkerung in der Schweiz zu sichern. Robert Huber ist skeptisch. Im Vorstand befinden sich die Fahrenden statutengemäss in der Minderheit. Menschen, die nie im Wohnwagen gelebt haben, sind entscheidungsmächtig. Der Bund finanziert die Einrichtung.

Wieder blickt Huber zweifelnd. Dient die Stiftung der diskreten Überwachung der Radgenossenschaft? Will sie die Fahrenden mit sanftem Druck auf Wege bringen, die den Vorstellungen des Bundes entsprechen? Vor allem wenn er, er selber, einmal nicht mehr sein wird? – Aus Sicht der Stiftungsratsmitglieder ist dies gewiss abwegig; die Stiftung betont ihre Zusammenarbeit mit der Radgenossenschaft. Sie ruft dazu auf, Vorurteile gegenüber den Fahrenden abzubauen, und fordert auf, den Fahrenden den ihnen zustehenden Raum zu geben.[568]

Es gibt durchaus Jenische, die das Wirken der Stiftung schätzen. Doch wenn Huber so manche Stürme überlebt hat, dann auch, weil er sich von einer stets misstrauischen Witterung leiten lässt. Er ist kein Politiker, der durch die Schulen des Rechts oder die Schleusen der Verwaltung gegangen ist, baut nicht auf die Fundamente der Paragrafen und die Gerüste von Institutionen. Er hat kein Geld und keine Wirtschaftsmacht hinter sich. Er ist ein Naturtalent im Geschäft, ein politisches Tier, das weiss, dass es sich letztlich nur auf seine eigene Kraft verlassen kann.

Auch im Privaten ist er zum jenischen Patriarchen geworden; er steht mitten in einer Grossfamilie als «der Olmische», der Alte. Unduldsam kann er sein. «Hatte er beim Heimkehren nachts um elf Uhr Lust auf ein Fondue, musste ein Fondue her», erinnert sich Sohn Daniel.[569]

Selten ist man en famille. Ein Telefonanruf, und Huber muss hinaus, so wird es erwartet, so will er es selbst. Betreffe es nun Platzfragen, einen Nachbarschaftsstreit, Schwierigkeiten mit Sozialleistungen. Und mancher Fall ist ein Sonderfall, wo eben keine Standardlösung sich anbietet.

Der Anruf gestern etwa, der ihn auf den Standplatz Eichrain geführt hat. «Es ging um etwas, das man auch telefonisch hätte besprechen können», erklärt er, «die Umbettung einer Verstorbenen. Der Mann der Verstorbenen wollte die Überreste umbetten und hätte das auch tun können. Aber es rief allerhand Gerüchte hervor. Es gab Leute, die sagten, seine Frau sei nicht im Sarg gelegen, als die Beerdigung stattgefunden hatte.»[570]

Radgenossenschaft hier, Radgenossenschaft dort, das Familienleben leidet. An jedem Nachmittag kann in die Wohnung ein halbes Dutzend Leute einfallen, die eine Sache zu besprechen haben. Und selbst an Weihnachten habe es geschehen können, dass Robert kurz vor dem Auftischen sagt, er müsse noch schnell weg, weil einer ein Problem habe. Und dann zurückkehrt, als die Suppe erkaltet und das Fleisch ausgetrocknet ist.[571]

Es zehrt auch am Geld. Denn in der Zeit, da Huber für die Radgenossenschaft herumrennt, geht er keiner Geschäftstätigkeit nach. Für die Vereinsarbeit erhält er anfänglich keinerlei Spesenvergütung. Er ist nach einiger Zeit offenbar nicht mehr der reiche Mann von vordem.

Robert und seine Frau Gertrud leben sich auseinander. Und Sohn Daniel fasst den Vorsatz, dass er nie Präsident der Radgenossenschaft werden wolle – «denn dann bist du Allgemeingut».[572] Ein Vorsatz, den er nicht wird einhalten können.

Scheidung und zweite Heirat

Neben der politischen Arbeit und dem eigenen Geschäft findet Huber Zeit für Ferien in der halben Welt. Ohne seine Frau. Er marschiert durch den Busch, unbekümmert um Schlangen. Kauft in Caracas irgendwelches Land. Dass eine neue Frau im Spiel ist, merken die Kinder nicht sogleich.

«Auch sie hat neue Beziehungen aufgebaut», sagt Huber über seine Frau, «ich kann ihr keinen Vorwurf machen.»[573]

Eines Tages kommt Huber von Afrika zurück. Seine Frau Gertrud, die zwar an den Flughafen gekommen ist, um ihn zu begrüssen, verabschiedet sich schnell, sie müsse noch Einzahlungen machen. So fährt er allein ins Winterquartier auf dem Leutschenbach-Standplatz. Wo ein Telefonanruf kommt von derselben Gattin, die ihm mitteilt, sie wolle sich scheiden lassen. Dass die Schränke zu Hause schon leer sind, hat Huber noch nicht einmal gemerkt.

«Ich habe ihr gesagt: ‹Du kommst mir entgegen.›»[574] Und so ist Schluss nach 28 Jahren Ehe. Es wird der Scheidungsvertrag aufgesetzt, friedlich, sagt Huber.

Für die Kinder ist es dennoch ein Schlag – «Ich habe Jahre daran gekaut», sagt Daniel.[575] Das gemeinsame Reich auseinandergebrochen. Keine gemeinsamen Weihnachten mehr. Keine gemeinsamen Geburtstagsfeiern. Denn die Geschiedenen werden keinen Kontakt mehr pflegen miteinander. Robert Huber kommentiert: «Wenn meine Kinder scheiden würden, müsste ich das auch hinunterschlucken, ob ich möchte oder nicht.»[576]

In Südamerika also hat er eine Frau kennengelernt, als er einen Freund besuchte. Im venezolanischen Porto La Cruz. «Es war wie ein Blitz. Alles hat sich verändert von einem Tag auf den andern.»[577] Oder von einer Nacht auf die andere.

Gloria hat indianisches Blut und stammt aus Kolumbien. 1991 ist ein gemeinsames Kind zur Welt gekommen, Roberto Antonio wird der Bub genannt, oder zärtlich: Tito. Hubers Kinder in der Schweiz werden erst später erfahren, dass sie einen Halbbruder haben. Erst als es das Gerücht in die Schweiz trägt und die Kinder den Vater darauf ansprechen. Es gibt Unfrieden. Nach einiger Zeit habe sich auch das gelegt.

Die Hochzeit im selben Jahr, drüben auf dem andern Kontinent, wird eine Grande Fiesta. Die halbe Stadt sei zusammengekommen.

Die zweite Gattin des jenischen Häuptlings hat indianische Wurzeln. Huber hat ihre Grossmutter noch kennenlernen dürfen, eine Indio-Frau, die in Lehmhütten gross geworden ist, die noch um die Geheimnisse der Natur weiss und um das unsichtbare Geschehen. «Fliegt ein bestimmter Vogel aufs Dach und gibt seinen Laut, sagt sie: ‹Jetzt stirbt einer.› Und sie hat recht.»[578]

Robert Huber verbringt fortan einen Teil des Jahres in Kolumbien, seiner neuen Heimat.

Angst vor Gettoisierung

Die grosse Zeit der jenischen Bewegung scheint vorbei. Der Präsident und sein Büro beschäftigen sich vermehrt mit Alltagssorgen der Leute. Manche Jenische haben sich in ihrem Wohnwagen etabliert wie andere in ihrem Einfamilienhaus. Betritt man einen solchen, ist man in einer gutbürgerlichen Stube: Einbauküche, Fernseher, Sitzgruppe in der Ecke und ein Buffet in dunklem Holz mit Glastürchen. An den Schränken glänzen Messingknöpfe. Hinter einer Trennwand das Schlafabteil mit dem selten fehlenden Hausaltar: eine Figur der Maria – oder die schwarze Göttin Sara – und eine in Einsiedeln geweihte Kerze oder Weihwasser aus Lourdes. An den Wänden hängen oft Fotos der Eltern und Geschwister.

Im Zentrum der Jahresberichte der Radgenossenschaft stehen heute die Probleme rund um Stand- und Durchgangsplätze. Um die Ordnung darauf, um die Mietpreise, um die Schaffung neuer Plätze. Denn solche sind gesucht: Vermehrt wollen junge Jenische wieder auf die Reise.

Immer noch kümmert sich Robert Huber, mittlerweile 20 Jahre Präsident, selber um manches Detail. Wir fahren auf den Platz in Cazis, in derselben Gemeinde, wo auch die Korrektionsanstalt Realta steht, die Robert Huber von innen kennt. Doch nun kehrt er hierher zurück als Autoritätsperson. «Don Roberto» grüsst ihn einer auf dem Platz, als wir einfahren. Fast niemand ist da: eine Mutter mit zwei Kindern, ein an Parkinson leidender Alter und seine Frau. Doch Autos stehen herum. «Alle ausgeflogen», lacht Huber. «Weil ich immer etwas zu reklamieren habe.»[579] Er hat sein Kommen angekündigt.

Und Don Roberto wird den Erwartungen gerecht. Er beanstandet, dass die Bewohner ihre Autos wieder auf dem Platz zwischen den Baracken abgestellt haben, der für die Kinder und das Siedlungsleben reserviert bleiben soll. Dabei sei am Rand der Siedlung für sie ein Parkplatz realisiert worden. Auch wir haben ihn nicht benutzt und sind in die Siedlung gefahren.

Die Frage des Lebensraums ist ein Dauerbrenner, weil viele Gemeinden es ablehnen, ein Grundstück für Fahrende freizuhalten. «Wir möchten es aber nicht unterlassen, Sie darauf aufmerksam zu machen, dass unsere Gegend nicht nur aus dem Dorf Buchs besteht. In unmittelbarer Nähe befindet sich zum Beispiel auch das Fürstentum Liechtenstein», schreibt etwa der Gemeinderat des St. Gallischen Buchs 1987 als Antwort auf eine Anfrage der Radgenossenschaft.[580]

May Bittel – der sich als Sinto bezeichnet[581] und als Prediger durchs Land zieht – geht vor Bundesgericht, unterstützt von der Radgenossenschaft, in deren Vorstand er sitzt. Er hat ein Stück Land im Kanton Genf erworben und darauf seine Wohnwagen hingestellt. Doch die Gemeinde hat ihm vorgehalten, was im kantonalen Gesetz steht: «Der Gebrauch von Wohnwagen als Wohnung ist nur den Berufsschaustellern erlaubt.» So das Gesetz über verschiedene Bauten und Einrichtungen, Artikel 111.[582]

Gegen die Wegweisung hat er Einspruch erhoben. «Auf öffentlichem Grund gibt es keine Plätze, in der Landwirtschaftszone dürfen wir nicht wohnen, das ist eine Diskriminierung», erklärt er mir einmal mit Predigerpathos.[583]

Bittel sieht nichts weniger als die Niederlassungsfreiheit bedroht, die Freiheit für Fahrende, auf dem ganzen Territorium der Schweiz anzuhalten.

Das Lebensrecht der Fahrenden ist in der neuen Bundesverfassung, die 1999 in der Volksabstimmung angenommen wurde, garantiert: «Niemand darf diskriminiert werden, namentlich nicht wegen der Herkunft, der Rasse, des Geschlechts, des Alters, der Sprache, der sozialen Stellung, der Lebensform, der religiösen, weltanschaulichen oder politischen Überzeugung oder wegen einer körperlichen, geistigen oder psychischen Behinderung.»[584] Zur «Lebensform» der Fahrenden gehört, dass sie im Wohnwagen wohnen.

2003 bekommt Bittel Recht. Der Staat müsse Massnahmen treffen, damit die «Nomaden» ihre Lebensweise beibehalten könnten. Ein wegweisendes Urteil: Die Kantone müssen Plätze zur Verfügung stellen.[585]

Huber, der zwei, drei Schritte weiterdenkt, setzt schon wieder Fragezeichen. Die Schaffung von Plätzen durch die Kantone berge auch Gefahren. Die Gefahr der Gettoisierung.

Wenn es nämlich gelingen sollte, das Netz der offiziellen Stand- und Durchgangsplätze zu erweitern und dichter zu knüpfen, könnten Gemeinden auf die Idee kommen, einer fahrenden Familie auszurichten: Wir lassen euch nicht mehr auf unserem Gebiet anhalten, ihr habt ja nun anderswo einen offiziellen Platz. Der Wille von Landbesitzern, den Fahrenden spontan ein Stück

Wiesland zur Verfügung zu stellen, könnte schwinden. «Es heisst dann schnell, ihr könnt ja dorthin und dahin.»[586] Das Resultat wäre eine Art Nationalpark für Fahrende, die Beschränkung ihres Lebensraumes auf die offiziellen Plätze.

Darum sagt Huber: «Der Spontanhalt darf nicht unterbunden werden.»[587] Oder umgekehrt: Man müsse den «Spontanhalt» legalisieren. Man solle auch künftig mit einem Bauern oder einem anderen Landeigentümer vereinbaren dürfen, dass der Wagen gegen Entgelt auf seinem Boden stationiert werden dürfe.

Kleinarbeit

Jeden Montagmorgen – wenn er denn in der Schweiz lebt – trifft Robert Huber ein im Büro der Radgenossenschaft, das an die Hermetschloostrasse im Industriegebiet zwischen Altstetten und Schlieren gezogen ist. Wo es oft Kleinkram zu erledigen gibt, Einzelfälle, die eine Sekretärin ihm vorlegt.

Beispiel: Der Fall Rüttenen, eine Gemeinde am Jurafuss bei Solothurn. Eine jenische Familie hat sich vor 20 Jahren am Rand eines Steinbruchs niedergelassen, in einer Gewerbezone. Der Firmenchef hatte das freundschaftlich erlaubt, obwohl eigentlich nur betriebsnotwendige Wohnungen zulässig wären. Man wohnt hinter Gebüsch, den Blicken der übrigen Bevölkerung entzogen, hat vier Mobil-Homes hingestellt und die Behausung allmählich komfortabler gestaltet. Die Besichtigung zeigt: Die Wagen sind mit Holz verschalt, das Innere ist hübsch furniert, im Gärtchen steht ein riesiger Gartenzwerg.[588]

Weiterhin lebt die Familie bescheiden: Doch Strom ist zugeführt worden, eine Heizung installiert, zu beidem hat eine Behörde ihren Segen geben müssen; die Baukommission hat den Beschwerdeführern das Aufstellen eines Heizöltanks bewilligt, der mit der offiziellen Plombe versehen ist.[589] Nur Wasser wird wie seit Jahren in einer Milchtanse angeschleppt. Und immer noch stehen die Bauten auf Rädern, worauf der Besitzer den Besucher wiederholt hinweist; damit gälten sie als bewegliche Bauten, als Fahrnisbauten.[590]

Und nie habe die Familie Sozialleistungen bezogen!

Von Ärger mit der Dorfbevölkerung in der Nähe ist nichts bekannt. Irgendwann kommt der Sohn ins schulpflichtige Alter. Und dann findet die Gemeinde, die illegal erstellten Bauten müssten weg. Sie fordert die Familie auf, den Rückbau vorzunehmen und den Standort nur noch von November bis April zu nutzen. Es bedeutet den Entzug der Lebensgrundlage.

Die Radgenossenschaft wird eingeschaltet. In einer Stellungnahme erklärt die Gemeinde listig: «Offenbar gehören die Beschwerdeführer zwar den Fahrenden an, leben aber deren Lebensweise nicht mehr.»[591]

Seien sie doch oft für lange Monate auf dem Platz anzutreffen. In diesem Fall gelingt es, auch die Gesellschaft für die Minderheiten in der Schweiz beizuziehen, die in einem Schreiben an die Gemeinde darauf aufmerksam macht, dass die Kantone gemäss Entscheid des Bundesgerichts – wir erinnern uns an den Fall des Pastors May Bittel – eben verpflichtet seien, «Stand- und Durchgangsplätze für die Fahrenden zu schaffen und schulpflichtigen Kindern den Schulbesuch zu ermöglichen».[592]

Und da der Kanton Solothurn mit einer Ausnahme keine Plätze für Fahrende anbietet, appelliert die Gesellschaft an die Gemeinde, die Familie zu dulden. Wieder kommt es zum Prozess.

In erster Instanz urteilt das Solothurner Verwaltungsgericht zugunsten der Jenischen, dass diese ihre jahrelang geduldeten Bauten nicht abreissen müssten, so lange kein anderer Lebensraum für sie im Kanton bestehe; Fahrende seien «im Kanton Solothurn noch weitgehend auf ‹Goodwill› angewiesen, wenn sie irgendwo Halt machen wollen».[593]

Die Gemeinde rekurriert ans Bundesgericht. Die «Stiftung Zukunft für Schweizer Fahrende» formuliert für die jenische Seite die Antwort.[594]

Manchmal sind Interventionen erfolgreich, manchmal nicht. Oft geht es um Probleme mit den Fürsorgebehörden, denn zum Ärger von Robert Huber würden manche Jenische lieber fürsorgeabhängig, als dass sie versuchten, sich aus eigener Kraft durchzuschlagen.[595] Auch ihnen muss er helfen. Er wünscht sich, die Radgenossenschaft könnte in manchen Fällen einen Anwalt beauftragen, doch den kann sie sich nicht leisten.

Die traditionelle Abneigung von Jenischen gegen jede Art Bürokratie macht das Leben für die Organisation der Jenischen und Fahrenden nicht leichter. Zumal die Organisationsvielfalt sich weiter aufgefächert hat. Es sind junge Initiativen entstanden, die ausserhalb der Radgenossenschaft wirken und zeitgemäss das Internet als organisatorischen Kitt bevorzugen: Gruppen, die sich jenisch «Schinagl» nennen – Arbeit – und die übernational tätige Organisation «Schäft qwant» – was heisst: Eine gute Sache.[596] Die einen mögen das wieder als Spaltung empfinden. Es wird, so glaube ich, erneut dazu beitragen, die Sache weiterzubringen und die Kraft einer Bewegung zu erhalten, die nie der Einstimmigkeit verpflichtet war.

Die Anerkennung als Minderheit

Trotz der beschränkten Mittel und der organisatorischen Schwäche der Radgenossenschaft – und der anhaltenden Meinungsverschiedenheiten im eigenen Lager – gelingt es den Jenischen immer wieder, sich Gehör zu verschaffen. So wurde etwa die Vielzahl von Gewerbepatenten beseitigt – jeder Kanton hatte seine eigenen Bestimmungen, jede Verordnung ihre eigenen Gebühren, jede Gemeinde ihre eigene Art, all das in die Praxis umzusetzen. Seit 2003 ist eine kantonale Bewilligung für die Ausübung des Reisendengewerbes in der ganzen Schweiz fünf Jahre gültig.

Das Verhältnis mit dem Kanton seiner Herkunft, Graubünden, hat sich entspannt. Auch weil der Kanton gegenüber den Jenischen Verständnis zu entwickeln begann. In Bonaduz kann dank einem mitreissenden Gemeindepräsidenten ein mustergültiger Standplatz eingerichtet werden. Und wenn Huber zum Hörer greift, um den Departementssekretär der Justizdirektion, Claudio Candinas, zu kontaktieren, findet er ein offenes Ohr.

Die grösste Genugtuung hat das einstige Kind der Landstrasse, Huber, erlebt, als die Eidgenossenschaft die Fahrenden als nationale Minderheit anerkennt.

Wobei festzuhalten ist, dass in neuerer Zeit nicht mehr versucht wird, einem Volk bestimmte Eigenschaften zuzuschreiben, damit es als Volk gilt. Sicher spielen gemeinsame Sprache, Lebensformen und historische Schicksale eine Rolle. Das Übereinkommen über eingeborene und in Stämmen lebende Völker in unabhängigen Ländern, verabschiedet von der Internationalen Arbeitsorganisation (ILO) 1989, bestimmt: «Das Gefühl der Eingeborenen- oder Stammeszugehörigkeit ist als ein grundlegendes Kriterium für die Bestimmung der Gruppen anzusehen (…).»[597]

Auch die neuere Wissenschaft beschränkt sich vernünftigerweise auf die Aussage: «Jenische sind Personen, die sich selbst als Jenische bezeichnen.»[598] Der Historiker Thomas Huonker schreibt denn auch kurz und klar: «Sind die Fahrenden in der Schweiz ein Volk? Sicher, denn sie erheben den Anspruch darauf, ein Volk zu sein. Mehr braucht es nicht, eines zu sein.»[599]

Schon bei der Schaffung der Stiftung «Zukunft für Schweizer Fahrende» hatte eine Kommission des Nationalrates festgestellt, «dass das Fahrende Volk eine ethnische und kulturelle Minderheit der Schweiz ist (…)».[600]

1997 schliesst sich die Schweiz der europäischen Charta der Regional- oder Minderheitssprachen an, woraufhin sie das Jenische anerkennt.[601] «In der Schweiz können zwei Sprachen als nicht territorial gebundene herkömmliche Sprachen bezeichnet werden: das Jenische, die Sprache der Schweizer Fahrenden, sowie das Jiddische, die Sprache der Schweizer Juden», so die offizielle Position.[602] Und mit dem Entschluss von 1998, das Rahmenübereinkommen des Europarates zum Schutz nationaler Minderheiten zu unterzeichnen, schafft der Bund die Voraussetzung, um die schweizerischen Fahrenden in den Rang einer nationalen Minderheit zu erheben.[603] «Die Jenischen bilden die Hauptgruppe der Fahrenden schweizerischer Nationalität; es leben indes auch andere Fahrende in der Schweiz, die zumeist der Gruppe der Sinti (Manusche) angehören», heisst es in einem eidgenössischen Bericht über den Schutz nationaler Minderheiten.[604] Damit geniessen die Fahrenden in der Schweiz einen europaweit bisher einmaligen Schutz.[605] Wenn auch einen prekären.

In den Vereinbarungen werden die Begriffe nicht klar verwendet. Mit dem Begriff «Fahrende» sind nicht nur Jenische gemeint, Sinti und auch Roma sind eingeschlossen, denn es interessiert weniger die Einheitlichkeit der Ethnie als vielmehr die Besonderheit der Lebensform. Umgekehrt werden Fahrende anderswo wieder mit Jenischen gleichgesetzt, etwa im zitierten Bericht der Schweiz zur Umsetzung der Sprachencharta, wo das Jenische schlicht «die Sprache der Fahrenden» genannt wird.[606]

Fahrende? Jenische? Für Huber ist klar: «Die Jenischen sind eine anerkannte Minderheit.»[607] Das verpflichtet die Schweiz, Massnahmen zu ergreifen, um ihre Lebensgrundlagen zu sichern.

Andere europäische Länder haben die Jenischen und Fahrenden nicht anerkannt. Die Schweiz mit ihrer langjährigen Erfahrung im Umgang mit Minderheiten, von den Rätoromanen über Juden und Katholiken bis hin zu den Jurassiern, hat da offensichtlich einen ungezwungeneren Zugang, mag auch der Begriff nicht immer scharf sein – sind jeweils die Jenischen gemeint oder alle Fahrenden? Wogegen etwa in Deutschland Widerstände selbst bis in Akademikerkreise bestehen, wo man die Jenischen und Fahrenden nicht als ethnische Minderheit sehen will, offenbar weil sich diese Volksgruppe nicht sauber durch Abstammung definiert.[608]

Die Anerkennung der Jenischen und Fahrenden ist eine tiefe Genugtuung für jenen Röbi Huber, der sich als junger Mann geschworen hatte: Ich werde einmal etwas unternehmen gegen jene, die all das Unrecht verübt haben.

Die Anerkennung bleibt brüchig. Denn etwas gelingt nicht: die Existenz der Jenischen und Fahrenden in der Bundesverfassung zu verankern, wie die

Radgenossenschaft an einer Pressekonferenz schon 1989 verlangt hat. «Es sei an der Zeit, neben den Deutschschweizern, den Romands, den Tessinern und den Rätoromanen auch die Fahrenden als ethnische Minderheit in der Schweiz anzuerkennen und ihnen das verfassungsmässige Recht auf ihre eigene Lebensweise zuzugestehen (…)», berichtet die Schweizerische Depeschenagentur 1989 aus einer Pressekonferenz der Radgenossenschaft.[609]

Robert Huber hat die bevorstehende 700-Jahr-Feier der Eidgenossenschaft nutzen wollen, um die jahrhundertelange Zugehörigkeit der Fahrenden zur Alpenbevölkerung auf dem Schweizer Territorium in der Verfassung festzuschreiben. Am Ende jenes Jahres spricht Huber in einem «Weihnachtswort des Präsidenten» den Wunsch aus, «dass unsere Kinder in Zukunft das Weihnachtslied wieder in jenischer Sprache singen können».[610]

Der Anklang bei den Parteien ist zu gering.

Neue Lebensformen

Im vergangenen Vierteljahrhundert ihrer Renaissance haben sich die Jenischen verändert. Die kleinen Wohnwagen sind durch grossräumige «Hymer» ersetzt, wie die neuen Wagenmarken heissen. Wenn sie nicht selbst fahren, sind Allrad-Fahrzeuge davor gespannt statt des kraftlosen Opel, des klapprigen Ford, des rostigen Chevrolet von einst. Man kann die grossen Gefährte nicht mehr unauffällig in einem Waldweg abstellen. «Wenn ich zurück könnte… Ich möchte noch einmal so leben wie damals», sagt Huber. «Trotz aller Mühe und Not war Jenisch-Sein noch etwas Spezielles.» Auch weil man noch enger im Kreis der eigenen Leute gelebt habe.[611]

Vorbei die Stunden der Geistergeschichten. Vorbei die Jagd auf Dachse, die man für einen geschmackvollen Eintopf brauchte. Vorbei das grosse gemeinsame Feuer.

Der Fernsehapparat liefert die Unterhaltung in den Wohnwagen. Man trinkt allenfalls noch «en Laschi» – einen Kaffee – beim Nachbarn. Auf manchen Plätzen ist Feuermachen verboten.

Die «Schäreschliifer» arbeiten nicht mehr mit Handschleifmaschinen, sie haben in ihren Kleinbussen den Stromerzeuger eingebaut. Besitzen ausgeklügelte Scheiben, die einen Wellenschliff erzeugen können. Bieten Schnellservice. Und haben sich neue Arbeitsfelder erschlossen in den Büros, wo Aktenvernichter geschärft werden müssen. Sie gehen nicht mehr von Tür zu

Tür und betteln um Arbeit. Sie haben ihre fixen Kundenlisten und kleben einen Zettel aufs Gerät mit dem Termin, der besagt, dass sie in einem Jahr den nächsten Service machen werden.

Eine Jenische hat aus dem Tschuggel – dem Hund –, der zu mancher Familie gehört, einen Erwerbszweig gemacht und züchtet welche. Viele Fahrende sanieren Häuser, führen Steinreinigungen aus, reparieren Dächer, was früher kaum einer getan hat. So ist der eine und andere zum modernen Grossunternehmer geworden, und einzelne wurden Millionäre.

«Sieh einmal diese Rollläden!», sagt Jeremy, als wir durchs Hinterthurgau fahren. «Die würden eine Reinigung vertragen.» – «Ja», lacht Robert Huber; «anklopfen und sagen: ‹Der Nachbar hat schönere Läden, wollen Sie das auf sich sitzen lassen?›»[612]

Heute ist es auch nicht mehr verpönt, einen Beruf bei Sesshaften zu lernen. Als Automechaniker, Köchin, Goldschmied. Die Kinder besuchen Schulen, obzwar manch Älteren das Verständnis dafür fehlt, weil sie selbst nicht schreiben können. «Was auf einem Scheck steht, wissen sie allerdings allemal», sagt Huber.[613] Die Jenischen zahlen Steuern, entrichten AHV-Beiträge, Krankenkassenbeiträge, leisten Militärdienst – wie die übrigen Bürger. Und sie sind rentenberechtigt, auch Huber hat die AHV.

Manche haben sich angepasst in ihrer ganzen Lebensweise. Einzelne haben selbst ihren Namen geändert, damit sie nicht mehr als Jenische erkennbar sind. Und andere wollen einfach nichts mehr mit dieser Herkunft zu tun haben.

Als ich für einen Artikel in der «NZZ am Sonntag» über den kurz zuvor verstorbenen Bündner Volksmusiker Heiri Kollegger aus Alvaneu recherchiere, habe ich das erfahren. Ich schrieb vom jenischen Kulturhintergrund des Musikers im Textentwurf, den ich den Angehörigen vor der Publikation zukommen liess. Denn ein Vorfahr des Verstorbenen war einer der ganz Grossen unter den jenischen Musikern und Komponisten gewesen, dem Stücke zugeschrieben werden wie der «Zainaflicker» oder der «Obervazer Fecker-Schottisch», worauf ich im Text anspielte.[614] Ich erhalte ein Mail von einem Familienangehörigen: «Habe auch die revidierte Fassung des Textes meinen Geschwistern zugestellt. Es ist in der Folge eine währschafte Diskussion darüber entbrannt, ob unsere Familie mit Jenischen und/oder Fahrenden in Kontakt gebracht werden soll oder nicht. Den einen – und dazu zähle ich mich – ist das mehr oder minder egal. Die anderen aber – und das ist die Mehrheit – legen Wert darauf, dass unsere Familie nicht mit Fahrenden oder Jenischen (übersetzt:

Halunken) in Kontakt gebracht wird. Nicht etwa, weil die Vergangenheit ausgeblendet werden soll, sondern weil ein Konnex nicht erwiesen ist.»[615]

Nun, der Artikel erscheint – mit einigen Änderungen –, und ein anderer Sohn des Verstorbenen dankt wieder per Mail herzlich dafür und fügt die Bemerkung hinzu: «Erlauben Sie mir, mich für die Umtriebe in aller Form zu entschuldigen. Das Thema ‹Jenisch› ist in unserer Familie mit starken Emotionen besetzt, wie Sie sicherlich bemerkt haben.»[616]

Auf dem Standplatz in Cazis spreche ich später mit einem Kollegger über das Tabu der Herkunft, mit Elvis. «Es haben alle einmal Hund gefressen», sagt der mit Blick auf Angehörige seines Familienverbandes, die nicht mehr dazugehören wollen.[617] Doch jeder soll seine Identität wählen können. Die Wahl der ethnischen Zugehörigkeit ist ein individuelles Recht.

Robert Huber, der den Weg zurückgefunden hat zu den Jenischen, urteilt härter. Mehr als einmal sagt er: «Wir haben viele lebende Leichen.» Und erläutert: «Leute, die jenisch sind, aber es nicht zugeben können wegen der Arbeit oder dem Umfeld oder weil sie sich schämen und ihre Abstammung verleugnen.» Auch das sieht er als Resultat der «Säuberung der Landstrasse».[618]

Bei den Betonjenischen

Es seien – wir haben es erwähnt – 30 000 oder gar 35 000 Menschen in der Schweiz, die sich als Jenische verstehen oder jenische Wurzeln haben, so wird geschätzt. Fahrend ist nur eine Minderheit, einige hundert vielleicht, die bei Frühjahrsbeginn auf die Reise gehen. Doch diese Minderheit bildet weiterhin den kulturellen Kern des jenischen Volkes.

Andere haben sich eingerichtet in Mietwohnungen oder in einem Einfamilienhaus. «Betonjenische» spötteln die Fahrenden schnell einmal. Die Radgenossenschaft will beide vertreten, die Fahrenden wie die Sesshaften.

Huber hat zu tun in der jenischen Siedlung Eichrain und nimmt mich mit. Am Rand der Stadt, neben der N1 in Zürich-Seebach, hat die Stadt den Fahrenden Boden zur Verfügung gestellt und Darlehen gewährt an Bauwillige. Da stehen zwei Dutzend ein- und zweistöckige Einfamilienhäuschen, in Pastellfarben gestrichen: hellblaue, hellviolette, hellorange Klötzchen, meist mit einem Balkon und Blumen drauf. Springbrunnen und grosse Gipsfiguren. Jedes hat sein Gärtchen, zur Strasse hin den Briefkasten, da finden sich auch nummerierte und reservierte Parkplätze. An dieser oder jener Ecke steht allenfalls noch ein Wohnwagen oder eine Containerbaracke. Eine fast normale Wohnsiedlung ist diese Anlage mit ihren derzeit rund 30 Häuschen. Nur dass man auf den Veranden Leute «jenisch tiibere» hören kann, jenisch sprechen. Und dass der Durchgang Unbefugten verboten ist. Von aussen nicht zu sehen ist, dass die Bewohner keine Eigentümer sind. Sie können gemäss Vertrag innert dreier Monate gekündigt werden von der Stadt, etwa wenn sie sich auffällig verhalten.

Der Platz ist zustande gekommen dank dem Druck der Radgenossenschaft. Aber glücklich ist der Präsident nicht damit. «Sind das Fahrende?», fragt er rhetorisch. Huber erwähnt ähnlich bebaute Plätze, bei Bern etwa, in Spreitenbach auch, und er schimpft: «Das ist die wissentliche oder willentliche Sesshaftmachung der Fahrenden.»[619]

Zugegeben, fährt Huber fort: «Die Bewohner haben ihre Häuser ja selber gebaut.» Die Jenischen hätten sich zudem nicht mit einem Stockwerk begnügen wollen, nein, sie wollten zweistöckig bauen können. Sarkastisch, wie Huber sein kann, sagt er: «Zuletzt werden sie Wolkenkratzer aufstellen.»[620]

Die Mentalität sei eben nicht mehr dieselbe. «Man hat ein Haus für 300 000 Franken, einen ‹Hymer› für 140 000 und einen Mercedes; man braucht aber noch ein Ferienhaus und eine Absteige in der Stadt Zürich.»[621]

Was der alte Kämpfer sieht, schlägt seinen einstigen Idealen ins Gesicht. So hatte er sich sein jenisches Volk nicht vorgestellt, als er in den ersten hölzernen Wohnwagen stieg und sich zu den Fahrenden gesellte. Ich halte ihm mein Tonband hin, werde absichtlich ein wenig formell: «Am Ende deiner Aktivität in der Radgenossenschaft frage ich dich angesichts solcher Siedlungen, hast du nun eigentlich gewonnen oder hast du verloren?» Huber antwortet: «Vieles ist verloren gegangen. Vielleicht wiegt der Verlust an Freiheit schwerer als das, was wir gewonnen haben.» Er fügt hinzu, es tönt wie eine Bitte um Entschuldigung: «Aber unsere Leute wollen das.»[622]

Ein letztes Projekt: Die Sprache

Demgegenüber steht ein anderer Trend. Es gibt auch solche, die zurückkehren zu ihrem Ursprung, vermehrt sind da Junge, die sich zu ihrem Jenisch-Sein bekennen. Es entstehen gar neue Geschlechter, aus Mischehen mit Sesshaften oder mit immigrierten Ausländern – Huber kennt Thailänderinnen, die hausieren gehen wie die altjenischen Frauen.

Eine Karte hat der alte Politiker Huber noch im Ärmel. Ein Projekt hat er noch aufgegleist in seiner letzten Amtszeit als Präsident. «Die Veröffentlichung der jenischen Sprache», wie er das nennt. Die Sprache ist das Rückgrat einer Kultur. Überlebt die Sprache, wird auch die jenische Minderheit überleben.

Wir sitzen zu viert in der «Neuen Rheinkrone» in Realta, wo regelmässig auch Jenische verkehren. «Die Loli händ au nüt z'tue», sagt Huber, und ich verstehe nicht, was er meint. Sein Finger zeigt auf zwei Kantonspolizisten in Uniform.[623] «Loli» ist das jenische Wort für Polizist, und es ist wohl nicht falsch, dem eine abschätzige Bedeutung beizumessen. Es fallen dann noch ein paar andere Sätze, von denen ich Bruchstücke verstehe.

Sprachwissenschafter nennen das Jenische eine «Sondersprache».[624] Grundlage bleibt das Deutsche. Eigen sind Wörter, deren Bedeutung je nach Zusammenhang schwanken kann, und viele regionale Varianten. Manche Worte sind einfach hübsche Verballhornungen deutscher Ausdrücke: «Scheinlig» sind die Augen, «Fladeri» ist der Arzt und «Trabi» das Pferd, das versteht auch ein Nichtjenischer. Denn die Kreationen sind oft anschaulich und manchmal geradezu poetisch. «Süesslig» ist Zucker, «Brünlig» eines von mehreren Wörtern für Kaffee, «Dufti» die katholische Kirche, «Stinkel» der Stall. Eine Sprache, farbig wie die Magerwiesen, durch die Fahrende einst zogen.

Es gibt Wörter, die aus dem Jiddischen stammen und von der häufig engen Nachbarschaft zwischen jenischen und jüdischen Wanderhändlern zeugen: «schofel» – schlecht. Wörter aus dem Hebräischen: «Lem» – Brot. Aus der Roma-Sprache: «mulo» – tot. Aus dem Keltischen gar, sagen Linguisten: «Fäme» – Hand.

Die Sprache sei nicht geeignet, abstrakte Gedanken auszudrücken, wird gesagt. Der jenische Dichter Romed Mungenast aus Landeck erklärte mir manches Mal, das stimme nicht. Man brauche einfach «eine Viertelstunde», um etwas Komplexeres auszudrücken wie etwa eine Liebeserklärung, da es das abstrakte Wort für Liebe nicht gebe. So mache es auch mehr Spass.[625]

Diese Sprache erzählt Geschichten.

Sie spiegle eine Welt von gestern, ist darum auch zu hören. Doch gibt es auch Wörter für neue Errungenschaften. Der «Biberlig» ist ein Kühlschrank, und «wiitschmuse» heisst telefonieren. Venanz Nobel erzählt, wie er mit andern spassesshalber neue Wörter kreiert habe: «Ein Jenischer wird kaum je im Leben in einem Unterseeboot fahren, darum eben interessierte uns das ja.» Es sei wirklich am Lagerfeuer passiert. «Wir unterhielten uns über die Möglichkeiten der jenischen Sprache.» Und einer stellte der Runde das absurde Problem: «Was heisst U-Boot?» Gemeinsam kam man auf die Lösung: «Ein U-Boot ist ja gleichsam ein Wohnwagen unter Wasser.» Wagen heisst «Rotl»; und für «unter etwas» braucht man im Jenischen «unterkünftig»; Wasser ist: «Fludi». Also ist das U-Boot «en underkünftige Fludirotl». Das Wort ist etwas länger als «U-Boot», aber am Lagerfeuer hat man ja Zeit. Mittlerweile kennen das Wort wohl alle Jenischen.[626]

Die Sprache galt als geheim. Und manche Jenischen finden heute noch, man dürfe sie nicht bekannt machen. Sie diente der Kommunikation in einer schwierigen Situation. Und war ein Reichtum, den niemand hatte rauben können. Die Mehrheit der Leute im Umkreis der Radgenossenschaft wollten diese Bastion lange nicht preisgeben.

Als Huber teilnimmt an der Sitzung einer Kommission für Roma-Belange beim Europarat in Strassburg – des European Roma and Travellers Forums[627] – hört er den Satz, der sich ihm einprägt. «Es gibt kein Volk ohne Sprache.»[628] Ihm wird klar: Die Jenischen müssen die Sprache bekannt machen. Um die Anerkennung als Minderheit auf einen festeren Boden zu stellen. Und auch um das Leben in Eigenständigkeit zu festigen. So kam es zum Sprachprojekt, das beim Verfassen dieses Buches noch nicht abgeschlossen ist: Die Sprechweise alter Jenischer wird mit Videoaufnahmen dokumentiert, und ein jenisches Wörterbuch wird erarbeitet. Vielleicht werden Jenische einmal Sprachkurse nehmen können.

Wie hatte Huber gewünscht? – «dass unsere Kinder in Zukunft das Weihnachtslied wieder in jenischer Sprache singen können».[629]

Der lange Rücktritt

Am 17. November 2004 erleidet Huber einen ersten Hirnschlag. Als er am Morgen aufstehen will, ist er gelähmt.

Er mag nicht aufhören mit der Arbeit. Einige Jahre später folgt eine zweite Attacke. Noch einmal erhebt sich Huber.

Er sollte kürzer treten. Er kann es nicht wirklich. Der Fahrausweis wird ihm abgenommen. Etwas vom Schlimmsten für einen «Fahrenden». Nicht immer kann Robert geglaubt werden, wenn er sagt, er sei mit dem Tram unterwegs gewesen. Seine Sekretärin schüttelt besorgt den Kopf.

An der Generalversammlung 2008 hat er sich noch einmal für eine letzte

Amtszeit von vier Jahren wählen lassen, bald 75-jährig. Gemeinsam mit Sohn Daniel als seinem Vizepräsidenten. Es sei das letzte Mal, sagt er nebenbei. Doch es gibt einfach zu viele Probleme bei seiner Klientel.

Weiterhin wollen manche Besucher im Büro nur mit ihm sprechen. Weiterhin mag Robert Huber nicht delegieren. Denn gesichert ist sein Lebenswerk nicht: «zu verhindern, was passiert ist».[630] Verhindern, was er selber erlebt hat.

Seine Befürchtungen erschienen mir manchmal übertrieben. Doch sie erhalten unerwünschte Aktualität nach dem Ja der Schweizer Stimmbevölkerung zum Verbot von neuen Minaretten im Land. An jenem trüben Abstimmungstag Ende 2009, an dem die Muslime gerade ihr höchstes Fest feiern. Überraschend für alle Prognostiker steht seither in der Verfassung der Schweiz, die sich ihrer humanitären Grundhaltung rühmt, ein Text, der eine Minderheit diskriminiert. Getrieben von einer diffusen Stimmung gegen alles Fremde, in erster Linie gegen die Muslime, hat ihn eine Mehrheit gewollt. Muslime sollen keine Minarette bauen dürfen im Land der Kirchtürme und Fernleitungsmasten.

Noch am Tag der Abstimmung verschärft ein Parteipräsident – ausgerechnet jener der Christlichen Volkspartei – die Ausgrenzung: Neue muslimische und jüdische Friedhöfe sollen nicht gebaut werden dürfen, verlangt Christophe Darbellay.[631] Zwar muss er später um Entschuldigung für seine Äusserungen bitten. Doch sie zeigen blitzlichtartig die Logik möglicher Drangsalierungen: Zuerst die Muslime, danach die Juden – und dann die Zigeuner. Kurz nach der Abstimmung über die Minarette verkündet eine bürgerliche Partei im Kanton Aargau – die BDP –, dass sie die Schaffung von Plätzen für Fahrende im Kanton ablehne: «Nach der Minarett-Abstimmung sollte jedem klar sein, dass in der Bevölkerung schwer durchschaubare Emotionen bestehen, wenn es um kaum oder nicht integrierte Ausländer im Allgemeinen geht.»[632] Dass es Schweizer Fahrende gibt und dass von fünf Plätzen vier im Aargau ausdrücklich für diese bestimmt sind,[633] wird in der Stellungnahme grosszügig übersehen.

Hubers Groll ist nicht verebbt mit dem Alter, bei aller Umsicht, die er entwickelt hat. «Ich habe als Dreijähriger lebenslänglich erhalten, ich muss diesem Staat nicht Danke sagen», kollert er einmal.[634] Seine Familie sei nur arm gewesen. Was passierte, sei «an der Grenze zu Völkermord».[635] Er glaubt, solches könne wieder geschehen.

Und er glaubt, dass manche nur auf sein Ende warten. Huber denkt, dass Behörden, denen er viel Ärger bereitet habe, gern sähen, wenn die Radgenossenschaft handzahm würde. Ohne den bewährten Präsidenten Robert Huber. «Ich sehe ein Stück weiter.»[636] Es braucht nicht die Wahrheit zu sein. Es ist die Wahrheit eines alten Indianers, der gelernt hat, das Schlimmste zu verhindern, indem er es erwartet.

Der Bub, der in der engen Welt des hinterthurgauischen Bauerndorfes Wallenwil aufgewachsen ist, setzt heute Hoffnungen auf Europa. Wo der Minderheitenschutz ausgebaut werde. Auch die Schweiz werde sich an europäische Gesetze halten müssen. Die Schweiz, die sich rühmt, das Zusammenleben der Minderheiten erfunden zu haben.

Wir fahren zurück nach unseren Besuchen in Savognin und Cazis. Am Walsensee vorbei. Es regnet erbärmlich, man sieht kaum etwas, irgendwelche Lichter. Huber redet vom Lebensbogen. «Ich hatte ein spannendes Leben», sagt er. Er erwähnt die Aktion «Kinder der Landstrasse» und die Reisen im Dienste des Holocaust-Fonds. «Wenn ich daran denke, was hätte werden können.»[637] Depression, Alkohol, Kriminalität. Er hat stattdessen mitgeholfen, das jenische Volk als Subjekt auf die politische Bühne zu bringen.

«Wir Jenischen haben mit der geringen Ausbildung, die wir erhielten, etwas gemacht», sinniert Huber. «Heute haben die Jenischen einen Namen und ein Gesicht.»[638]

Die Altersbeschwerden und die Krankheiten nehmen überhand. Ende 2009 tritt Robert Huber als Präsident zurück. An der folgenden Generalversammlung der Radgenossenschaft berichtet sein Sohn Daniel – mit den Emotionen kämpfend –, er habe den Vater im Spital besucht: «Er hat mir heute morgen gesagt: ‹Zwerg, ich habe die Weichen schon gestellt – Herr Präsident!›»[639] Daniel Huber ist von den Anwesenden soeben zum neuen Präsidenten der jenischen Dachorganisation gewählt worden.

Die Pro Juventute hatte das «Unkraut der Landstrasse» eliminieren wollten. Fast wäre es gelungen. Doch das Scharotl der jenischen Bewegung rollt weiter.

Nachwort

Dieses Buch entstand mit Unterstützung der Radgenossenschaft, doch in keinem Moment hat Robert Huber Einfluss darauf genommen, was darin stehen soll. Er gab mir ein Büschel unbeschränkter Vollmachten, eine Anzahl davon notariell beglaubigt, die mir erlaubten, bei allen Ämtern nach Akten zu suchen, die mich interessierten. Die Kopien der Pro-Juventute-Akten in seinem Besitz – über sich und die Familie – stellte er mir zur freien Verfügung. Er liess mich im Büro der Radgenossenschaft jederzeit den Schlüssel nehmen, damit ich ins Archiv steigen konnte. Die Radgenossenschaft hat denn auch keinerlei Verantwortung für den Inhalt dieses Buches.

Ich habe mich konsequent um Wissenschaftlichkeit bemüht: durch exakte Zitate, durch den Nachweis der Quellen, durch die Konfrontation von Oral History und Aktenstudium, generell durch die Suche nach Zweitquellen, durch die Prüfung von Positionen. Zweifel und Schlussfolgerungen werden transparent gemacht, der eigene Standpunkt wird hinterfragt, der Stand der wissenschaftlichen Debatte wird berücksichtigt. Durch meine langjährige Mitwirkung am Rand der jenischen Kultur befinde ich mich in der Position eines teilnehmenden Beobachters, wie Ethnologen das nennen würden. Ich bin aktiv gewesen im «Zigeunerkulturzentrum», wo ich mitgeholfen habe, Zigeunermärkte und Veranstaltungen zu organisieren. Daraus schöpfe ich vor allem Hintergrundkenntnisse. Ich kenne den einstigen Präsidenten der Radgenossenschaft schon lange und besitze auch eine kritische Distanz zu ihm. Und ich bin mit einer ganzen Anzahl Jenischer befreundet, die unabhängig von der Radgenossenschaft aktiv sind und ihr teilweise sehr kritisch gegenüberstehen.

Robert Huber hat rücksichtslos erzählt – was ihm nicht immer einfach gefallen ist. Sollten doch auch Geschichten zur Sprache kommen, die aus Gründen der Scham lieber verschwiegen werden. «Ich habe nie so ein intimes Interview gemacht, so nahe», sagte er mehr als einmal.[640] Doch habe ich als Autor alle seine Aussagen zu überprüfen und durch weitere Zeugnisse zu ergänzen versucht.

Die Anfragen bei Behörden waren nicht immer fruchtbar. Als ich Akten der Vormundschaftsbehörde Bilten suchte, erklärte die dortige Gemeindeverwaltung, solche befänden sich nach einer Reorganisation des Vormundschaftswesens beim Kanton. Die Abteilung Vormundschaft beim Kanton erklärte dann, ältere Akten befänden sich weiterhin bei der Gemeinde.[641] Die gesuchten Dokumente liessen sich zwischen den mahlenden Rädern dieser beiden Instanzen nicht finden.

Nicht gesucht habe ich nach Angehörigen der Familien, in denen Huber als Pflegekind oder Verdingbub untergebracht war, weil ich diese Menschen oder ihre Angehörigen nicht mehr stören wollte. Ohnehin glaube ich, dass die systematische Gegenüberstellung von Hubers erzählten Erinnerungen mit den vorhandenen behördlichen Akten jene Quellen ersetzen kann.

Oral History, Aktenstudium, teilnehmende Beobachtung: Ich hoffe, so sei eine Mikrogeschichte entstanden, die über die biografische Erzählung hinaus zu Einblicken in die jenische Welt verhilft.

Eine solche Darstellung kann dennoch im Widerspruch stehen zur Sichtweise von Zeitzeugen. Ein altes Problem, wenn sich später Gekommene an früher Gewesenes wagen. Betroffene sollen ihre Sichtweise darlegen können. Einspruch und Ergänzungen in schriftlicher Form, sie können ganze Kapitel betreffen oder einzelne Punkte, werden von der Radgenossenschaft der Landstrasse gesammelt und der Geschichtswissenschaft uneingeschränkt zugänglich gemacht für weitere Darstellungen.

Alltag im Büro der Radgenossenschaft – Robert Huber und Clemente Graff, 1992.

Im Lager des Zigeunerkulturzentrums – Der Autor (links) und David Burri.

Abseits der Öffentlichkeit – Heim einer Familie in Rüttenen bei Solothurn.

Jenisches Häuschen – Siedlung Eichrain in Zürich-Seebach.

Die schwarze Madonna – Im Garten eines Jenischen auf dem Standplatz Cazis (GR).

Ein Tänzchen zur Eröffnung des neuen Durchgangsplatzes bei Bonaduz GR, 2007.

Sinto-Musik zur Begleitung – Bei manchem Anlass spielt Tschawo Minster auf.

Kinder bei Spiel und Spass – Sie sollen die jenischen Traditionen weiterführen.

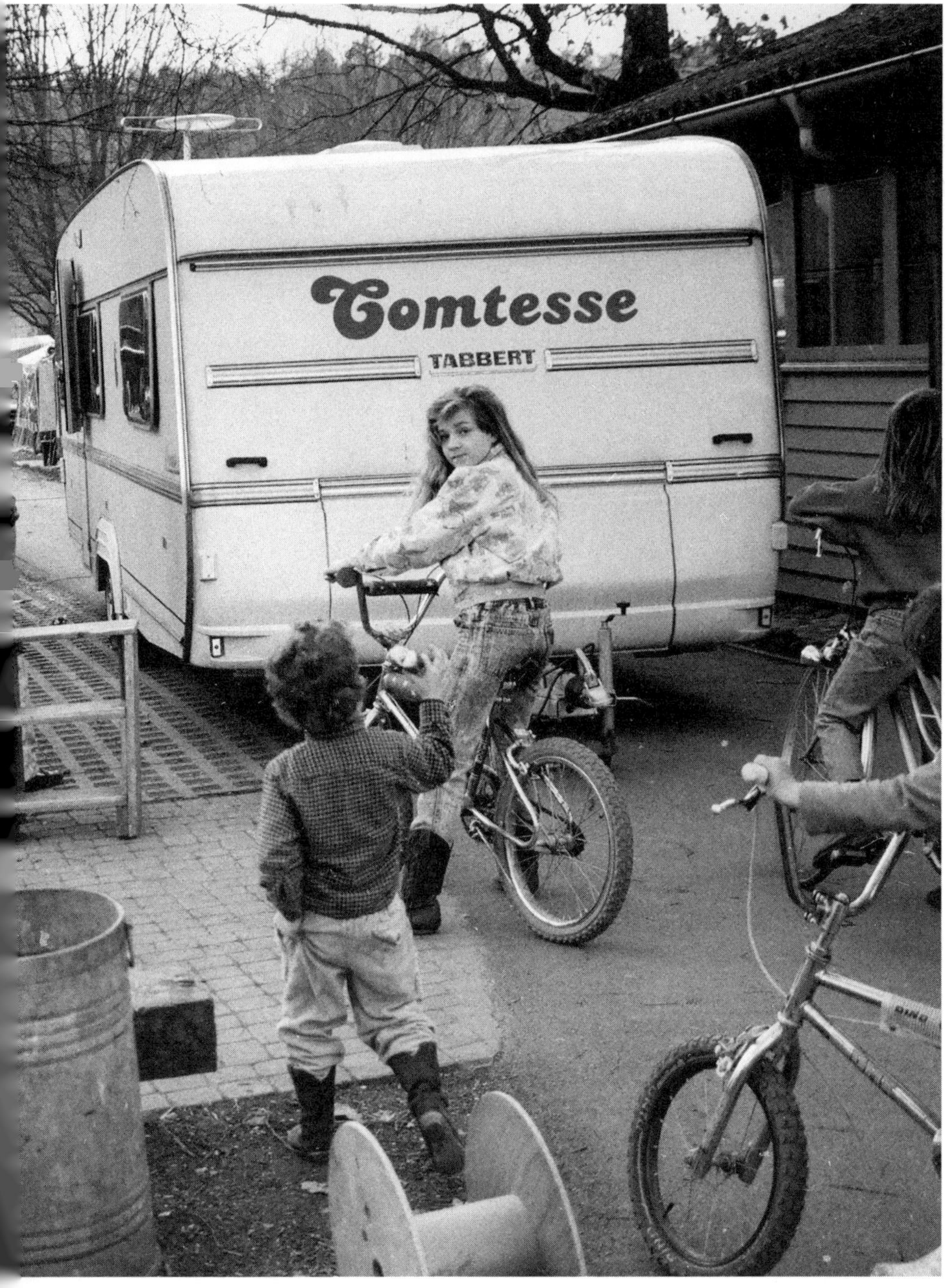
Comtesse
TABBERT

Die zweite Heirat – Robert Huber mit Gloria in Kolumbien, 1991.

Repräsentationspflichten – Eröffnung einer Ausstellung im Stadthaus Zürich, 2002.

Anhang

Wer ist wer? – Ein kleines Alphabet

B

Buure oder Puure: «Buure» sind Sesshafte in der Sprache der Fahrenden. Das Wort leitet sich her von den bodenbesitzenden Bauern, die unter den Nichtsesshaften heute allerdings zahlenmässig gering sind. Häufig wird auch der Ausdruck «Gadschi» oder «Gadsche» verwendet. Landwirte sind «Buure», Städter sind «Buure», Schrebergärtner sind welche und natürlich auch Campingferien verbringende Sesshafte, mögen sie auch noch so sehr meinen, sie näherten sich dem Leben von Fahrenden an. Doch «Buure» sind nicht Feinde, sondern Kunden – wer ein mobiles Gewerbe betreibt, weiss, dass Sesshafte und Nichtsesshafte voneinander abhängig sind.

Hobbygärtner in seinem Schrebergarten, Zürich 1971.

F

Fahrende: Angehörige einer Minderheit, die zumindest in den Sommermonaten in Wohnwagen lebend zusammen mit ihren Familien durchs Land ziehen und ihrem Erwerb nachgehen. In der Schweiz sind dies vor allem Jenische und einige Sinto-Familien. Sie halten bei Bauern oder auf von den Gemeinden bereitgestellten Durchgangsplätzen. Im Winter leben die meisten in Baracken oder ebenfalls in Wohnwagen auf sogenannten Standplätzen Die Fahrenden sind in der Schweiz als nationale Minderheit anerkannt, wobei tatsächlich nur rund 2500 Menschen in der Schweiz noch eine solche teilnomadische Lebensweise führen. Schausteller werden nicht zu den Fahrenden als ethnischer Gruppe gezählt.

Familie auf einem Durchgangsplatz, ca. 1990er Jahre.

J

Jenische: Jenische sind eine Volksgruppe, die durch Geschichte, Gewerbe, Sprache und ihr Selbstverständnis charakterisiert ist. Jenische Minderheiten leben in verschiedenen europäischen Ländern. Ist ihre genaue Entstehung auch umstritten, haben sie jedenfalls europäische Wurzeln, ihre Sprache baut auf dem Deutschen auf. Die grosse Mehrheit der Jenischen ist heute sesshaft, die fahrende Lebensweise gehört dennoch zum kulturellen Selbstverständnis: Jenische sind berufsmässig auf der Reise, einst als Scherenschleifer oder Korber, dann als Antiquitätenhändler oder Dienstleister bei Hausrenovationen. In der Schweiz bezeichnen die Ausdrücke «Jenische» und «Fahrende» oft dieselbe Gruppe, und Jenische haben oft eine mehrfache Identität: als Jenische, als Fahrende, sowie als Roma oder Zigeuner. Die Gesamtzahl der Jenischen in der Schweiz wird von der Dachorganisation «Radgenossenschaft» auf rund 30 000 beziffert.

Standplatz einer jenischen Familie, ca. 1990er Jahre.

R

Roma: «Roma» bedeutet «man» – Einzahl «der Rom», «die Romni» – und ist ein Sammelbegriff für Volksgruppen, die ursprünglich aus Indien kamen und auf jahrhundertelangen Wanderungen seit dem 14. Jahrhundert nach Osteuropa gelangt sind. Ihre Sprache ist mit dem Sanskrit verwandt. Ein Grossteil der als Roma bezeichneten Menschen ist seit Langem sesshaft. Die Roma teilen sich in eine Vielzahl von Stämmen und Gruppen; im Westen bekannt geworden sind etwa Kalderasch oder Lovara mit ausgeprägter eigener Identität. Manche Roma-Angehörige identifizieren sich zuerst mit ihrer Untergruppe und verstehen sich nicht unbedingt als Roma. In der Schweiz haben sich Roma in grösserer Zahl erst mit den Flüchtlings- und Migrationsströmen Ende des 20. Jahrhunderts niedergelassen. Sie leben hier meist als Staatsangehörige von osteuropäischen und Balkanländern, ohne ihre Zugehörigkeit zu den Roma zu offenbaren. Als Oberbegriff kann der Ausdruck Sinti einschliessen; einzelne Autoren verstehen darunter im weiteren Sinn auch Jenische.

Roma-Frau unterwegs in Frankreich, 1965.

S

Sinti: Aus der historischen Wanderbewegung der Roma hervorgegangene Volksgruppe, die heute vor allem in westeuropäischen Ländern lebt. Sinti sind in ihrer grossen Mehrheit heute ebenfalls sesshaft. Zu den Roma aus Osteuropa bestehen Gemeinsamkeiten und Widersprüche. Darum bezeichnen sich Organisationen in Deutschland etwa als Vertretungen der «Roma und Sinti». Manche Sinti verstehen sich als ureigenes Volk und ihre Sprache als selbstständige Sprache. In der Schweiz haben sich Sinti-Familien teilweise mit Jenischen verheiratet und begreifen sich mit ihnen zusammen auch als Fahrende. Im französischen Sprachraum lebende Sinti werden als Manouches bezeichnet, oder umgangssprachlich als «Manische».

Eine Familie beim Essen, Camargue, 1965.

Z

Zigeuner: Oberbegriff für die Gesamtheit der Fahrenden, Roma, Sinti und so weiter, oft abschätzig verwendet. Manche der damit Gemeinten lehnen deshalb kategorisch ab, als «Zigeuner» bezeichnet zu werden. Einige akzeptieren den Ausdruck. Schweizer Jenische benutzen den Begriff recht häufig zur Selbstcharakterisierung, hier gibt es auch ein – jenisches – «Zigeunerkulturzentrum». Als Oberbegriff für die Gesamtheit der genannten Volksgruppen wird zunehmend der Ausdruck «Roma» vorgezogen, wobei dann Jenische meist wieder nicht mitgemeint sind. Manchmal werden Jenische «weisse Zigeuner» genannt.

Unbekannte Personen, offenbar an der Schweizer Grenze um 1940.

Schweizerdeutsch-jenischer Selbstbeschrieb von Robert Huber

De Olmisch vo eus isch pägeret, seer früe, är isch 30 Jäni alt ghurt, und dänn isch d Famili zur Pro Juventue übergange.

Ich bin herlem geboren und zwar im Jaar 1933, aber das Kitt isch em Olmische ghurt, und ich sälber bin nur gebore i däm Kitt ine, mee weiss i nöd vo däm.

Di erschte Schmelemer hani känneglärnt, also i de Länk bin i mit däne zämecho.

Paraschuri mänge, das isch s erscht wo n i glärnt han, wo n i zu de Jänische zrugg ghurt bin, Seilerware verbasche, schränze wie me sait, schinägle, und s'erscht isch gsi, Wöschchlämmerli verchaufe. Wenn s lori me kwant gsi isch, het en Jänische en andere Schinegel gmängt.

Aber jänisch läbe isch i däre Ziit seer schooflig gsi. Me hät lori dörfe jänisch tübere, will me sich verschaaberet hät.

Do ha n i no di erschti Geige gha, do sind mini Galme öppe achtzäni, nünzäni gsi.

Wo d Galme gätschig gsi sind, hämmer am Geerewäg gwont, mini Galme hurt au det ufgwachse am Geerewäg, me hätt denn det möse vertschaane und sind dän an Bötzberg ufe.

Wäge de Radgnosseschaft, das isch es Palaber gsi vo paar Jänische, und dänn hät mer gsait, ja was mänget di Radgnosseschaft, die machet überhaupt lori, die bruched au s Gäld, wo die überchömed, aber mänge tüend die nüt.

Es Jäni druf bin ich Präsident worde vo de Radgnosseschaft, will s kein Dümmere gfunde händ.

Es isch e so, das me hüt quant anerkannt huret, das me hüt darf tübere, das me en Jänische hurt, das me das nüme einfach mues verschtecke, me darf d Identität verträte und d Identität au läbe.

Als Volch cha me kei Gheimsprache ha, es Volch ohni z tiibere hurt keis Volch. Und das de Jänische bizbringe isch öppis vom Schwirigschte gsi, wo mir passiert isch.

Galm = Kind
gätschig = klein
Geige = Frau
herlem = da, dort
hure = sein, bleiben, werden
Jäni = Jahr
Kitt = Haus
kwant (qwant) = angenehm, gut
lori = nicht, kein, nichts
mänge = machen, flicken
Olmisch = Alter, Vater
pägere = sterben
Palaber = Gerede
Paraschuri = Regenschirm
schinägle = arbeiten
Schinegel = Arbeit
Schmelemer = Zigeuner, Jenische
schooflig = schlecht, hart, schwierig
schränze = hausieren
tiibere = reden
verbasche = verkaufen
verschaabere = verstecken
vertschaane = weggehen

Zusammenschnitt aus: Radgenossenschaft der Landstrasse/Bundesamt für Kultur (Herausgeber), Rahel Hollenstein (Kamera), Robert Kruker (Redaktion), «Röbi Huber erzählt seinem Enkel Beni aus seinem Leben.» Beitrag zum Dokumentationsprojekt «Jenische Sprache», (Audio ungemischt), Aufnahme vom 11. November 2008; Transkription durch den Autor, Schreibweise der Wörter nach akustischer Wahrnehmung, nicht standardisiert.

2009 hat Robert Huber für sein Lebenswerk den Fischhof-Preis erhalten, der vergeben wird von der Stiftung gegen Rassismus und Antisemitismus (GRA) und der Gesellschaft Minderheiten in der Schweiz (GMS). Auf der Urkunde steht:

«In Würdigung seiner 25-jährigen Arbeit an der Spitze
der Dachorganisation der Jenischen und Fahrenden
für die Verteidigung der Kultur und des Existenzrechtes
einer lange verfolgten nationalen Minderheit,

in Anerkennung für seine Bemühungen, Verständnis auf Seiten der
Mehrheitsgesellschaft wie des Fahrenden Volkes zu wecken dafür,
dass ein gedeihliches Ganzes nur aus dem Zusammenleben
in gegenseitiger Achtung entsteht,

in Respekt für den Weg eines verfolgten und versorgten
‹Kindes der Landstrasse› zu einem Sprecher des Fahrenden Volkes
und einem auch auf Behördenseite geachteten Brückenbauer.»

Anmerkungen

1 Recherche-Notizen des Autors, Besuch mit dem Fotografen Urs Walder in Einsiedeln, 2002.
2 Robert Huber, 30. April 2007.
3 Robert Huber, 30. April 2007.
4 Robert Huber, 30. April 2007.
5 Robert Huber, 30. April 2007.
6 Alfred Siegfried, Familie Huber von Savognin; Sippenarchiv im Staatsarchiv Graubünden.
7 Nach: Robert Huber, 30. April 2007.
8 Robert Huber, 30. April 2007.
9 Pro Juventute, Alfred Siegfried, Zürich, an die Vormundschaftsbehörde Oberhalbstein, 31. Juli 1953; Bellechasse-Akten Nr. 59.
10 Vormundschaftsbehörde Oberhalbstein, Tinizong, an Pro Juventute, Alfred Siegfried, 24. September 1953; Gemeindearchiv Savognin.
11 Arbeitserziehungsanstalt, Arbeiterkolonie Realta, an das Departement des Innern in Chur, 16. Dezember 1953; Privatarchiv Huber, Faszikel «Justizvollzugsanstalt Realta, Robert Huber».
12 (Ohne Absender, offenbar der Präsident der Vormundschaftsbehörde Oberhalbstein) Tinizong an Pro Juventute, Alfred Siegfried, 24. September 1953; Privatarchiv Huber, Faszikel «Vormundschaftsbehörde Oberhalbstein, Robert Huber».
13 Führungsblatt der Kantonalen Arbeitserziehungsanstalt Realta, Eintrag vom 22. September 1953; Privatarchiv Huber, Faszikel «Justizvollzugsanstalt Realta, Robert Huber».
14 Der Kleine Rat des Kantons Graubünden, Sitzung vom 26. März 1954, Protokoll Nr. 642; Kreisarchiv Surses, Savognin, Vormundschaftsakten Robert Huber Nr. 033–038.
15 Bezirksgericht Albula, Entscheid als Rekursinstanz in Vormundschaftssachen, Tiefencastel, 1. Februar 1954; Kreisarchiv Surses, Savognin, Vormundschaftsakten Robert Huber Nr. 029, 030, 031.
16 Nach: «Protokoll Robert H.», in: Huonker, Fahrendes Volk, S. 230–241; S. 236.
17 Robert Huber an die Vormundschaftsbehörde Oberhalbstein, (o. O.), 28. März 1954 (handschriftlich); Kreisarchiv Surses, Savognin, Vormundschaftsakten Robert Huber Nr. 039.
18 Der Kleine Rat des Kantons Graubünden, Sitzung vom 26. März 1954, Protokoll Nr. 642; Kreisarchiv Surses, Savognin, Vormundschaftsakten Robert Huber Nr. 033–038.
19 Führungsblatt der Kantonalen Arbeitserziehungsanstalt Realta, Eintrag vom 7. April 1954; Privatarchiv Huber, Faszikel «Justizvollzugsanstalt Realta, Robert Huber».
20 Vormundschaftsbehörde des Kreises Oberhalbstein, Auszug aus dem Protokoll, Savognin, 12. Mai 1954; Kreisarchiv Surses, Savognin, Vormundschaftsakten Robert Huber Nr. 041.
21 Im selben Protokoll.
22 So etwa: Robert Huber am 23. April 2007 und am 11. Juni 2007.
23 Nach: Robert Huber, 30. April 2007.
24 Ulisse Peterelli, Tinizong, an die Vormundschaftsbehörde Oberhalbstein, 6. März 1959; Privatarchiv Huber, Faszikel «Vormundschaftsbehörde Oberhalbstein, Robert Huber».
25 Vormundschaftsbehörde Oberhalbstein, Tinizong, 13. Februar 1958 (Durchschlag); Privatarchiv Huber, Faszikel «Vormundschaftsbehörde Oberhalbstein, Akten Robert Huber».

26 Ulisse Peterelli, Savognin, an das Zentralsekretariat Pro Juventute, Alfred Siegfried, 14. März 1956; Privatarchiv Huber, Faszikel PJ 668, «Robert Huber».
27 Robert Huber, 25. Juni 2007.
28 Robert Huber, 30. April 2007.
29 Ulisse Peterelli, Savognin, gemäss: Vormundschaftsbehörde Oberhalbstein, Savognin, an das Bezirksamt Bremgarten, 28. Februar 1958 (Durchschlag); Kreisarchiv Surses, Savognin, Vormundschaftsakten Robert Huber, Nr. 044 (redigiert).
30 Zentralsekretariat Pro Juventute, Alfred Siegfried, Zürich, an Ulisse Peterelli, 15. März 1956; Privatarchiv Huber, Faszikel PJ 668, «Robert Huber».
31 Robert Huber, 2. Februar 2009.
32 Robert Huber 11. Juni 2007.
33 Robert Huber, 11. Juni 2007.
34 Robert Huber, 2. März 2009.
35 Robert Huber, 30. April 2007.
36 Robert Huber, 30. April 2007.
37 Nach: «Protokoll Robert H.», in: Huonker, Fahrendes Volk, S. 230–241; S. 237.
38 16. März bis 24. April 1956, gemäss telefonischer Auskunft der Strafanstalt Lenzburg, Direktionsassistentin Heidi Gautschi, 4. Februar 2009.
39 Bezirksgericht Rheinfelden, Urteil gegen Robert Huber wegen fortgesetzten Betruges, 29. Februar 1956; Strafarchiv des Gerichtspräsidiums Rheinfelden.
40 «Möbelhandel»; Robert Huber, 2. Februar 2009, bzw. «Altmetall» nach: «Protokoll Robert H.», in: Huonker, Fahrendes Volk, S. 230–241; S. 237.
41 «Protokoll Robert H.», in: Huonker, Fahrendes Volk, S. 230–241; S. 237.
42 Robert Huber, 2. Februar 2009.
43 Urteil des Obergerichts des Kantons Zürich, gegen Alois Nobel und weitere, betreffend gewerbs- und bandenmässigen Diebstahl etc., 11. Mai 1964; Archiv des Zürcher Obergerichts.
44 Siehe etwa: (Gerichtsberichterstatter), «Fremde Sippen – andere Sitten. Der Ein- und Ausbrecher Arnold Nobel vor dem Zürcher Obergericht», NZZ Nr. 868, 3. März 1965.
45 Robert Huber, 6. August 2007.
46 Vormundschaftsbehörde Oberhalbstein, Savognin, an das Bezirksamt Bremgarten, Aargau, 28. Februar 1958 (Durchschlag); Kreisarchiv Surses, Savognin, Vormundschaftsakten Robert Huber, Nr. 044; bzw. Bezirksamt Bremgarten, an die Vormundschaftsbehörde Savognin 24. Februar 1958; Kreisarchiv Surses, Savognin, Vormundschaftsakten Robert Huber, Nr. 045.
47 Robert Huber, 2. Februar 2009.
48 Robert Huber, 30. April 2007.
49 Robert Huber, 30. April 2007.
50 Robert Huber, 25. Juni 2007.
51 Daniel Huber, 8. Februar 2009.
52 Robert Huber, 11. Juni 2007.
53 Robert Huber, am 11. Juni 2007 und bei manch anderer Gelegenheit.
54 Robert Huber, 11. Juni 2007, über alte Geistergeschichten.
55 Robert Huber, 22. September 2008.
56 Robert Huber, 22. September 2008.
57 Robert Huber, 2. Februar 2009.
58 Robert Huber, 30. April 2007.
59 David Burri zum Autor, undatiert, aus der Erinnerung.
60 Robert Huber, 2. Februar 2009.
61 Robert Huber, 16. Oktober 2008.
62 Adressbuch Stadt Zürich, 1968.
63 Robert Huber, 30. April 2007.
64 Robert Huber, 2. Februar 2009.
65 Adressbuch Stadt Zürich, 1969; Kommentare von Robert Huber am 2. März 2009.
66 Robert Huber, 7. Mai 2007.
67 Robert Huber zum Autor, undatiert, aus der Erinnerung.

68 Daniel Huber, 8. Februar 2009.
69 Vor allem diverse Gespräche mit Paul Schirmer.
70 Nach: «Protokoll Robert H.», in: Huonker, Fahrendes Volk, S. 230–241; S. 238; siehe auch: http://www.thata.net/thatabludok24.html.
71 Robert Huber, 2. Februar 2009.
72 Robert Huber, 30. Juni 2007.
73 Robert Huber, 11. Juni 2007.
74 Robert Huber, 2. Februar 2009.
75 Daniel Huber, 8. Februar 2009.
76 Diverse Gespräche mit Robert Huber, bestätigt am 6. August 2007.
77 Daniel Huber, 8. Februar 2009.
78 Daniel Huber, 8. Februar 2009.
79 Daniel Huber, 8. Februar 2009.
80 So: Daniel Huber, 8. Februar 2009.
81 Nach: Daniel Huber, 8. Februar 2009.
82 «Die Verhandlungen des Zürcher Gemeinderates. Von Zigeunern verursachte Unordnung»; NZZ Nr. 257, 3. November 1983.
83 Radgenossenschaft der Landstrasse, Sekretär Jürg Häfeli, an Polizeikommando der Stadt Zürich, Rolf Bertschi, Mosogno, 24. März 1984; Dokumentationszentrum der Radgenossenschaft, Ordner «Radgenossenschaft, 1984».
84 Nach: Daniel Huber, 8. Februar 2009.
85 Siehe etwa: Vorstand des Bauamtes II der Stadt Zürich, Hugo Fahrner, an die Radgenossenschaft, Jürg M. Häfeli, 19. Juli 1984, betreffend «Standplatz für Jenische an der Leutschenbachstrasse, Quartier Seebach»; Dokumentationszentrum der Radgenossenschaft, Ordner «Radgenossenschaft, 1984».
86 Daniel Huber, 8. Februar 2009.
87 (Hans Caprez), «‹Fahrende› Mütter klagen an», Schweizerischer Beobachter Nr. 7, 15. April 1972. Mariella Mehr berichtet, dass sie Mitverfasserin des Artikels sei, auch wenn sie nicht genannt werden konnte; Mariella Mehr am 25. April 2009.
88 Im selben Artikel.
89 Im selben Artikel.
90 (Hans Caprez), «Aussenseiter. Zwangsmassnahmen gegen Fahrende», Schweizerischer Beobachter, Teil 1 in Nr. 16 vom 31. August 1972; Teil 2 in Nr. 17 vom 15. September 1972; Teil 3 in Nr. 18 vom 30. September 1972.
91 Alfred Siegfried, «Vagantität und Jugendfürsorge» in: Der Armenpfleger, Monatsschrift für Armenpflege und Jugendfürsorge, Nr. 2, 1. Februar 1929, S. 17–22; Zitat S. 18.
92 Am selben Ort.
93 Siehe: Huonker, Fahrendes Volk, S. 106.
94 (Ohne Autor, offenbar Alfred Siegfried), «Warum befasst sich Pro Juventute mit den Kindern des fahrenden Volkes?» in: Mitteilungen des Hilfswerkes für die Kinder der Landstrasse (Unter Aufsicht der Stiftung Pro Juventute) Nr. 28, September 1943.
95 Sara Galle/Thomas Meier, Von Menschen und Akten. Die Aktion «Kinder der Landstrasse» der Stiftung Pro Juventute, Zürich 2009, S. 63.
96 Brief von Bundesrat Giuseppe Motta an den Zentralsekretär der Pro Juventute, 12. Juni 1923, zitiert in: Walter Leimgruber/Thomas Meier/Roger Sablonier, Das Hilfswerk für die Kinder der Landstrasse. Historische Studie aufgrund der Akten der Stiftung Pro Juventute im Schweizerischen Bundesarchiv, Bundesarchiv Dossier 9, Bern 1998, S. 158, Anmerkung 332.
97 Bundespräsident Heinz Häberlin, «Vorwort», in: Kinder der Landstrasse, Bilder aus dem Leben der wandernden Korber und Kesselflicker, Pro Juventute (Hrsg.), Zürich 1927, S. 3.
98 Nach: Sara Galle/Thomas Meier, Von Menschen und Akten. Die Aktion

	«Kinder der Landstrasse» der Stiftung Pro Juventute, Zürich 2009, S. 62.
99	Im selben Text S. 192.
100	Robert Huber, 7. Mai 2007.
101	Etwa: Robert Huber, 23. April 2007.
102	Robert Huber, im selben Gespräch.
103	Zum Seraphischen Liebeswerk siehe: Sara Galle/Thomas Meier, Von Menschen und Akten. Die Aktion «Kinder der Landstrasse» der Stiftung Pro Juventute, Zürich 2009, S. 39.
104	Ein Fallbeispiel aus dem Wirkungsbereich des Seraphischen Liebeswerks wird geschildert bei Willi Wottreng, «Ich ging in die Legion» (Das Schicksal des jenischen Verdingkindes Gabi B.), NZZ am Sonntag, 19. Juli 2009.
105	Robert Huber, 7. Mai 2007.
106	Robert Huber, 25 Juni 2007, bzw. 18. April 2009.
107	Mail von Thomas Huonker an den Autor, 2. Januar 2009, bzw. Vortrag von Thomas Huonker am 5. Dezember 2008 im Rätischen Museum Chur, siehe: http://www.thata.net/thomashuonkervortrag5dezember2008rhaetischesmuseumchur.html, abgerufen am 6. Januar 2009.
108	Genozidkonvention der UNO siehe: Übereinkommen vom 9. Dezember 1948 über die Verhütung und Bestrafung des Völkermordes, Artikel II, Abätze d und e; auf: http://www.admin.ch/ch/d/sr/i3/0.311.11.de.pdf, abgerufen am 3. März 2009.
109	Nadja Capus, Ewig still steht die Vergangenheit. Der unvergängliche Strafverfolgungsanspruch nach schweizerischem Recht, Bern 2006, S. 92. Ähnlich: Lukas Gschwend, «Das ‹Hilfswerk für die Kinder der Landstrasse› der Pro Juventute – Ein Fall von Völkermord in der Schweiz?» in: Strafrecht, Strafprozessrecht und Menschenrechte. Festschrift für Stefan Trechsel zum 65. Geburtstag, Andreas Donatsch/Marc Forster/Christian Schwarzenegger (Hrsg.), Zürich 2002, S. 373–392; S. 392. («Doch zeigen bereits diese grundsätzlichen Überlegungen, dass das Vorgehen des ‹Hilfswerks› und seiner Helfer deutliche Züge eines tatbestandsmässigen kulturellen Genozids trägt.») Mariella Mehr und fünf weitere Jenische formulierten eine ähnliche Kritik in einer Staatsrechtlichen Beschwerde an das Bundesgericht gegen die Verwaltungsvereinbarung der Kantone betreffend die Pro-Juventute-Akten über die «Kinder der Landstrasse»; abgelehnt vom Bundesgericht am 1. Februar 1988.
110	Nadja Capus, im erwähnten Werk, S. 96.
111	Siehe etwa das 9-seitige Dossier: «Die Zigeuner. Minderheiten in der Schweiz», in: Focus Nr. 39, März 1973.
112	Artikel «Die einzige Niederlage ist die, es gar nicht erst zu versuchen», Scharotl Nr 1, 1. Juni 1975; siehe auch: Protokoll der konstituierenden Versammlung der Rad-Genossenschaft der Landstrasse, vom 19. April 1975, Lange Rebe 209, 3235 Erlach; Dokumentationszentrum der Radgenossenschaft, Schachtel: «Radgenossenschaft 1975–1986».
113	mwg., «Rad-Genossenschaft der Landstrasse», NZZ Nr. 141 (Wochenende), 21./22. Juni 1975.
114	Fernsehen DRS, 12. Juni 1975, Bericht vor acht, Gründung der Radgenossenschaft.
115	Robert Huber, 30. April 2007.
116	Mariella Mehr, Steinzeit. Roman, Bern 1981.
117	«Akte M. Xenos. ill», in: Mariella Mehr, Kinder der Landstrasse. Ein Hilfswerk, ein Theater und die Folgen, Bern 1987, S. 39–118.
118	Jenischer Schutzbund, gegründet 1971 in Tiefencastel, nach: Guadench Dazzi,

«‹Spengler›, ‹cutsch› und ‹matlòsa›. Begriffe und Bezeichnungen», in: Puur und Kessler, S. 10–39; Angabe S. 27. Der «Jenische Schutzbund» zeichnete aus juristischen Gründen auch für die Herausgabe der ersten beiden Nummern des Scharotl verantwortlich.

119 Mariella Mehr, Steinzeit. Roman, Bern 1981, S. 41.

120 Ich folge der Analyse des jenischen Historikers Venanz Nobel; Gespräch mit Venanz Nobel am 24. November 2008.

121 René Goetschi, Unternehmer aus Erlach. Protokoll der konstituierenden Versammlung der Rad-Genossenschaft der Landstrasse, vom 19. April 1975, Lange Rebe 209, 3235 Erlach; Dokumentationszentrum der Radgenossenschaft, Schachtel: «Radgenossenschaft 1975–1986». Siehe auch: mwg., «Rad-Genossenschaft der Landstrasse», NZZ Nr. 141, (Wochenende) 21./22. Juni 1975.

122 Radgenossenschaft der Landstrasse, Protokoll der ausserordentlichen Mitgliederversammlung vom 25. Oktober 1975, um 14.30 Uhr, im Restaurant «Bierhübeli» in Bern; Dokumentationszentrum der Radgenossenschaft, Schachtel: «Radgenossenschaft 1975–1986». Siehe auch: «Scharotl stellt vor», Scharotl Nr. 8, 1976. Fotos der «Bierhübeli»-Veranstaltung vom 31. Mai 1975 zeigen Robert Waser am Mikrofon.

123 Radgenossenschaft der Landstrasse, Präsident Walter Wegmüller, Zürich, an Bundesrat Kurt Furgler, 22. April 1978: «Die Radgenossenschaft der Landstrasse wurde am 19.4.1975 in Bern gegründet. Fast 300 Sippenvertreter der Jenischen in der Schweiz fanden sich damals zusammen, um eine Selbsthilfeorganisation, die Radgenossenschaft der Landstrasse, ins Leben zu rufen.» Dokumentationszentrum der Radgenossenschaft, Ordner «Radgenossenschaft, Gründungsgeschichte und Arbeit bis 1982». Walter Wegmüller, geboren in Bern, war aufgewachsen in einem Kinderheim und später als Verdingbub. Nach einer Begegnung mit seiner leiblichen Mutter habe er erfahren, dass sie aus einer Sinto- bzw. Kalderasch-Familie hervorgegangen sei; telefonische Gespräche mit Walter Wegmüller am 6. und 8. Januar 2010. Zu Walter Wegmüller auch: http://www.gigeregg.ch/index.php?rubrik=walterwegmueller, abgerufen am 7. Januar 2010.

124 Nach: Mariella Mehr, 25. April 2009. Martha und Tschawo Minster erinnern sich bei einem Telefonanruf nicht sicher an diesen Auftritt, aber an spätere; Telefongespräch vom 18. Mai 2009.

125 Dies betrifft etwa die Familien Minster und Bittel.

126 Zwei Männer auf Fotos der «Bierhübeli»-Veranstaltung, nicht im jenischen Stil der Zeit gekleidet, seien gemäss dem Fotografen Rob Gnant seiner «unsicheren» Erinnerung nach Gäste aus Deutschland gewesen; telefonische Auskunft am 13. August 2009.

127 Nach: Mariella Mehr, 25. April 2009.

128 Jan Cibula, Bern, an die Radgenossenschaft, 9. Februar 1988; Dokumentationszentrum der Radgenossenschaft, Ordner «Radgenossenschaft, 1988». Thomas Huonker: «Er gehörte 1975 zu den Mitbegründern der ‹Radgenossenschaft› der Landstrasse ...», in: Derselbe, «Jenische, Sinti und Roma. Seit Jahrhunderten in der Schweiz, seit einigen Jahrzehnten akzeptiert», Tangram (Bulletin der EKR) Nr. 22, Dezember 2008.

129 Willi Wottreng, «Lieber in der Schweiz Ausländer sein als Roma zu Hause. Ein

Porträt der sesshaften Roma in der Schweiz, der grössten unbekannten Minderheit in diesem Land», Weltwoche, 16. April 1998.
130 Mariella Mehr, 25. April 2009.
131 Fernsehen DRS, 12. Juni 1975, Bericht vor acht, Gründung der Radgenossenschaft.
132 Gespräch mit Isabella Huser, Privatnotizen des Autors, Aussage bestätigt durch Mail vom 30. April 2009.
133 Robert Huber, 30. April 2007.
134 Sergius Golowin, Lustige Eid-Genossen. Aus der phantastischen Geschichte der freien Schweiz, Zürich 1972, S. 72.
135 Sergius Golowin, Zigeuner-Magie im Alpenland. Geschichten um ein vergessenes Volk, Frauenfeld 1973, S. 235.
136 Nach: Willi Wottreng, «Von Feen und Fahrenden. Sergius Golowin, Berner Mythenforscher, ist 76-jährig gestorben», NZZ am Sonntag, 6. August 2006.
137 Nikolaus Hess/Michael Gross, Heimatbuch der Banater Schwestergemeinden St. Hubert – Charleville – Soltur, München 1981, S. 186 bzw. 275.
138 Aus der Erinnerung, undatiert.
139 Siehe: Huonker, Fahrendes Volk, S. 17. Ebenfalls: Mariella Mehr, «Lustig ist das Zigeunerleben», in: «Team», Februar 1977; Schweizerisches Literaturarchiv, Archiv Mariella Mehr, Signatur A-4-a-52. («... und heute findet man in den Sippenstudien Anhaltspunkte dafür, dass auch unsere Vorfahren wie andere Zigeunerstämme einmal von Indien her einwanderten und eine eigene Kultur mitbrachten (...).»
140 Robert Huber, 11. Juni 2007.
141 Robert Huber, 11. Juni 2007.
142 «Geschichtliches. Wer ist Jenischer?», Scharotl Nr. 3, September/Oktober 1975.
143 So etwa: Clo Meyer, Unkraut der Landstrasse. Industriegesellschaft und Nichtsesshaftigkeit, Disentis 1988, S. 95.
144 Guadench Dazzi, «‹Spengler›, ‹cutsch› und ‹matlòsa›. Begriffe und Bezeichnungen», in: Puur und Kessler, S. 10–39; Zitat S. 15.
145 «Les Yénish, par contre, sont de type nordique: yeux bleus, teint clair, cheveux blonds ou châtains; ils sont probablement d'origine celte.» Jan-Jacques Oehle, Exposé, in: Bericht der vom Eidgenössischen Justiz- und Polizeidepartement eingesetzten Studienkommission, «Fahrendes Volk in der Schweiz. Lage, Probleme, Empfehlungen», Bern, 27. Juni 1983, Anhang, S. 1–9; Zitat S. 2.
146 Huonker, Fahrendes Volk, S. 16. Auch Thomas Meier erwähnt in einem Aufsatz diese Hypothese, ohne allerdings dazu Stellung zu nehmen: Thomas Meier, «The fight against the Swiss Yenish and the ‹Children of the open road› campaign», Romani Studies 5, Band 18, Nr. 2, 2008, S. 101–121.
147 Siehe zum Thema: Jutta Nowosadtko, Scharfrichter und Abdecker. Der Alltag zweier «unehrlicher Berufe» in der Frühen Neuzeit, Paderborn 1994. Kathy Stuart: Unehrliche Berufe. Status und Stigma in der Frühen Neuzeit am Beispiel Augsburgs, Augsburg 2008.
148 Verschiedene mündliche Darstellungen.
149 Guadench Dazzi, «‹Spengler›, ‹cutsch› und ‹matlòsa›. Begriffe und Bezeichnungen», in: Puur und Kessler, S. 10–39; S. 33.
150 Siehe: Guadench Dazzi, «‹Spengler›, ‹cutsch› und ‹matlòsa›. Begriffe und Bezeichnungen», in: Puur und Kessler, S. 10–39; S. 25.
151 So etwa: Engelbert Wittich, «Lützenhardter ‹Jenisch›. Ein Beitrag zur schwäbischen Händlersprache», in: Württem-

bergische Monatsschrift (Stuttgart 1933), S. 69–75; namentlich S. 70.
152 Nach: Clo Meyer, im zitierten Werk, S. 12; siehe auch Guadench Dazzi, im zitierten Aufsatz, S. 29.
153 Referiert bei: Christian Bader, Yéniches. Les derniers nomades d'Europe, Paris 2007, S. 53.
154 Diskussion an der Internationalen Tagung jenischer Kulturschaffender, Stein am Rhein, 10./11. Februar 2007.
155 Alfred Döblin, Berlin Alexanderplatz. Die Geschichte vom Franz Biberkopf, (11. bis 20. Auflage), Berlin 1930, S. 27.
156 Robert Huber, 6. August 2007. Zur Entwicklung des namens Moser in den USA siehe etwa: http://www.geocities.com/thereedfamily_99/MOSER.htm, abgerufen am 5. März 2009.
157 Christian Bader, Yéniches. Les derniers nomades d'Europe, Paris 2007, S. 8.
158 Europäische Charta der Regional- oder Minderheitssprachen, Dritter Bericht der Schweiz aus dem Jahr 2006, S. 22, bzw. Zweiter Bericht aus dem Jahr 2002, S. 16. http://www.bak.admin.ch/bak/themen/sprachen_und_kulturelle_minderheiten/00506/00509/index.html?lang=de, abgerufen am 8. Juli 2008.
159 Beat Grossrieder, «Nomaden in der Sackgasse», Schweizerischer Beobachter, 17. März 2006.
160 So auch: Guadench Dazzi, «‹Spengler›, ‹cutsch› und ‹matlòsa›. Begriffe und Bezeichnungen», in: Puur und Kessler, S. 10–39; S. 17.
161 Robert Huber, 11. Juni 2007.
162 Freier Rätier, 14. Oktober 1893, zitiert in: Clo Meyer, Unkraut der Landstrasse. Industriegesellschaft und Nichtsesshaftigkeit, Disentis 1988, S. 79.
163 Alfred Siegfried, «Vagantität und Jugendfürsorge» in: Der Armenpfleger (Monatsschrift für Armenpflege und Jugendfürsorge) Nr. 2, 1. Februar 1929, S. 17–22; Zitat S. 17.
164 Peter Witschi, «Minderheiten: Nichtsesshafte unter Sesshaften», in: Paul Hugger, Handbuch der Schweizerischen Volkskultur, Band II, Zürich 1992, S. 837–846; Zitat S. 846.
165 Siehe etwa in folgender Darstellung: «Für diese Arbeiten werden die Fahrenden meist mit Naturalien, die der Bauer nicht so wertet wie das Geld, entschädigt. Wohlversehen mit diesem Notvorrat verziehen sich die ‹Jenischen›, wie sie auch heissen, kurz vor Wintereinbruch in ihre bestimmten Widerstandquartiere.» Hercli Bertogg, «Aus der Welt der Bündner Vaganten», in: Schweizerisches Archiv für Volkskunde, Band 43, Basel 1946, S. 21–48; Zitat S. 30.
166 Thomas Huonker, Vortrag im Rätischen Museum, Chur, 5. Dezember 2008; http://www.thata.net/thomashuonkervortrag5dezember2008rhaetischesmuseumchur.html, abgerufen am 6. Januar 2009.
167 Statuten der Rad-Genossenschaft der Landstrasse, Erlach 23. April 1975, (Artikel 2, «Zweck»); Dokumentationszentrum der Radgenossenschaft, Schachtel: «Radgenossenschaft 1975–1986». In einer Revision 1977 wurde modifiziert: «Sie fördert Brauch und Kulturgut der Jenischen und Zigeuner anderer Stämme», nach: «Einladung zur Generalversammlung», Scharotl Nr. 1, 1977. Allerdings liegt auch eine Abschrift «Bereinigte Statuten», die der ursprünglichen Version entspricht und so beglaubigt wurde in Erlach am 12. Juli 1977 im Dokumentationszentrum der Radgenossenschaft, Schachtel: «Radgenossenschaft 1975–1986».
168 Statuten der Rad-Genossenschaft der Landstrasse, Erlach, 23. April 1975

(Artikel 4, «Mitgliedschaft»); siehe oben. Bei der Revision von 1977 wurde diese Passage wie folgt modifiziert: «Zum Fahrenden Volk Gehörende sind solche, die nachweisen können, dass wenigstens eines ihrer Grosseltern von Fahrenden abstammt, sowie solche (sic!), die mit diesen verheiratet oder verschwägert sind.»; «Einladung zur Generalversammlung», Scharotl Nr. 1, 1977; bzw. «Rad-Genossenschaft der Landstrasse, Statuten», Scharotl Nr. 3, 1984. Heute: «Zum Jenischen Volk Gehörende sind solche, die nachweisen können, dass wenigstens eines ihrer Grosseltern von Jenischen oder anderen Zigeuner-Stämmen abstammt, sowie solche, die mit diesen verschwägert sind.»; Statuten, erhalten vom Sekretariat der Radgenossenschaft, undatiert.
169 Thomas Huonker, Die ersten sieben Jahre (1975–1982), http://www.radgenossenschaft.ch/die_ersten_sieben_jahre.htm, abgerufen am 5. Mai 2009.
170 Mariella Mehr, Kinder der Landstrasse. Ein Hilfswerk, ein Theater und die Folgen, Bern 1987, S. 20.
171 «Radnachrichten», Scharotl Nr. 5/6, 1977.
172 Statuten der Rad-Genossenschaft der Landstrasse (Artikel 2, «Zweck»), nach: «Einladung zur Generalversammlung», Scharotl Nr. 1, 1977.
173 «Mariella Mehr als Roma-Aktivistin», auf der Homepage von Mariella Mehr; http://www.mariellamehr.com/romanipe/roma_info.htm, abgerufen am 6. November 2008.
174 Mariella Mehr, Nachrichten aus dem Exil/Nevipe andar o exilo, Klagenfurt 1998.
175 Jan Cibula, 30. April 2009.
176 Nach: «Weltorganisation der Zigeuner» in: Peter Sennhauser, «Zigeuner-Opfer des Holocausts übergangen», Der Bund, 27. Dezember 1997. Zu Jan Cibula: Ohne Autor, «Miro Drom – Mein Weg», Scharotl Nr. 3, September 1995. Zur Internationalen Romani-Union siehe den zuverlässig scheinenden Artikel in der englischsprachigen Wikipedia: http://en.wikipedia.org/wiki/International_Romani_Union, abgerufen am 5. Mai 2009.
177 Davide Cibula, Eine ältere Person über 70 (Arbeit an der Berufs-, Fach- und Fortbildungsschule über seinen Vater Jan Cibula), Bern, Februar/März 2009.
178 Jan Cibula, 30. April 2009.
179 Jan Cibula, 30. April 2009.
180 Mariella Mehr, Baschi Bangerter, Walter Wegmüller, laut Jan Cibula, 30. April 2009; dabei auch: Therese Wyss, Rob Gnant, nach: Radgenossenschaft der Landstrasse, «Erklärung des Präsidenten der RG anlässlich des Romano-Kongresso 1978. 8.–11. April 1978 in Genf, John Knox Center», signiert: Walter Wegmüller; Dokumentationszentrum der Radgenossenschaft, Ordner «Radgenossenschaft, Gründungsgeschichte und Arbeit bis 1982». Ebenfalls Zory Müller, nach: Christoph Mangold, «Zum Gedenken. Zory Lovary», Basler Zeitung, 17. April 2004.
181 «Upre roma», Scharotl Nr. 7, 1978.
182 Redeentwurf von Walter Wegmüller: Radgenossenschaft der Landstrasse, «Erklärung des Präsidenten der RG anlässlich des Romano-Kongresso 1978. 8.–11. April 1978, in Genf, John Knox Center», signiert: Walter Wegmüller; Dokumentationszentrum der Radgenossenschaft, Ordner «Radgenossenschaft, Gründungsgeschichte und Arbeit bis 1982».
183 Walter Wegmüller, 6. Januar 2010 (telefonisch).
184 Mariella Mehr, 25. April 2009.

185 Jan Cibula, Bern, an die Postverwaltung der Vereinten Nationen, Palais des Nations in Genf, 28. August 1984; Dokumentationszentrum der Radgenossenschaft, Ordner «Radgenossenschaft, 1984». Siehe auch: Radgenossenschaft der Landstrasse, Walter Wegmüller, Präsident, Zürich, an Bundesrat Kurt Furgler, 22. April 1978: «Wie Sie aus der Pressemitteilung ersehen, sind die Jenischen der Schweiz vom 2. Internationalen Zigeunerkongress in Genf als Rom, d. h. Zigeuner, anerkannt worden.»; Dokumentationszentrum der Radgenossenschaft, Ordner «Radgenossenschaft, Gründungsgeschichte und Arbeit bis 1982».
186 «Upre roma», Scharotl Nr. 7, 1978.
187 Siehe Wikipedia, «Jenische» (Diskussion: http://de.wikipedia.org/wiki/Diskussion:Jenische), Abschnitt «Herkunft aus der Armut»; Beitrag von Willi Wottreng vom 25. Oktober 2008, Beitrag von «Kiwiv» vom 4. November 2008 und weitere Beiträge bis zum 11. November 2008, abgerufen am 7. Dezember 2008. «Kiwiv» ist der Deckname eines Zigeunerforschers in Deutschland, der in Wikipedia aktiv ist. Deutsche Tsiganologen haben durch subjektive und in der Konsequenz minderheitsfeindliche Theorien über Jenische Anlass zur schärferen Behandlung bestimmter Fragen in diesem Buch gegeben.
188 Scharotl/Romano Drom Nr. 16, 1982.
189 Nach: Radgenossenschaft, Jürg M. Häfeli, Sekretär, Einschreiben (keine Adressaten aufgeführt, wahrscheinlich an die Verwaltungsräte der Radgenossenschaft), 10. Oktober 1984; Dokumentationszentrum der Radgenossenschaft, Ordner «Radgenossenschaft, 1984».
190 Verschiedentlich unter Jenischen zu hören. «Die Familie Briner (mit verschiedenen Schreibweisen) ist im schweizerischen Mittelland dokumentiert (u.a. Schweizerisches Bundesarchiv) seit mindestens 150 Jahren als jenische Korbmacherfamilie tätig. Yul Brynners Vater stammte aus dieser Familie.» Aus: Wikipedia, «Yul Brynner» (Diskussion http://de.wikipedia.org/wiki/Diskussion:Yul_Brynner), Abschnitt «Quellen f. Roma-Herkunft», Beitrag Fäberer vom 18. April 2006, abgerufen am 2. Mai 2009 (redaktionelle Korrektur ww).
191 Jan Cibula, 30. April 2009.
192 Rock Brynner, Yul. The Man Who Would Be King, New York 1989; siehe S. 25 sowie das Kapitel «Gipsy Millionaire», S. 119 ff.
193 «Die ‹höchsten› Schweizer ‹Zigeuner›», Scharotl Nr. 22, 28. März 1984.
194 Nach: Scharotl Nr. 24, 19. September 1984, Abdruck des Artikels von Sergius Golowin, «Gute Botschaft für eine Minderheit», aus «Berner Bär», 26. Juli 1984.
195 Robert Huber, 2. Februar 2009.
196 Mariella Mehr an Walter Ziehli (Vereinigung «Kultur und Volk» in Basel), Bern 15. September 1980; Schweizerisches Literaturarchiv, Archiv Mariella Mehr, Schachtel 20, «Briefe 1975–1982» (ohne Signatur).
197 Robert Huber, 30. April 2007.
198 Robert Huber, 30. April 2007.
199 Nach: Robert Huber, 30. April 2007 und 11. Juni 1007.
200 Robert Huber, 30. April 2007; siehe auch: Radgenossenschaft der Landstrasse, Protokoll der Generalversammlung vom 11. Februar 1984, 15 Uhr, im Restaurant Neuhaus, Wettingen AG; Dokumentationszentrum der Radgenossenschaft, Schachtel «Radgenossenschaft 1975–1986».

201 Als solcher wird er jedenfalls geführt in: Protokoll der Verwaltungsratssitzung vom 8. November 1984 in Schönenwerd, Solothurn; Dokumentationszentrum der Radgenossenschaft, Ordner «Radgenossenschaft, 1984».
202 Nach: Clemente Graff, «Edito», Scharotl Nr. 1, März 1985.
203 Robert Huber, 30. April 2007.
204 Nach: Thomas Huonker, Die ersten sieben Jahre (1975–1982), http://www.radgenossenschaft.ch/die_ersten_sieben_jahre.htm, abgerufen am 5. Mai 2009.
205 Jürg M. Häfeli, Sekretär, Mosogno, an die Radgenossenschaft, 10. Oktober 1984, «Lori Lobi im Lobirandi»; Dokumentationszentrum der Radgenossenschaft, Ordner «Radgenossenschaft 1984».
206 Venanz Nobel, 24. November 2008.
207 Nach: Robert Huber, 30. April 2007. Ähnlich: Venanz Nobel, 24. November 2008. (Diese Vorgänge sind in den Akten nicht direkt dargestellt.)
208 Robert Huber, 30. April 2007.
209 David Burri ist weiterhin Vizepräsident, Sekretär bleibt Clemente Graff; so: Radgenossenschaft, Zürich, an das Handelsregisteramt Kriegstetten, (ohne Datum, Bezug auf den Beschluss vom 16. Februar 1985), betreffend «Änderung in der Verwaltung»; Dokumentationszentrum der Radgenossenschaft, Ordner «Radgenossenschaft, 1985».
210 Radgenossenschaft, Zürich, an das Handelsregisteramt Kriegstetten, siehe oben.
211 «Vorstellungen», Scharotl Nr. 1, März 1985.
212 «Geschäftsleitung und Verwaltungsräte der Radgenossenschaft», Scharotl Nr. 1, März 1985.
213 Clemente Graff, «Edito», Scharotl Nr. 1, März 1985. Zur Zusammensetzung des Verwaltungsrates auch: Thomas Huonker: «Alle nicht-jenischen Mitglieder (ausser Sergius Golowin) traten aus dem Verwaltungsrat aus.» Thomas Huonker, Die ersten sieben Jahre (1975–1982), http://www.radgenossenschaft.ch/die_ersten_sieben_jahre.htm, abgerufen am 5. Mai 2009.
214 Elisabeth Kreienbühl, «Scharotl stellt vor», Scharotl Nr. 1, 1985, Ende März 1985.
215 Robert Huber, 6. August 2007.
216 Vormundschaftsbehörde Oberhalbstein, Savognin, an das Zentralsekretariat Pro Juventute, 9. August 1934; Privatarchiv Huber, Faszikel PJ 222, «Familie Huber-Moser».
217 Maurice Chappaz, Testament der oberen Rhone, in: Derselbe, Die hohe Zeit des Frühlings/Testament der oberen Rhone/Gesang von der Grande Dixence, Zürich, 1986, S. 99.
218 Grundbuch Bilten, Kataster-Nr. 658, Eintrag vom 19. August 1931, Beleg Nr. 783; Grundbuchamt Glarus.
219 Vormundschaftsbehörde Oberhalbstein, Savognin, an das Zentralsekretariat Pro Juventute, Alfred Siegfried, 29. September 1936; Privatarchiv Huber, Faszikel PJ 222, «Familie Huber-Moser». (Redigiert)
220 Bürgerregister der Gemeinde Savognin Band I/Blatt 18/Nr. 43, betreffend Huber, Jacob Peter und Moser, Maria Theresa; so laut: Schriftliche Bestätigung des Zivilstandsamtes Surses in Tinizong, Margaritha Poltera, an den Autor, 2. Dezember 2008, unter Beilage der Fotokopie.
221 (Kantonale Verwaltung, Graubünden), Listen der Heimatlosen 1840, Nr. 1205 bzw. 1206, «Huber Jacob-Peter»; Staatsarchiv Graubünden, CB III 318.
222 «Wasenmeister»; (Schweizerische) Tierseuchenverordnung vom 27. Juni 1995, Art. 311.

223 Siehe etwa: Werner König, «Das Jenische der Wasenmeister. Zum Funktionswandel einer Sondersprache», in: «...Im Gefüge der Sprachen». Studien zu System und Soziologie der Dialekte (Festschrift für Robert Hinderling), Stuttgart 1995, S. 115–129; Zitat S. 117. Ebenfalls: Doris Huggel, «Abdecker und Nachrichter in Luzern, fünfzehntes bis neunzehntes Jahrhundert», in: Richtstätte und Wasenplatz in Emmenbrücke (16.–19. Jahrhundert) Band 2, Schweizer Beiträge zur Kulturgeschichte und Archäologie des Mittelalters Band 19, Schweizerischer Burgenverein (Hrsg.), S. 193–221; namentlich S. 196.
224 Konrad Huber, Rätisches Namenbuch, Band III, Die Personnennamen Graubündens, Teil 2, Von Übernamen abgeleitete Familiennamen, Bern 1986, S. 676.
225 Nach: Gemeinde Savognin (Hrsg.), Savognin. Geschichte, Wirtschaft, Gemeinschaft, 1988, S. 311. (Über die Familie «Huber, Huober, Hober etc.»)
226 Der Eintrag lautet: «Nr. 235, Huber Jacob Peter u. Familie, unbekannt woher/Stockach (Schwaben)/Schweiningen zuerkannt». Kantonale Verwaltung, Graubünden, General-Verzeichnis über die im Kanton Graubünden aufgenommenen versorgten Heimatlosen 1839; Staatsarchiv Graubünden, CB II 1179. Erkundigungen in Stockach bei Stuttgart führten zu keinen weiteren Erkenntnissen.
227 Christian Efing, Das Lützenhardter Jenisch. Studien zu einer deutschen Sondersprache, Wiesbaden 2005, S. 16 Anm. 23.
228 Zu Stockach siehe: Hans Wager, Aus Stockachs Vergangenheit, Verein für Geschichte des Hegaus (Hrsg.), Hegau-Bibliothek Band 11, Radolfzell; darin namentlich auch das Kapitel «Auswanderungen aus dem alten Stockach», S. 75–80, wo übrigens (S.78) eine Karoline Huber erwähnt wird für die späte Zeit 1853.
229 Siehe: Jutta Nowosadtko, Scharfrichter und Abdecker. Der Alltag zweier «unehrlicher Berufe» in der Frühen Neuzeit, Paderborn 1994; Personenverzeichnis S. 405/406.
230 Siehe: Jutta Nowosadtko, im erwähnten Werk, S. 284–287; bzw. Bayerisches Hauptstaatsarchiv, München, Gerichtsliteralien, GL Faszikel 4630/18, «Wasenmeister»; als Fotokopien eingesehen.
231 (Kantonale Verwaltung, Graubünden), Listen der Heimatlosen 1840, Nr. 1205 bzw. 1206, «Huber Jacob-Peter»; Staatsarchiv Graubünden, CB III 318.
232 Im selben Dokument.
233 Guadench Dazzi, Mail an den Autor, 7. Januar 2009; siehe auch: Guadench Dazzi, «Bürger – angehörig – heimatlos. Zur Einbürgerungspolitik in Graubünden», in: Puur und Kessler, S. 40–66; S. 41.
234 Nach: Guadench Dazzi, «Bürger – angehörig – heimatlos. Zur Einbürgerungspolitik in Graubünden», in: Puur und Kessler, S. 40–66; namentlich S. 41.
235 Jakob Peter Huber an den Regierungsrat des Kantons Graubünden, Tiefenkastel, 5. Dezember (?) 1828; Staatsarchiv Graubünden, IV 26 b, Heimathörigkeit, Faszikel «Huber J. P. 1828».
236 Der Ammann von Schweiningen an den Regierungsrat des Kantons Graubünden, 3. April 1832; Staatsarchiv Graubünden, IV 26 b, Heimathörigkeit, Faszikel «Huber Jak. Peter v. Savognin 1832».
237 Im selben Dokument.
238 Im selben Dokument.
239 (Gemeinde Savognin, Hrsg.), Savognin. Geschichte, Wirtschaft, Gemeinschaft, 1988, S. 311.

240 Zusammenstellung der seit Anfang des Jahres 1852 durch den Schweizerischen Bundesrat beziehungsweise das Bundesgericht gefassten Entscheide über Einbürgerung von Heimatlosen, Bern 1855; Staatsarchiv Graubünden, CB III 318.

241 «Ganz eindeutig aber wurden die Sippenwanderer von den Sesshaften als grundsätzlich anders empfunden, als ‹Volksteil› etwa, ‹der sich gleichsam (absondert) vom übrigen Bündnervolk, wie es ein Regierungsmitglied in der Großratsdebatte über eine Motion betreffend die Jenischen formulierte.» Clo Meyer, Unkraut der Landstrasse, Industriegesellschaft und Nichtsesshaftigkeit, Disentis 1988, S. 79. (Wobei die Familie Huber keineswegs dauernd auf Wanderschaft war und der Begriff «Sippenwanderer» missverständlich wäre.)

242 Siehe auch: Werner König, «Das Jenische der Wasenmeister. Zum Funktionswandel einer Sondersprache», in: «…Im Gefüge der Sprachen». Studien zu System und Soziologie der Dialekte (Festschrift für Robert Hinderling), Stuttgart 1995, S. 115–129.

243 Bezirksgericht Albula, Urteil in Sachen Johannes Huber's sel. Kinder, Savognin, als Kläger, gegen Löbl. Gemeinde Savognin, als Beklagte, Tiefencastel, 2. Oktober 1937; Gemeindearchiv Vaz/Obervaz.

244 Robert Huber, 25. Juni 2007.

245 Robert Huber, 23. April 2007.

246 Robert Huber, 25. Juni 2007.

247 Antrag von Savognin, an die Vormundschaftsdirektion des Kts. Glarus, Savognin, 30. Juli 1935; Privatarchiv Huber, Faszikel PJ 222, «Familie Huber-Moser».

248 Kaufvertrag vom 30. September 1935, Kataster-Nr. 658, Beleg-Nr. 1069; Grundbuchamt Glarus.

249 Zum Beitrag von alt Gemeindepräsident H. Welti in Weesen siehe: P. Guetg, Savognin, an das Departement des Armenwesens in Chur, 17. Dezember 1932; Staatsarchiv Graubünden, IV d 1 1932, Faszikel «Vagantenkredit, Beiträge allgemein».

250 Siehe Faszikel: «Beitrag aus dem Vagantenkredit: Hauskauf für Math. Huber von Savognin»; Staatsarchiv Graubünden, IV 4 d 1 Fremdenpolizei, Vaganten – Allgemeines 1931.

251 Anmeldung zum Eintrag im Grundbuch, 14. September 1935; Kataster-Nr. 658, Beleg-Nr. 1069; Grundbuchamt Glarus.

252 Siehe: Andréa Kaufmann, «Armenordnungen und ‹Vagantenfürsorge›. Entwicklungen im Bündner Armen- und Fürsorgewesen», in: Puur und Kessler, S. 102–142.

253 Robert Huber, 25. Juni 2007.

254 Erzählungen von Robert Huber und seinem Cousin Albin Gemperle beim Besuch in Obervaz am 16. Oktober 2008; ebenfalls Hubers Schwester Ursulina Gemperle am selben Tag in Andeer. (Die Darstellung des Zentralsekretariats der Pro Juventute, Alfred Siegfried, wonach dies erst «nach dem Tod von Roberts Vater» geschehen sein soll, steht im Widerspruch zur familiären Überlieferung; Alfred Siegfried, Familie Huber von Savognin; Sippenarchiv im Staatsarchiv Graubünden.)

255 Robert Huber, 16. Oktober 2008, Besuch in Obervaz.

256 Jeannette Nussbaumer, Die Kellerkinder von Nivagl, Berlin, 2. Auflage 1997, S. 8.

257 Gemeinde Vaz/Obervaz (Hrsg.), Vaz/Obervaz in Wort und Bild, 1993.

258 Siehe auch Guadench Dazzi, «Die Konstruktion von Fremdbildern», in: Puur und Kessler, S. 67–102; darin S. 83: «Die Jenischen, welche bekanntermassen in der Gemeindegeschichte von Obervaz

eine nicht unwesentliche Rolle spielten, werden hier mit keinem Wort erwähnt.»
259 Vaz/Obervaz, S. 200.
260 Vaz/Obervaz, S. 327.
261 Vaz/Obervaz, S. 203.
262 Jeannette Nussbaumer, Die Kellerkinder von Nivagl, Berlin, 2. Auflage 1997, S. 17.
263 Robert Huber, 23. April 2007.
264 Robert Huber, 23. April 2007.
265 Robert Huber, 23. April 2007.
266 Siehe: Zentralsekretariat Pro Juventute, Zürich, an die Vormundschaftsbehörde Oberhalbstein, 14. September 1953; Kreisarchiv Surses, Vormundschaftsakten Robert Huber Nr. 020. «Beiliegend erhalten Sie die Akten Robert Huber...» (Erwähnt sind Akten vom 2. März 1936 bis zum 5. September 1953; die Akten selbst sind in diesem Archiv ab 1950 vorhanden.)
267 Siehe dazu etwa: Walter Leimgruber/Thomas Meier/Roger Sablonier, Das «Hilfswerk für die Kinder der Landstrasse». Historische Studie aufgrund der Akten der Stiftung Pro Juventute im Schweizerischen Bundesarchiv, Bundesarchiv Dossier 9, Bern 1998.
268 Alfred Siegfried «Vagantenkinder», NZZ Nr. 951, 13. Juni 1926.
269 Redaktioneller Nachtrag zu: Alfred Siegfried «Vagantenkinder», NZZ Nr. 951, 13. Juni 1926.
270 Siehe zum Thema auch die Studie: Daniel Bochsler/Simon Hug, How Minorities Fare under Referendums: a Cross-National Study, Budapest/Genf, Mai 2008. http://www.unige.ch/ses/spo/static/simonhug/hmfur.html, abgerufen am 22. Dezember 2009; darin unter den Schlussfolgerungen, S. 23: «In Situationen von ausgeprägten Mehrheits-Minderheits-Konflikten, wo die öffentliche Meinung polarisiert ist, scheint direkte Demokratie eine mögliche Diskriminierung der Minderheit eher zu verstärken als zu beseitigen.» (Übersetzung ww).
271 Robert Huber, 30. April 2007.
272 A. Hürlimann-Wartenweiler, Arbon, an das Zentralsekretariat Pro Juventute, (ohne Datum, Stempel: 6. August 1934); Privatarchiv Huber, Faszikel PJ 222, «Familie Huber-Moser».
273 Pfarramt Bilten, an das Zentralsekretariat Pro Juventute, 18. Dezember 1934; Privatarchiv Huber, Faszikel PJ 222, «Familie Huber-Moser».
274 Zeugnis von a. Gemeindeammann H. Welti in Weesen, im obigen Schreiben.
275 Robert Huber, 23. April 2007.
276 Vormundschaftsbehörde Oberhalbstein, Savognin, an das Zentralsekretariat Pro Juventute, 9. August 1934; Privatarchiv Huber, Faszikel PJ 222, «Familie Huber-Moser».
277 A. Hürlimann-Wartenweiler, Arbon, an das Zentralsekretariat Pro Juventute (ohne Datum, Stempel: 6. August 1934); Privatarchiv Huber, Faszikel PJ 222, «Familie Huber-Moser».
278 Vormundschaftsbehörde Oberhalbstein, Savognin, an das Zentralsekretariat Pro Juventute, 9. August 1934; Privatarchiv Huber, Faszikel PJ 222, «Familie Huber-Moser».
279 Zentralsekretariat Pro Juventute, Zürich, an A. Hürlimann-Wartenweiler in Arbon, 17. August 1934; Privatarchiv Huber, Faszikel PJ 222, «Familie Huber-Moser».
280 Im selben Schreiben.
281 A. Hürlimann-Wartenweiler, Arbon, an das Zentralsekretariat Pro Juventute, (o. D., Eingangsstempel 8. September 1934); Privatarchiv Huber, Faszikel PJ 222, «Familie Huber-Moser».
282 A. Hürlimann-Wartenweiler, Arbon, an das Zentralsekretariat Pro Juventute, 24. September 1934; Privatarchiv Huber, Faszikel PJ 222, «Familie Huber-Moser».

283 «Sie besuchte sie dort fleissig, nahm auch von Zeit zu Zeit einige von ihnen wieder zu sich ...»; Alfred Siegfried, Familie Huber von Savognin; Sippenarchiv im Staatsarchiv Graubünden.
284 P. Grob (Initial des Vornamens unsicher), Arbon, an das Zentralsekretariat Pro Juventute, 21. Februar 1936; Privatarchiv Huber, Faszikel PJ 222, «Familie Huber-Moser».
285 Siehe dazu: Zentralsekretariat Pro Juventute, sig. Gyr, Zürich, an Schwester Helen, zuhanden Kinderkrippe Arbon, 21. August 1935; Privatarchiv Huber, Faszikel PJ 222, «Familie Huber-Moser».
286 Gemeinde Savognin (Hrsg.), Savognin. Geschichte, Wirtschaft, Gemeinschaft, 1988, S. 152.
287 Vormundschaftsbehörde Oberhalbstein, Savognin, an das Zentralsekretariat Pro Juventute, 29. März 1935; Privatarchiv Huber, Faszikel PJ 222, «Familie Huber-Moser».
288 Vormundschaftsbehörde Oberhalbstein, Savognin, im selben Schreiben.
289 Landjägercorps des Kt. Glarus, Niederurnen, an das Zentralsekretariat Pro Juventute, 13. Dezember 1934; Privatarchiv Huber, Faszikel PJ 222, «Familie Huber-Moser».
290 Zentralsekretariat Pro Juventute, Zürich, an die Landjägerstation Niederurnen, 3. April 1935; Privatarchiv Huber, Faszikel PJ 222, «Familie Huber-Moser».
291 Gemeindevorstand Savognin, Armenbehörde, an das Zentralsekretariat Pro Juventute, 19. Mai 1935; Privatarchiv Huber, Faszikel PJ 222, «Familie Huber-Moser».
292 Der Gemeindepräsident von Savognin, P. Guetg, an die Vormundschaftsdirektion des Kantons Glarus, 30. Juli 1935; Privatarchiv Huber; Faszikel PJ 222, «Familie Huber-Moser».
293 Im selben Antrag.
294 Im selben Schreiben.
295 Zentralsekretariat Pro Juventute, sig. Gyr, Zürich, an Schwester Helen, zuhanden Kinderkrippe Arbon, 21. August 1935, Privatarchiv Huber, Faszikel PJ 222, «Familie Huber-Moser».
296 Armenpflege Bilten, sig. G. Bollinger, Pfarrer, an das Zentralsekretariat Pro Juventute, 20. Januar 1935; Privatarchiv Huber, Faszikel PJ 222, «Familie Huber-Moser».
297 Auszug aus dem Protokoll des Regierungsrates des Kantons. Glarus vom 23. Januar 1936 (Kopie); Privatarchiv Huber, Faszikel PJ 222, «Familie Huber-Moser».
298 Auszug aus dem Protokoll der Vormundschaftsbehörde Oberhalbstein, 24. Februar 1936; Privatarchiv Huber, Faszikel PJ 222, «Familie Huber-Moser».
299 Robert Huber, 6. August 2007.
300 Vormundschaftsbehörde Oberhalbstein, Savognin, 30. Juli 1935, an das Zentralsekretariat Pro Juventute; Privatarchiv Huber, Faszikel PJ 222, «Familie Huber-Moser».
301 Besuch auf dem Grundbuchamt Glarus, 8. Juli 2008; siehe auch Mail von Grundbuchverwalter Erich Heiz an den Autor, 31. Oktober 2008: «Vorweg stellen wir fest, dass für den Eintrag im Grundbuch alle notwendigen Voraussetzungen erfüllt waren.»
302 Kaufvertrag vom 30. September 1935, Kataster-Nr. 658, Beleg-Nr. 1069; Grundbuchamt Glarus.
303 Kaufvertrag, erwähnt.
304 Mail des Grundbuchverwalters Erich Heiz an den Autor, 31. Oktober 2008.
305 «Wohnort: Wangen (Schwyz)», Angabe in: Kantonales Asyl Realta, Cazis, Ärztliches Zeugnis über Engelina Huber,

3. Mai 1936; Psychiatrische Klinik Beverin/Justizvollzugsanstalt Realta, Insassenakten Engelina Huber. Ein Sohn, Wilhelm, entläuft der Pro Juventute und wird bei der Mutter in Siebnen weggeholt, berichtet Alfred Siegfried, in: Familie Huber von Savognin; Sippenarchiv im Staatsarchiv Graubünden.

306 Hilfswerk für die Kinder der Landstrasse, Zusammenfassung: Familie Johann Huber-Moser. (Ohne Ort, ohne Datum, ohne Unterschrift); Privatarchiv Huber, Faszikel PJ 668, «Robert Huber».

307 Mail von Sonja Bruhin, Einwohnerkontrolle der Gemeinde Wangen, an den Autor, 20. Januar 2009; Mail von Beatrice Holdener, Einwohnerkontrolle der Gemeinde Siebnen-Schübelbach, an den Autor, 26. Januar 2009.

308 Alfred Siegfried, Familie Huber von Savognin; Sippenarchiv im Staatsarchiv Graubünden.

309 Das Marienheim an der Ecke Engadinerstrasse/Gäuggelistrasse, geführt von Ingenbohler Schwestern, diente als Heim für stellenlose Mädchen; im Gebäude befand sich auch ein Kindergarten. Siehe auch: Mail von Gudrun Schuler, Provinzarchivarin im Kloster Ingenbohl, an den Autor, 20. Februar 2009.

310 Alfred Siegfried, Familie Huber von Savognin; Sippenarchiv im Staatsarchiv Graubünden.

311 Zentralsekretariat Pro Juventute, Alfred Siegfried, Zürich, an P. Guetg, Präsident der Vormundschaftsbehörde Oberhalbstein in Savognin, 16. März 1936; Privatarchiv Huber, Faszikel PJ 222, «Familie Huber-Moser».

312 Bezirksgericht March, Urteil in der Strafklage gegen Engelina Huber-Moser und Mitangeklagten, betreffend Einfache Unzucht, Sitzung vom 26. März 1936; Psychiatrische Klinik Beverin/Justizvollzugsanstalt Realta, Insassenakten Engelina Huber.

313 Einvernahmeprotokoll vom 7. April 1936, Angelina Huber-Moser von Savognin, z. Zeit in der Anstalt Realta; Psychiatrische Klinik Beverin/Justizvollzugsanstalt Realta, Insassenakten Engelina Huber.

314 Bezirksgericht March, Urteil in der Strafklage gegen Engelina Huber-Moser und Mitangeklagten, betreffend Einfache Unzucht, Sitzung vom 26. März 1936; Psychiatrische Klinik Beverin/Justizvollzugsanstalt Realta, Insassenakten Engelina Huber

315 Pro Juventute, Zürich, 19. März 1936, an P. Guetg, Präsident der Vormundschaftsbehörde Oberhalbstein in Savognin; Psychiatrische Klinik Beverin/Justizvollzugsanstalt Realta, Insassenakten Engelina Huber.

316 Zentralsekretariat Pro Juventute, Alfred Siegfried, Zürich, an P. Guetg, Präsident der Vormundschaftsbehörde Oberhalbstein in Savognin, 19. März 1936; Psychiatrische Klinik Beverin/Justizvollzugsanstalt Realta, Insassenakten Engelina Huber.

317 Im selben Schreiben.

318 Einvernahmeprotokoll vom 7. April 1936, Angelina Huber-Moser von Savognin, z. Zeit in der Anstalt Realta; Psychiatrische Klinik Beverin/Justizvollzugsanstalt Realta, Insassenakten Engelina Huber.

319 Im selben Einvernahmeprotokoll.

320 So Robert Huber am 23. April 2007.

321 Zentralsekretariat Pro Juventute, Alfred Siegfried, Zürich, an den Kleinen Rat von Graubünden, 22. Mai 1936; Privatarchiv Huber, Faszikel PJ 222, «Familie Huber-Moser».

322 P. Guetg, Präsident der Vormundschaftsbehörde Oberhalbstein, Savognin, an das Zentralsekretariat Pro

Juventute, Alfred Siegfried, 22. Mai 1936; Privatarchiv Huber, Faszikel PJ 222, «Familie Huber-Moser».
323 Robert Huber, 23. April 2007.
324 Bezirksgericht Albula, Urteil in Sachen Johannes Hubers sel. Kinder, Savognin, als Kläger, gegen Löbl. Gemeinde Savognin, als Beklagte ... , Tiefencastel, 2. Oktober 1937; Gemeindearchiv Vaz/Obervaz.
325 Vormundschaftsbehörde Oberhalbstein, P. Guetg, Savognin, an das Zentralsekretariat Pro Juventute, Alfred Siegfried, 26. August 1936; Privatarchiv Huber, Faszikel PJ 222, «Familie Huber-Moser».
326 Nach: Pro Juventute, Alfred Siegfried, an die Vormundschaftsbehörde Savognin, Zürich, 16. September 1937; Privatarchiv Huber, Faszikel PJ 222, «Familie Huber-Moser».
327 Armenbehörde Obervaz, Nicolo Jochberg, an Pro Juventute, Alfred Siegfried, 2. November 1937; Privatarchiv Huber, Faszikel PJ 222, «Familie Huber-Moser».
328 Vormundschaftsbehörde Oberhalbstein, P. Guetg, an Pro Juventute, Alfred Siegfried, 20. September 1937 (Nachtrag); Privatarchiv Huber, Pro Juventute, Faszikel PJ 222, «Familie Huber-Moser.»
329 Bezirksgericht Albula, Urteil in Sachen Johannes Hubers sel. Kinder, Savognin, als Kläger, gegen Löbl. Gemeinde Savognin, als Beklagte, Tiefencastel, 2. Oktober 1937; Gemeindearchiv Vaz/Obervaz.
330 Zentralsekretariat Pro Juventute, Alfred Siegfried, Zürich, an Nicolo Jochberg, 16. September 1937; Privatarchiv Huber, Faszikel PJ 222, «Familie Huber-Moser».
331 Armenbehörde Obervaz, Nicolo Jochberg, an Alfred Siegfried, 2. November 1937; Privatarchiv Huber, Faszikel PJ 222, «Familie Huber-Moser».
332 Polizeikommando des Kantons St. Gallen, Auszug aus dem Strafregister des Kantons St. Gallen, (Stempel, unlesbar, vermutlich September 1940); Privatarchiv Huber, Faszikel PJ 222, «Familie Huber-Moser».
333 Stadt St. Gallen, Vormundschafts- u. Armenverwaltung, Waisenamt, Anhörung von Frau Angelina Huber, 31. Mai 1940; Privatarchiv Huber, Faszikel PJ 222, «Familie Huber-Moser».
334 Überweisungskommission March, Beschluss in Untersuchungssachen gegen Huber-Moser Engelina und Mitangeschuldigte betreffend Diebstahl, 7. Juni 1941; Archiv des Bezirksamtes March.
335 Im selben Beschluss.
336 Robert Huber, 7. Juli 2007, Besuch in Wallenwil.
337 Alfred Büchi «Aus dem ‹alten› Wallenwil», in: Gemeinde Eschlikon (Hrsg.), Geschichten und Anekdoten. Frauen und Männer aus Eschlikon, Hurnen und Wallenwil erzählen von vergangenen Zeiten, S. 46–49; Zitat S. 46.
338 Im Jahr 1938 Fr. 378.–, davon Fr. 120.– Beitrag der Gemeinde Savognin, Fr. 100.– Cadonaubeitrag, nach: Pro Juventute (Zusammenstellung), Zürich 11. Januar 1939; Privatarchiv Huber, Faszikel PJ 222, «Familie Huber-Moser».
339 Robert Huber, 6. April 2009; siehe auch: Frikije Krasniqi Matai/Carmen Strassburg/Ursula Weilenmann, Biographisches Interview mit R. Huber, HSA Luzern, Oktober 2005, Zeile 840; Dokumentationszentrum der Radgenossenschaft.
340 Alfred Siegfried, Familie Huber von Savognin; Sippenarchiv im Staatsarchiv Graubünden.
341 Robert Huber, 23. April 2007.
342 Robert Huber, 23. April 2007.
343 Robert Huber, 2. März 2009.

344 Alfred Siegfried, Zürich, an Max Rentsch, Direktor der Anstalten von Bellechasse, 22. Juli 1952; Bellechasse-Akten Nr. 24–26.
345 Robert Huber, 23. April 2007.
346 Robert Huber, 23. April 2007.
347 Schulgemeinde Eschlikon (Hrsg.), Geschichte von Eschlikon, 3. Auflage, März 1996, S. 83.
348 Robert Huber, 23. April 2007.
349 Robert Huber, 23. April 2007.
350 Pro Juventute, Alfred Siegfried, Zürich, an Max Rentsch, Direktor der Anstalten von Bellechasse, 22. Juli 1952; Bellechasse-Akten Nr. 24–26.
351 Inserat des Erziehungsheims «Am Ray» in der NZZ, wiederholt publiziert, hier nach: NZZ Nr. 539, 13. März 1948.
352 Privat-Erziehungsheim «Am Ray», Quarten, Walensee, «Beobachtungsbericht» für Hubert Robert, geb. 1933, von Savognin; Archiv Fischingen.
353 Im selben Bericht.
354 Kinderheim St. Iddazell, Fischingen, Personalblatt für Schüler, Resultat der schulärztlichen Eintritts-Untersuchung, (o. D., ohne Unterschrift); Archiv Fischingen.
355 Robert Huber, 7. Juli 2008, Besuch in Fischingen.
356 Robert Huber, 7. Juli 2008, Besuch in Fischingen.
357 Robert Huber, 7. Juli 2008, Besuch in Fischingen.
358 Robert Huber, 23. April 2007.
359 Fragebogen zur Anmeldung ins Erziehungsheim St. Iddazell Fischingen, Zürich, 19. März 1947, sig. L. Gyr, Pro Juventute; Archiv Fischingen.
360 Ohne Autor (offenbar Alfred Siegfried) «Warum befasst sich Pro Juventute mit den Kindern des fahrenden Volkes?», Mitteilungen des Hilfswerkes für die Kinder der Landstrasse (unter Aufsicht der Stiftung Pro Juventute), September 1943.
361 Zentralsekretariat Pro Juventute, Alfred Siegfried, Zürich, an Frau Keller, Wallenwil bei Eschlikon, 13. Juni 1949; Archiv Fischingen.
362 Zentralsekretariat Pro Juventute, Alfred Siegfried, Zürich, an Max Rentsch, Direktor der Anstalten Bellechasse, 5. Mai 1962; Bellechasse-Akten Nr. 12. Ebenfalls: Derselbe an die Vormundschaftsbehörde Oberhalbstein, 3. Mai 1952; Privatarchiv Huber, Faszikel «Vormundschaftsbehörde Oberhalbstein, Robert Huber».
363 Nach: Sara Galle/Thomas Meier, Von Menschen und Akten. Die Aktion «Kinder der Landstrasse» der Stiftung Pro Juventute, Zürich 2009, S. 24.
364 Robert Huber, 25. Juni 2007.
365 Robert Huber, 23. April 2007.
366 Robert Huber, 23. April 2007.
367 Pro Juventute, Alfred Siegfried, Zürich, an Frau Keller, Wallenwil bei Eschlikon, 13. Juni 1949; Archiv Fischingen.
368 Robert Huber, 23. April 2007.
369 Robert Huber, 23. April 2007.
370 Albert Minder, Die Korber-Chronik. Aus dem Wanderbuch eines Heimatlosen, Aarau, 1963, S. 10.
371 Etablissements de Bellechasse, Dépot Nr. 213, 24. Februar 1950 (Effektenverzeichnis); Bellechasse-Akten Nr. 3.
372 Etablissements de Bellechasse (Fragebogen), 19. Juli 1949; Bellechasse-Akten Nr. 5.
373 (Bellechasse, ohne Autor) Die Anstalten von Bellechasse 1898/1948, Freiburg, S. 45.
374 Im selben Buch, S. 41.
375 Anstalten Bellechasse, Der Direktor, An die Vormundschaftsbehörde Oberhalbstein, 13. Oktober 1952; Bellechasse-Akten Nr. 36.
376 Robert Huber, 23. April 2007.

377 Thomas Meier, «Die ‹Kinder der Landstrasse› aus Graubünden. Daten, Stationen, Lebensläufe», in: Puur und Kessler, S. 219–263; Zitat S. 238.
378 «Gerichtssaal. Die Bluttat vom Scheltenpass», NZZ Nr. 3123, 18. Dezember 1953.
379 Notizen des Autors nach einer Begegnung mit Sergius Golowin im Jahr 2000.
380 Zentralsekretariat Pro Juventute, Schulkind und Fürsorge, Zürich, an Camille Gret, Direktor der Erziehungsanstalt Erlenhof in Sugiez, 21. Februar 1950; Bellechasse-Akten Nr. 6.
381 Robert Huber, 23. April 2007.
382 Alfred Siegfried, Familie Huber von Savognin; Sippenarchiv im Staatsarchiv Graubünden.
383 Robert Huber, 30. April 2007.
384 Robert Huber, 25. Juni 2007.
385 Pro Juventute, Alfred Siegfried, Zürich, an Max Rentsch, Direktor der Anstalten von Bellechasse, 22. Juli 1952; Bellechasse-Akten Nr. 24–26.
386 Robert Huber, 25. Juni 2007.
387 Robert Huber, 30. April 2007.
388 Nach: Vormundschaftsbehörde Oberhalbstein, Tinizong, an Pro Juventute, Alfred Siegfried, 21. November 1953; Privatarchiv Robert Huber, Faszikel PJ 668, «Robert Huber».
389 Zentralsekretariat Pro Juventute, sig. B. Ziegler, Zürich, an die Armenpflege Savognin, 24. September 1953; Gemeindearchiv Savognin.
390 Hans Rudolf Kurz, «Das Anliegen der Fremdenlegion», in: Dokumentationen zum Kampf gegen den Eintritt junger Schweizer in die Fremdenlegion, Komitee gegen den Eintritt junger Schweizer in die Fremdenlegion (Hrsg.), Aarau 1963, S. 8–29; Zitat S. 18.
391 In derselben Dokumentation, S. 16.
392 Gabi Bader, 27. April 2009, Tonbandaufnahme; siehe auch: Willi Wottreng, «Ich ging in die Legion» (Das Schicksal des jenischen Verdingkindes Gabi B.), NZZ am Sonntag, 19. Juli 2009.
393 Robert Huber, 23. April 2007.
394 Kantonspolizei St. Gallen, Polizeiposten Wil III, an das Bezirksamt Wil, 24. April 1952, Bellechasse-Akten Nr. 8–10.
395 Gemäss demselben Polizeirapport.
396 Derselbe Bericht der Kantonspolizei.
397 Robert Huber, 23. April 2007.
398 Bericht der Kantonspolizei, siehe oben.
399 Bericht der Kantonspolizei, siehe oben.
400 Robert Huber, 23. April 2007.
401 Pro Juventute, Alfred Siegfried, Zürich, an die Vormundschaftsbehörde Oberhalbstein, 17. November 1953; Privatarchiv Huber, Faszikel PJ 668, «Robert Huber», bzw. Vormundschaftsbehörde Oberhalbstein, Mulegns, an das Zentralsekretariat Pro Juventute, Alfred Siegfried, 17. Mai 1952; Bellechasse-Akten Nr. 32.
402 Verwaltungsnotiz ohne Datum (liniertes und gelochtes Notizblatt): Bellechasse-Akten Nr. 14.
403 Robert Huber, 23. April 2007.
404 «Was der Beobachter zu Bellechasse sagt: Eine Kommission untersucht sich selber», Schweizerischer Beobachter, 28. Februar 1951, S. 146–148.
405 Andreas Bernoulli, Die Anstalten von Bellechasse FR, Der schweizerische Strafvollzug Band 10, Aarau/Frankfurt am Main/Salzburg 1979, S. 50.
406 Bernoulli, S. V.
407 Siehe etwa: «Zürcher Kantonsrat», NZZ Nr. 1878, 1. September 1952.
408 «Was der Beobachter zu Bellechasse sagt: Eine Kommission untersucht sich selber», Schweizerischer Beobachter, 28. Februar 1951, S. 146–148.
409 Im selben Artikel.
410 Nach: «Conférence de presse sur Bellechasse», La Liberté (Quotidien

politique, religieux, social de Fribourg), 2. Februar 1951.
411 Robert Huber, 23. April 2007.
412 Zu Ernst Thalmann, siehe etwa: (Gerichtsberichterstatter), «Der Mord von Mammern vor Gericht. Thalmann zu 10 Jahren Zuchthaus verurteilt», NZZ Nr. 1612, 27. Oktober 1945; bzw.: ag, «Freiburg. Wiederaufbau der Strafanstalt in Bellechasse», NZZ Nr. 989, 6. Mai 1952. («Am 28. November 1951 wurde das Hauptgebäude der Strafanstalt von Bellechasse von einem Häftling, dem berüchtigten Pyromanen Thalmann, in Brand gesteckt.») Zu Louis Gavillet siehe etwa: b, «Der Mord von Bionnens», NZZ Nr. 1710, 8. August 1952. («Im Gefolge dieser Vorgängen… wurde Louis Gavillet neuerdings festgenommen und in der Anstalt Bellechasse interniert.»)
413 Mail von Eveline Seewer, Adjunktin im Staatsarchiv Freiburg/Fribourg, an den Autor, 29. August 2008. Siehe auch: ag, «Zehn Jahre Zuchthaus für einen Friedensrichter», NZZ Nr. 2903, 19. Dezember 1952.
414 Mail von Eveline Seewer, Adjunktin im Staatsarchiv Freiburg, an den Autor, 30. September 2008.
415 Robert Huber, 23. April 2007.
416 Robert Huber, 23. April 2007.
417 Der Direktor von Bellechasse, an Oberst David Scheitlin, Aushebungsoffizier der 2. Div., Murten, 25. Juli 1952 (Durchschlag); Bellechasse-Akten Nr. 18.
418 Der Direktor von Bellechasse an das Zentralsekretariat Pro Juventute, Alfred Siegfried, 1. September 1952 (Durchschlag), Bellechasse-Akten Nr. 31.
419 Pro Juventute, Alfred Siegfried, Zürich, an Max Rentsch, Direktor der Anstalten von Bellechasse, 22. Juli 1952; Bellechasse-Akten Nr. 24–26.
420 Robert Huber, Anstalt Bellechasse, Sugiez, an die Amtsvormundschaft Chur, (o. D., nach Angaben im Brief zu datieren auf Anfang Oktober 1952), Bellechasse-Akten Nr. 34.
421 Robert Huber, 23. April 2007.
422 Robert Huber, 23. April 2007.
423 Robert Huber, 23. April 2007.
424 Universität Freiburg, Psychologisch-psychiatrische Poliklinik, Psychologischer Bericht über Robert Huber, geprüft am 14. Juli 1952 in Bellechasse, 18. Juli 1952; Bellechasse-Akten Nr. 27/28.
425 Robert Huber, 30. April 2007.
426 Robert Huber, 30. April 2007.
427 Robert Huber, 30. April 2007.
428 Nach: Robert Huber, 30. April 2007.
429 Der Direktor von Bellechasse, an die Vormundschaftsbehörde Oberhalbstein, 13. Oktober 1952 (Durchschlag); Bellechasse-Akten Nr. 36. (Schreibfehler so im Original.)
430 Robert Huber an den Direktor von Bellechasse (o. D.) (Fotokopie in den Akten); Bellechasse-Akten Nr. 38.
431 Der Direktor von Bellechasse, an das Zentralsekretariat Pro Juventute, 22. Januar 1953 (Durchschlag); Bellechasse-Akten Nr. 43.
432 Robert Huber, 30. April 2007.
433 Robert Huber, 30. April 2007.
434 «Schlendereian» (sic!); Pro Juventute, Alfred Siegfried, Zürich, an die Vormundschaftsbehörde Oberhalbstein, 17. November 1953; Privatarchiv Huber, Faszikel PJ 668, «Robert Huber».
435 Robert Huber, 25. Juni 2007.
436 Alfred Siegfried, Familie Huber von Savognin; Sippenarchiv im Staatsarchiv Graubünden.
437 Am selben Ort.
438 Eugen Bleuler, Lehrbuch der Psychiatrie, Berlin 1916; «Moralische Idiotie» S. 484, «Querulantenwahnsinn»

S. 378. Siehe zum Thema: Willi Wottreng, Hirnriss. Wie die Irrenärzte August Forel und Eugen Bleuler das Menschengeschlecht retten wollten, Basel 1999.
439 Alfred Siegfried, Familie Huber von Savognin; Sippenarchiv im Staatsarchiv Graubünden.
440 Alfred Siegfried, Familie Huber von Savognin; Sippenarchiv im Staatsarchiv Graubünden.
441 Daniel Huber, 8. Februar 2009.
442 Robert Huber, 30. April 2007.
443 Robert Huber, 23. April 2007.
444 Susanna Schwager, «Ursulina Gemperle. Zigeunerin, Hausfrau, Mutter», in: Dieselbe, Das volle Leben. Frauen über achtzig erzählen, Gockhausen 2007, S. 68–81; Zitat S. 74.
445 Nach ihren eigenen Angaben; Susanna Schwager, «Ursulina Gemperle. Zigeunerin, Hausfrau, Mutter», siehe oben, S. 72.
446 Ursulina Gemperle im selben Interview, S. 73.
447 Ursulina Gemperle im selben Interview, S. 73.
448 Ursulina Gemperle im selben Interview, S. 74.
449 Ursulina Gemperle im selben Interview, S. 70 f.
450 Ursulina Gemperle im selben Interview, S. 77.
451 Nach, Robert Huber, 6. April 2009. Die Angabe von Ursulina Gemperle im Interview, dass die Mutter in einer Klinik gestorben sei, stimmt gemäss Robert Huber nicht; ebenfalls nicht die Angabe, dass die Mutter beim Tod noch nicht 50-jährig gewesen sei. Es handelt sich offenbar um eine Vermischung des Lebensende der Mutter mit deren Internierung in der Korrektionsanstalt bzw. Psychiatrischen Klinik in Cazis.
452 Polizeikorps des Kantons Aargau, Baden, Bericht vom 20. November 1946 an das Bezirksamt Baden, über Maria Huber, betreffend Selbstmord durch Gasvergiftung; Privatarchiv Huber, Faszikel PJ 555, «Marie Huber sel.».
453 Verfügung der Staatsanwaltschaft des Kantons Aargau, vom 9. Dezember 1946; Faszikel PJ 555, «Marie Huber sel.».
454 Die Darstellung folgt: Frikije Krasniqi Matai/Carmen Strassburg/Ursula Weilenmann, Biographisches Interview mit R. Huber, HSA Luzern, Oktober 2005, Zeilen 214–238; Dokumentationszentrum der Radgenossenschaft. Robert Huber ähnlich in Gesprächen mit dem Autor.
455 Zentralsekretariat Pro Juventute, Alfred Siegfried, Zürich, an R. Irmiger-Egloff in Niederrohrdorf, 18. November 1947; Privatarchiv Huber, Faszikel PJ 555, «Marie Huber sel.».
456 Alfred Siegfried, im selben Schreiben.
457 Polizeikorps des Kantons Aargau, Baden, Bericht vom 20. November 1946 an das Bezirksamt Baden, über Maria Huber, betreffend Selbstmord durch Gasvergiftung; Privatarchiv Huber, Faszikel PJ 555, «Marie Huber sel.».
458 Friede Charlotte Göbeler gegenüber der Polizei; nach: Polizeikorps des Kantons Aargau, Baden, Bericht vom 20. November 1946 an das Bezirksamt Baden, über Maria Huber, betreffend Selbstmord durch Gasvergiftung; Privatarchiv Huber, Faszikel PJ 555, «Marie Huber sel.».
459 J. Huber, St. Gallen, an Alfred Siegfried, Zentralsekretär der Pro Juventute (handschriftlich, ohne Datum), Privatarchiv J. Huber, lose, Herkunft unklar; Kopie auch in der Schachtel mit Faszikel PJ 668, «Hermann Huber», lose. Robert Huber glaubt, der Brief stamme von

Josepha Huber-Federspiel, Schwägerin von Robert Huber und Frau seines ältesten Bruders Johann; Robert Huber am 6. April 2009.
460 Thomas Huonker, Die ersten sieben Jahre (1975–1982), http://www.radgenossenschaft.ch/die_ersten_sieben_jahre.htm, abgerufen am 5. Mai 2009.
461 Statuten der Rad-Genossenschaft der Landstrasse, Erlach, 23. April 1975 (Artikel 2, «Zweck»). In einer Revision 1977 wurde modifiziert: «Sie fördert Brauchtum und Kulturgut der Jenischen und Zigeuner anderer Stämme», siehe: «Einladung zur Generalversammlung»: Scharotl Nr. 1, 1977.
462 Robert Huber, 7. Juli 2007.
463 Robert Hubert, 30. April 2007.
464 Thomas Eigenmann/Rolf Eugster, Fahrende und Raumplanung (Gutachten im Auftrag der Stiftung «Zukunft für Schweizer Fahrende»), St. Gallen, 30. Mai 2001.
465 Robert Huber, 7. Mai 2007.
466 Venanz Nobel, 24. November 2008.
467 «Zigeunerfamilie wird vertrieben», Scharotl Nr. 3/4, 1977.
468 Venanz Nobel, 24. November 2008.
469 Robert Huber, 7. Mai 2007.
470 (sda), «Zigeuner besetzen Luzerner Parkplatz. Forderung nach festen Standplätzen», NZZ Nr. 116, 22. Mai 1985.
471 Robert Huber, 7. Mai 2007.
472 Venanz Nobel, 24. November 2008.
473 Franz Kurzmeyer, Stadtpräsident von Luzern, an die Radgenossenschaft, Sekretariat Clemente Graff (Graf) in Wettingen, 31. Mai 1985; Dokumentationszentrum der Radgenossenschaft, Ordner «Radgenossenschaft, 1984».
474 Robert Huber, Präsident, und David Burri, Vizepräsident, an Pfarrer Stadelmann in Luzern, Luzern, 7. Juni 1985, betreffend «Lösung des ‹Problems Fahrende auf dem Lidoparkplatz›»; Dokumentationszentrum der Radgenossenschaft, Ordner «Radgenossenschaft, 1984».
475 Radgenossenschaft der Landstrasse, «An die interessierte Öffentlichkeit» (Pressemitteilung), Luzern, 14. Juni 1985; Dokumentationszentrum der Radgenossenschaft, Ordner «Radgenossenschaft, 1984».
476 Siehe auch: «Einigung zwischen Luzerner Behörden und den Jenischen. Provisorium bis Ende 1986 in Ibach», NZZ Nr. 139, 19. Juni 1985.
477 Advokaturbüro Sennhauser, Gross und Linder, Luzern, an das Amtsstatthalteramt Luzern-Stadt, Dr. F. Mattmann, 22. August 1985; Dokumentationszentrum der Radgenossenschaft, Ordner «Radgenossenschaft. 1985». Namentlich aufgeführt sind die 39 Verzeigten in: Amtsstatthalteramt Luzern-Stadt, AKNr. 7046-7084/75/4, Luzern, 26. Juli 1985; Dokumentationszentrum der Radgenossenschaft, Schachtel: «Radgenossenschaft 1975–1986».
478 Robert Huber, 7. Mai 2007.
479 Robert Huber, 7. Mai 2007.
480 Amtsstatthalteramt Luzern-Stadt, Einstellungsverfügung in der Strafsache gegen Bader Peter… (und 36 weitere), Luzern, 14. März 1986; Schweizerisches Literaturarchiv, Archiv Mariella Mehr, Schachtel 32 «Briefe 1984–1987», Faszikel 2 (ohne Signatur).
481 (Ohne Autor), «Editorial», Scharotl Nr. 1/1986.
482 Robert Huber, 7. Mai 2007.
483 Mariella Mehr, «Liebe Freunde», Editorial, Scharotl Nr. 1, 1. Juni 1975.
484 Rundbrief «An alle Verwaltungsräte», signiert: Robert Huber, Zürich, 15. Juli 1987; Dokumentationszentrum der Radgenossenschaft, Ordner «Korrespondenz Radgenossenschaft intern» (Ohne Datierung).

485 «Geschäftsleitung der Radgenossenschaft der Landstrasse» (im Anschluss an den Bericht über die Generalversammlung in Trimbach vom 15. Februar 1986), Scharotl Nr. 1, Februar 1986.
486 Gespräch mit David Burri und mit Maria «Fineli» Mehr, 22. August 2009.
487 Statuten der Evangelischen Zigeunermission der Schweiz «Licht und Leben», ohne Datum (vermutlich 1984), signiert von Marcel Bittel, Paul Kappeler, Joseph Ostertag, Jacques Meyer; Dokumentationszentrum der Radgenossenschaft, Ordner «Radgenossenschaft, 1984».
488 Siehe etwa: Mariella Mehr, Kinder der Landstrasse. Ein Hilfswerk, ein Theater und die Folgen, Bern 1987, S. 26.
489 Radgenossenschaft, Robert Huber, an Bruno und Teresa Grossmann, Zürich, 28. April 1987, ähnlich derselbe an Zory Müller, Zürich, 28. April 1987 («Deine privaten Machenschaften»); Dokumentationszentrum der Radgenossenschaft, Ordner «Korrespondenz Radgenossenschaft intern» (ohne Datierung).
490 Paul Schirmer, an die Radgenossenschaft, Elsau, 21. Juni 1985; Dokumentationszentrum der Radgenossenschaft, Ordner «Korrespondenz Radgenossenschaft intern» (ohne Datierung).
491 Mariella Mehr, an Robert Huber, die Stiftung «Naschet Jenisches» und die Vorstandsmitglieder der Radgenossenschaft, Malix, 27. Januar 1987; Dokumentationszentrum der Radgenossenschaft, Ordner «Korrespondenz Radgenossenschaft intern» (ohne Datierung).
492 He., «Stiftung für die Akten der ‹Kinder der Landstrasse›?. Schwierige Konsensfindung bei den Fahrenden», NZZ Nr. 201, 1. September 1986.
493 Daniel Huber, 8. Februar 2009.
494 Daniel Huber, 8. Februar 2009.
495 «Achtung! Achtung» (Aufruf), Scharotl Nr. 22, 28. März 1984.
496 Einfache Anfrage Angeline Fankhauser vom 19. September 1984, «Bericht ‹Fahrendes Volk in der Schweiz›», (Nr. 84.729); Dokumentationszentrum der Radgenossenschaft, Ordner «Radgenossenschaft, 1984».
497 Siehe: Huonker, Fahrendes Volk, S. 99.
498 Nach: (Bundesamt für Polizeiwesen, Gesprächsleitung und Protokollführung), Protokoll der Sitzung vom 7.11.1984, 10.15–13.00, im Freizeithaus Altstadt, Zürich; Dokumentationszentrum der Radgenossenschaft, Ordner «Radgenossenschaft, 1984».
499 Venanz Nobel, 24. November 2008.
500 Robert Huber, 7. Mai 2007.
501 (Bundesamt für Polizeiwesen, Gesprächsleitung und Protokollführung), Protokoll der Sitzung vom 7.11.1984, 10.15–13.00, im Freizeithaus Altstadt, Zürich; Dokumentationszentrum der Radgenossenschaft, Ordner «Radgenossenschaft, 1984».
502 Venanz Nobel, 24. November 2008.
503 Nach Nobel: Im selben Gespräch.
504 Robert Huber, 30. April 2007.
505 Mariella Mehr, «Zur fadenscheinigen ‹Versöhnung› genötigt. ‹Kinder der Landstrasse›: Am grünen Tisch so chancenlos wie früher unter der Pro Juventute», WoZ Nr. 24, 12. Juni 1987; im Original steht für «Radgenossenschaft»: RG.
506 Radgenossenschaft der Landstrasse, «An die Schweizer Presse», Wettingen, 5. Mai 1986; signiert für die Radgenossenschaft von Robert Huber als Präsident, für die Gruppe Betroffene des «Hilfswerks Kinder der Landstrasse» von Mariella Mehr als Beauftragter; Dokumentationszentrum der Radgenossenschaft, Ordner «Radgenossenschaft, 1986».

507 cs., «Übergabe der Akten von ‹Kinder der Landstrasse› an die Kantone. Umfang der Einsichtsrechte noch unklar», NZZ Nr. 103, 6. Mai 1986.
508 Im selben Artikel.
509 «Radgenossenschaft der Landstrasse, «An die Schweizer Presse», Wettingen, 5. Mai 1986; siehe oben.
510 Fernsehen DRS, DRS Aktuell, Akteneinsicht für die Opfer des Hilfswerks «Kinder der Landstrasse», 22. November 1989.
511 Im selben Fernsehbericht.
512 Venanz Nobel, 24. November 2008.
513 Venanz Nobel, 24. November 2008.
514 Mariella Mehr, 25. April 2009.
515 cs., «Übergabe der Akten von ‹Kinder der Landstrasse› an die Kantone. Umfang der Einsichtsrechte noch unklar», NZZ Nr. 103, 6. Mai 1986.
516 Mariella Mehr, «Zur fadenscheinigen ‹Versöhnung› genötigt. ‹Kinder der Landstrasse»: Am grünen Tisch so chancenlos wie früher unter der Pro Juventute», WoZ Nr. 24, 12. Juni 1987.
517 Mariella Mehr, im selben Artikel.
518 «Hilfswerk ‹Kinder der Landstrasse›», NZZ Nr. 226, 30. September 1986.
519 So: Rudolf Friedrich, Präsident des Stiftungsrates der Pro Juventute, «Zur Diskussion um das Hilfswerk ‹Kinder der Landstrasse›», NZZ Nr. 196, 26. August 1986.
520 Schweizerische Eidgenossenschaft, Amtliches Bulletin der Bundesversammlung, Nationalrat, 1986, («Geschäftsbericht des Bundesrates. Departement des Innern»), S. 556, Angeline Fankhauser, SP, Basel-Land.
521 Schweizerische Eidgenossenschaft, Amtliches Bulletin der Bundesversammlung, Nationalrat, 1986 («Geschäftsbericht des Bundesrates. Departement des Innern»), S. 556, Herbert Maeder, LdU-EVP, Appenzell Ausserrhoden.

522 Schweizerische Eidgenossenschaft, Amtliches Bulletin der Bundesversammlung, Nationalrat, 1986, («Geschäftsbericht des Bundesrates. Departement des Innern»), S. 559 ff., Bundespräsident Alphons Egli.
523 sda, «Jenische danken Bundespräsident Egli», NZZ Nr. 126, 4. Juni 1986.
524 Robert Huber, 30. April 2007.
525 So nach: Thomas Huonker, Die ersten sieben Jahre (1975–1982), http://www.radgenossenschaft.ch/die_ersten_sieben_jahre.htm, abgerufen am 5. Mai 2009.
526 (Mit Ausnahmen für die Betroffenen und für die Wissenschaft). Eidgenössisches Departement des Innern, Vereinbarung betreffend die Archivierung der Akten, die von der Pro Juventute im Zusammenhang mit der Aktion «Kinder der Landstrasse» angelegt wurden (Mustervereinbarung mit dem Regierungsrat des Kantons ...); Eidgenössisches Departement des Innern, an Radgenossenschaft der Landstrasse, Stiftung Naschet Jenische, Schweiz. Evang. Zigeunermission, Pro Juventute, Bern, 27. März 1996, betreffend «Wiederherstellung des Zugangs der Betroffenen zu ihren im Bundesarchiv aufbewahrten Akten ‹Kinder der Landstrasse›; Kopie erhalten vom Schweizerischen Bundesarchiv, 15. Mai 2009.
527 Robert Huber, 30. April 2007.
528 Robert Huber, 7. Mai 2007.
529 (Bundesamt für Polizeiwesen, Gesprächsleitung und Protokollführung), Protokoll der Sitzung vom 7. November 1984, 10.15–13.00, im Freizeithaus Altstadt, Zürich; Dokumentationszentrum der Radgenossenschaft, Ordner «Radgenossenschaft, 1984».
530 Zu unterzeichnen ist das Formular: Schweizerische Eidgenossenschaft, Eidgenössisches Departement des Innern

EDI, Bundesamt für Kultur BAK «Einsichtnahme in Unterlagen des ‹Hilfswerks für die Kinder der Landstrasse›. Verpflichtungserklärung» (das die Möglichkeit erwähnt, dass Dossiers aus Gründen des Persönlichkeitsschutzes von Drittpersonen nicht ausgehändigt werden, und eine Strafandrohung von Haft oder Busse enthält).
531 Mailverkehr des Schweizerischen Literaturarchivs, Sachbearbeiter H. S., mit dem Autor, vom 25. April 2009 bis zum 10. Juni 2009. Namentlich Mail des Literaturarchivs an den Autor vom 30. April 2009 betreffend Vorlass Mariella Mehr: «Nach mehreren juristischen Auseinandersetzungen in der Folge von Einsichtsgesuchen hat das Literaturarchiv beschlossen, die Akten der Pro Juventute/Kinder der Landstrasse bis auf Weiteres prinzipiell unter Verschluss zu halten...» Der Mitarbeiter präzisiert. Es brauche die besondere Genehmigung des Literaturarchivs, und es gelte die 100-Jahr-Schutzfrist gemäss Bundesarchiv.
532 Mail von Mariella Mehr an den Autor, 8. Mai 2009.
533 Pro Juventute, «An die Organisationen der Fahrenden», Zürich, 19. April 1988; Dokumentationszentrum der Radgenossenschaft, Ordner «Korrespondenz» (1988–1993).
534 Mariella Mehr, 25. April 2009.
535 Daniel Huber, 8. Februar 2009.
536 Siehe dazu: Hans Caprez/Willi Wottreng, «Bundesrätin Dreifuss: Kein Gehör für Fahrende», Beobachter, Nr. 10, 12. Mai 1995.
537 Hans Caprez/Willi Wottreng, Bundesrätin Dreifuss: «Kein Gehör für Fahrende», siehe oben.
538 Im selben Artikel.
539 David Burri, ohne Ort und Datum; bei einer der vielen Begegnungen im Rahmen des Zigeunerkulturzentrums.
540 Uschi Waser, Hintergrundgespräch für den Artikel im Schweizerischen Beobachter vom 12. Mai 1995, siehe oben (Tonbandnotizen).
541 Robert Huber, 16. Oktober 2008.
542 Peter Paul Moser, Hintergrundgespräch für den Artikel im Schweizerischen Beobachter vom 12. Mai 1995, siehe oben (Tonbandnotizen).
543 Alle Zitate Claudia Kaufmann, Gespräch vom 12. Dezember 2008.
544 Claudia Kaufmann, Gespräch vom 12. Dezember 2008.
545 Max Läubli an Robert Huber (handschriftlich, undatiert, offenbar Juli 1996); Dokumentationszentrum der Radgenossenschaft der Landstrasse, Ordner «Korrespondenz Radgenossenschaft, intern», (undatiert, enthält Briefe von 1980–1998).
546 Thomas Huonker, der sich intensiv mit Jenischen befasst hatte, siehe etwa: Derselbe, Fahrendes Volk, verfolgt und verfemt. Jenische Lebensläufe (Hrsg. Radgenossenschaft der Landstrasse), Zürich 1987.
547 Walter Leimgruber/Thomas Meier/Roger Sablonier, Das «Hilfswerk für die Kinder der Landstrasse». Historische Studie aufgrund der Akten der Stiftung Pro Juventute im Schweizerischen Bundesarchiv, Bundesarchiv Dossier 9, Bern 1998. S. 171 f.
548 Stellungnahme des Eidgenössischen Departementes des Innern zur Historischen Studie «Hilfswerk für die Kinder der Landstrasse», Pressemitteilung anlässlich der Pressekonferenz, Bern, 5. Juni 1998; Scharotl Nr. 2, Juni 1998.
549 Das «Hilfswerk für die Kinder der Landstrasse», zitiert; Roger Sablonier, «Ein persönliches Schlusswort», S. 183–188; Zitat S. 183.
550 Im selben Schlusswort S. 186.
551 Robert Huber, 11. Juni 2007.

552 So etwa am 11. Mai 2009, Volkshaus Zürich. Mailbestätigung Roger Sablonier an den Autor vom 15. Mai 2009.
553 Mail von Roger Sablonier an den Autor vom 15. Mai 2009.
554 Seit Nr. 1, 1975 «Zeitschrift des Fahrenden Volkes in der Schweiz»; ab Nr. 1, 1977 «Die Zeitung des fahrenden Volkes»; ab Nr. 2/1996, «Die Zeitung des jenischen Volkes». Siehe auch: Vortrag Huonker am 5. Dezember 2008 im Rätischen Museum, Chur: http://www.thata.net/thomashuonkervortrag5dezember2008rhaetischesmuseumchur.html, abgerufen am 6. Januar 2009.
555 Thomas Huonker/Regula Ludi, Roma, Sinti und Jenische: schweizerische Zigeunerpolitik zur Zeit des Nationalsozialismus, Unabhängige Expertenkommission Schweiz – Zweiter Weltkrieg (Hrsg.), Bern 2000; auch erschienen im Chronos-Verlag, Zürich 2001.
556 Schweizer Fonds zugunsten bedürftiger Opfer von Holocaust/Shoa (Hrsg.), Schlussbericht der Fondsleitung, Teil I, Bern 2002, S. 33.
557 Robert Huber, 2. Februar 2009.
558 Ordnerserie «Holocaust-Fonds»; Dokumentationszentrum der Radgenossenschaft.
559 Robert Huber, 2. Februar 2009.
560 Brief der Radgenossenschaft der Landstrasse, Robert Huber, an Fonds zugunsten bedürftiger Opfer von Holocaust/Shoa, Bern, Marco Sassoli, 27. April 1998; Dokumentationszentrum der Radgenossenschaft, Ordner «Holocaust-Fonds, Interna».
561 Maria D, (jenisch), Wien, 9. November 1999, an Niedersächsischer Verband Sinti e. V., Hannover; Dokumentationszentrum der Radgenossenschaft, Ordner «Holocaust-Fonds, Anträge erl. A–E.»

562 Internationaler Suchdienst, Arolsen, 12. November 1996, an Willi Wottreng, Zürich (Aktenzeichen T/D -246 117). Die Anfrage des Autors erfolgte als Dienstleistung für den Jenischen Roland S., Singen, betreffend seinen Onkel Georg Zepf, geboren am 20. Oktober 1907 in Villingen.
563 Siehe etwa: Alois Hartmann («Gef.-Nr. 30/37, Zechan Block 13, Stube 3»), Dachau, an «Lieber Vater», 30. Mai 1942; Dokumentationszentrum der Radgenossenschaft, Ordner: «Holocaust-Fonds, unvollständig-unklar A–L» (enthalten im Dossier: Elisabeth F., Singen). In denselben Unterlagen berichten Angehörige, dass Alois Hartmann in Dachau ums Leben gekommen sei und sein Bruder Kaspar in Mauthausen.
564 Siehe dazu: Willi Wottreng, «1500 Zloty sind keine 1500 Franken», Weltwoche, 14. Januar 1999; Derselbe, «Ein lukrativer Zwischenhandel», Weltwoche, 18. März 1999; Monika Rosenberg, «Vorwürfe an den Holocaust-Fonds», NZZ Nr. 33, 10. Februar 1999.
565 Schweizer Fonds zugunsten bedürftiger Opfer von Holocaust/Shoa (Hrsg.), Schlussbericht der Fondsleitung, Teil I, Bern 2002; namentlich S. 50.
566 Robert Huber, 2. Februar 2009.
567 Robert Huber, 2. Februar 2009.
568 Siehe etwa: Stiftung Zukunft für Schweizer Fahrende, Jahresbericht 2008, St. Gallen; darin namentlich den einleitenden Abschnitt «Fahrende und Sesshafte – spannungsvolles Zusammenleben», S. 5f. Zur Zusammenarbeit mit der Radgenossenschaft: Dieselbe Publikation S. 12.
569 Daniel Huber, 8. Februar 2009.
570 Robert Huber, 11. Juni 2007.
571 So: Daniel Huber, 8. Februar 2009.
572 Daniel Huber, 8. Februar 2009.
573 Robert Huber, 2. Februar 2009.

574 Robert Huber, 2. Februar 2009.
575 Daniel Huber, 8. Februar 2009.
576 Robert Huber, 2. Februar 2009.
577 Robert Huber, 11. Juni 2007.
578 Robert Huber, 11. Juni 2007.
579 Robert Huber, 11. Juni 2007.
580 Der Gemeindeammann von Buchs SG, namens des Gemeinderates, an die Radgenossenschaft in Zürich, 21. Juli 1987; Dokumentationszentrum der Radgenossenschaft, Ordner «St. Gallen».
581 Im Gespräch mit dem Autor für den Artikel: «Lebensräume oder Nationalpark für Fahrende? Jenische und Sinti der Schweiz sollen dreissig neue Standplätze erhalten...» Weltwoche, 16. August 2001.
582 Kanton Genf, Gesetz über verschiedene Bauten und Einrichtungen/Loi sur les constructions et les installations diverses (LCI), 1988, Artikel 111 (übersetzt).
583 Siehe: Willi Wottreng, «Lebensräume oder Nationalpark für Fahrende?», Weltwoche, 16. August 2001.
584 Schweizerische Bundesverfassung, Artikel 8. Absatz 2.
585 Urteil des Bundesgerichts vom 28. März 2003 (129 II 321, veröffentlicht in Pra 3004/52/2631); siehe: http://www.bger.ch/index/juridiction/jurisdiction-inherit-template/jurisdiction-recht/jurisdiction-recht-leitentscheide1954-direct.htm, abgerufen am 7. Mai 2009.
586 Robert Huber, 30. Mai 2007.
587 Robert Huber, 7. Mai 2007.
588 Besichtigung in Rüttenen, 27. April 2009.
589 Urteil des Verwaltungsgerichts des Kantons Solothurn in Sachen Charles und Gabriela Huber-Bader betreffend Beseitigung nicht bewilligter Bauten, vom 11. März 2009; Privatarchiv des Autors.
590 Charles Huber, 27. April 2009. (Die Familie Huber in Rüttenen ist nicht verwandt mit den Huber aus Savognin.)
591 Einwohnergemeinde Rüttenen, Solothurn, an das Bau- und Justizdepartement, 18. Januar 2008; Privatarchiv des Autors.
592 Gesellschaft für die Minderheiten in der Schweiz, Zürich, an den Präsidenten der Baukommission der Einwohnergemeinde Rüttenen, 17. April 2008, signiert Giusep Nay als Präsident und Willi Wottreng als Vorstandsmitglied; Privatarchiv des Autors.
593 Urteil des Verwaltungsgerichts des Kantons Solothurn in Sachen Charles und Gabriela Huber-Bader betreffend Beseitigung nicht bewilligter Bauten, vom 11. März 2009; Privatarchiv des Autors.
594 Bei Abgabe des Manuskripts lag das Urteil des Bundesgerichts noch nicht vor.
595 Nach: Robert Huber, 7. Mai 2007.
596 Zum «Verein Schinagl für Fahrende» siehe: http://www.fahrende.ch/, abgerufen am 11. Mai 2009; zum Verein «Schäft qwant» siehe: http://www.jenisch.info/, abgerufen am 11. Mai 2009.
597 ILO, Übereinkommen 169 über eingeborene und in Stämmen lebende Völker in unabhängigen Ländern, 1989, Artikel II.2; http://www.ilo.org/ilolex/german/docs/gc169.htm, abgerufen am 3. November 2008. Das vollständige Zitat lautet: «Das Gefühl der Eingeborenen- oder Stammeszugehörigkeit ist als ein grundlegendes Kriterium für die Bestimmung der Gruppen anzusehen, auf die die Bestimmungen dieses Übereinkommens Anwendung finden.»
598 Guadench Dazzi, «‹Spengler›, ‹cutsch› und ‹matlòsa›. Begriffe und Bezeichnungen», in: Puur und Kessler, S. 10–39; im Unterabschnitt «Wer ist ein Jenischer», S. 11.
599 Thomas Huonker, Fahrendes Volk, S. 15.

600 Bericht der parlamentarischen Kommission für soziale Sicherheit des Nationalrats vom 28. August 1991, «Parlamentarische Initiative Stiftung ‹Zukunft für Schweizer Fahrende›», Bundesblatt Nr. 45, Band IV, 12. November 1991, S. 462–472; Zitat S. 466.

601 Botschaft des Bundesrates über die Europäische Charta der Regional- oder Minderheitssprachen an das Parlament vom 23. Dezember 1997, Bundesblatt Nr. 8, Band I, 4. März 1997, S. 1165–1196. Europäische Charta der Regional- oder Minderheitensprachen, Strassburg, 5. November 1992, Stand 5. September 2006; http://www.admin.ch/ch/d/sr/c0_441_2.html, abgerufen am 7. Mai 2009.

602 Europäische Charta der Regional- oder Minderheitensprachen. Zweiter Bericht der Schweiz, 2002. http://www.bak.admin.ch/bak/themen/sprachen_und_kulturelle_minderheiten/00506/00509/index.html?lang=de, abgerufen am 16. Mai 2009.

603 Botschaft des Bundesrates über das Rahmenübereinkommen des Europarates zum Schutz nationaler Minderheiten an das Parlament vom 19. November 1997, Bundesblatt Nr. 11, 24. März 1998, S. 1293–1334; Rahmenabkommen vom 1. Februar 1995 zum Schutz nationaler Minderheiten, Strassburg, 1. Februar 1995, Stand 31. Oktober 2006; http://www.admin.ch/ch/d/sr/c0_441_1.html, abgerufen am 16. Mai 2009.

604 Erster Bericht der Schweiz zur Umsetzung des Rahmenübereinkommens des Europarates zum Schutz nationaler Minderheiten, April 2001; http://www.eda.admin.ch/etc/medialib/downloads/edazen/topics/europa/euroc/misstr.Par.0013.File.tmp/rp_010425_minorinat_de.pdf, abgerufen am 16. Mai 2009.

605 Siehe zum ganzen Komplex auch die Homepage des Bundesamtes für Kultur, Kapitel «Anerkennung als nationale Minderheit»; http://www.nb.admin.ch/bak/themen/sprachen_und_kulturelle_minderheiten/00507/00511/index.html?lang=de, abgerufen am 16. Mai 2009.

606 Zweiter Bericht der Schweiz zur Europäischen Charta der Regional- oder Minderheitensprachen, 2002; siehe oben.

607 Robert Huber, 25. Juni 2007, und in vielen anderen Äusserungen.

608 Beispielhaft dafür der Wikipedia-Artikel «Jenische». Siehe namentlich die langen Diskussionen in den Jahren 2007/2008, an denen sich der Autor beteiligt hat.

609 sda, «Fahrende fordern Anerkennung als ethnische Minderheit», NZZ Nr. 243, 19. Oktober 1989. Siehe auch «Zusammenfassung. RG Pressekonferenz vom 18. 10. 1989 in Bern», Scharotl Nr. 4, Dezember 1989, S. 5–16; darin S. 15 f.: «Verfassungsmässige Anerkennung der Fahrenden als Minderheit» (3 Textvarianten).

610 Robert Huber, «Das Weihnachtswort des Präsidenten der Radgenossenschaft», Scharotl Nr. 4, Dezember 1989.

611 Robert Huber, 11. Juni 2007.

612 Jeremy und Robert Huber, 7. Juli 2007, Rückfahrt von Fischingen.

613 Robert Huber, 11. Juni 2007.

614 Willi Wottreng, «Mit einem gewissen Zwick! Heiri Kollegger, Bündner Volksmusiker und Erfinder, ist 82-jährig gestorben», NZZ am Sonntag, 29. Juli 2007.

615 Mail von Andy Kollegger an den Autor, 27. Juli 2007.

616 Mail von Thomas Kollegger an den Autor, 29. Juli 2007.

617 Elvis Kollegger, 16. Oktober 2008, auf dem Standplatz Cazis.

618 Robert Huber, 11. Juni 2007.
619 Robert Huber, 7. Juli 2007, Besuch auf dem Standplatz Eichrain.
620 Robert Huber, 7. Juli 2007, Besuch auf dem Standplatz Eichrain.
621 Robert Huber, 7. Juli 2007, Besuch auf dem Standplatz Eichrain.
622 Robert Huber, 7. Juli 2007, Besuch auf dem Standplatz Eichrain.
623 Robert Huber, 16. Oktober 2008, Besuch in Cazis.
624 Siehe den Artikel «Jenische Sprache» in Wikipedia, abgerufen am 6. Mai 2009.
625 Siehe auch: Willi Wottreng, «Schinagln bis pegersch. Romed Mungenast, jenischer Schriftsteller und Volkskundler, ist 52-jährig gestorben», NZZ am Sonntag, 12. März 2006.
626 Vorgespräch mit Venanz Nobel für den Artikel: Willi Wottreng, «Das Jenische: Die blumigste Sprache im Land», verfasst für den Schweizer Feuilletondienst sfd, in: Schaffhauser Nachrichten 15. Juli 2004, und anderen Zeitungen.
627 Das European Roma and Travellers Forum besteht seit 2004; am 13. Oktober 2005 anerkannte die Radgenossenschaft dessen Grundsätze; Brief der Radgenossenschaft, signiert Robert Huber, vom 13. Oktober 2005 an European Roma and Travellers Forum, Council of Europe, Judson Nierenberg; Dokumentationszentrum der Radgenossenschaft, Ordner «Europ. Forum für Roma und Reisende».
628 Robert Huber, 30. April 2007.
629 Robert Huber, «Das Weihnachtswort des Präsidenten der Radgenossenschaft»; Scharotl Nr. 4, Dezember 1989.
630 Robert Huber, 30. April 2007.
631 Siehe etwa: Christian von Burg, «Darbellay stösst auf Widerstand», Tages-Anzeiger, 4. Dezember 2009.
632 Bürgerlich-Demokratische Partei des Kantons Aargau, Medienmitteilung «Zur Anpassung des Richtplans: Halteplätze für Fahrende», Niederrohrdorf, 6. Dezember 2009: http://www.aargauer-bdp.ch/pdf/mm20091206.pdf (abgerufen am 11. Januar 2010).
633 Dazu: Mathias Küng, «Kanton will Plätze für Fahrende», Aargauer-Zeitung/MLZ, 5. Dezember 2009.
634 Robert Huber, 30. April 2007.
635 Robert Huber, 25. Juni 2007.
636 Robert Huber, 25. Juni 2007.
637 Robert Huber, 16. Oktober 2008, auf der Rückfahrt von Savognin.
638 Robert Huber, 16. Oktober 2008.
639 Daniel Huber, 27. März 2010, Generalversammlung der Radgenossenschaft.
640 Robert Huber, 6. August 2007.
641 Gemeindekanzlei Bilten, Gemeindeschreiberin Andrea Antonietti Pfiffner, Mail an den Autor, 12. August 2008. Kanton Glarus, Kantonales Sozialamt, Abteilung Vormundschaft, Ruth Zwicky, Brief an den Autor, Glarus, 15. Oktober 2008.

Bildhinweise

Roger Gottier bzw. Archiv Roger Gottier: Titelbild; Seiten 11, 12, 13, 14/15, 16 oben, 17, 18, 117, 124, 176/177, 180, 181; Dokumentationszentrum der Radgenossenschaft.

Rob Gnant: Seiten 59, 60.

Gertrud Vogler: Seiten 61, 62/63, 64, 65.

Urs Walder: Seiten 171, 175, 178 unten.

Willi Wottreng: Seiten 121 unten, 122 oben, 172, 173, 174, Schlussvignette Seite 224.

Familienalbum David Burri, Zigeunerkulturzentrum: Seiten 118/119; mit Dank an David Burri und Maria Mehr.

Privatbesitz Jan Cibula: S. 66; Fotograf unbekannt, mit Dank an Davide Cibula.

Privatbesitz Daniel Huber: Seite 16 unten; Fotograf ungenannt.

Privatbesitz Robert Huber: Seite 120, 178 oben; Fotografen unbekannt.

ETH-Bibliothek Zürich, Bilderarchiv; Fotos Comet: Seiten 179, 182, 183.

Kantons- und Universitätsbibliothek Freiburg: Seite 123 oben.

Rätisches Museum Chur: Seite 121 oben.

Verein St. Iddazell, Fischingen: Seite 122 unten.

Foto Paul Senn, Reportage «Das wahre Gesicht von Bellechasse», Schweizer Illustrierte; Nr. 14, 4. April 1951: Seite 123 unten; Bernische Stiftung für Fotografie, Film und Video, Kunstmuseum Bern, Depositum Gottfried Keller-Stiftung, © Gottfried Keller-Stiftung, Winterthur.

Schweizerisches Bundesarchiv, Bestand E 5792, Akzession 1988/204, Armeestab: Fotosammlung Zweiter Weltkrieg; Dossier-NR. 1013, Foto 25956: Seite 184.

Daniel Marti: Grafik S. 73.

Quellenverzeichnis

Gespräche mit Robert Huber

a) Gespräche mit Robert Huber im Büro der Radgenossenschaft in Zürich; Tonbandaufnahmen, durchschnittlich ca. 1 ½ Stunden:
23. April 2007/30. April 2007/7. Mai 2007/3. Juni 2007/11. Juni 2007/25. Juni 2007/
6. August 2007/22. September 2008/11. November 2008 (anlässlich einer Tonaufnahme für das Sprachprojekt der Radgenossenschaft)/Beantwortung ergänzender Fragen:
2. Februar 2009/2. März 2009/6. April 2009 und bei spontanen Gelegenheiten

b) Besuche mit Robert Huber an Orten der Vergangenheit und auf einem jenischen Standplatz; laufende Erstellung von Handnotizen:
7. Juli 2007: Besichtigung des Standplatzes Eichrain in Zürich-Seebach, Halbtagesausflug
7. Juli 2008: Besuch des Geburtshauses in Bilten, Kloster Fischingen, des Dorfes Wallenwil: Tagesausflug mit Robert Huber und Enkel Jeremy
16. Oktober 2008: Fahrt nach Cazis, Besuch von Savognin und Obervaz. Tagesausflug

c) Gespräche mit Robert Huber an verschiedenen Orten für journalistische Arbeiten und Kulturprojekte ohne Zusammenhang mit diesem Buchvorhaben, 1993–2009. Regelmässige Teilnahme an den Generalversammlungen der Radgenossenschaft. Handnotizen.

Weitere Gespräche

Gespräche für dieses Buch mit Tonbandaufnahmen:
Jan Cibula, 30. April 2009 in Bern
Daniel Huber, 8. Februar 2009 in Zürich; 27. April 2009 Besuch in Rüttenen
Claudia Kaufmann, 12. Dezember 2008 in Zürich
Mariella Mehr, 25. April 2009 in Winterthur
Venanz Nobel, 24. November 2008 in Basel

Weitere Gespräche von unterschiedlicher Intensität, auf Grund persönlicher freundschaftlicher Beziehungen, aus Anlass der langjährigen Arbeit für das Zigeunerkulturzentrum sowie bei der Vorbereitung von Zeitungsartikeln, reproduziert nach Handnotizen, mit den Jenischen, Sinti und Aktivisten:
May Bittel
Serge Borri
David Burri
Clemente Graff (†)
Graziella (†)
Isabella Huser
Maria «Fineli» Mehr
Mariella Mehr
Peter Paul Moser (†)
Romed Mungenast (†)
Uschi Waser
Walter Wegmüller

Sowie mit:
Hans Caprez
Sergius Golowin (†)
Roger Sablonier (†)

Diverse einzelne Hinweise, mündlich oder per Mail, unter anderem von den Historikern:
Guadench Dazzi
Sara Galle
Thomas Huonker (insbesondere auch Mailverkehr vom 15. Juni 2009)
Thomas Meier

Archive und Aktenbestände
Privatarchiv Robert Huber; zitiert: Privatarchiv Huber
Pro Juvenute, Aktenbestand 668, Robert Huber
Pro Juventute, Aktenbestand 222, Familie Huber-Moser
Pro Juventute Aktenbestand 654, Hermann Huber
Pro Juventute, Aktenbestand 555, Marie Huber sel.
Vormundschaftsbehörde Oberhalbstein, Akten Robert Huber
Vormundschaftsbehörde Oberhalbstein, Akten Hermann Huber
Justizvollzugsanstalt Realta, Insassenakten Robert Huber
Bei allen Akten aus dem Privatarchiv Huber handelt es sich um Fotokopien, was in den Anmerkungen nicht einzeln vermerkt wird.

Radgenossenschaft, Dokumentationszentrum, Zürich
Ausgewählte Dokumente:
Scharotl, ab Nr. 1/1975 «Zeitschrift des Fahrenden Volkes in der Schweiz»; ab Nr. 1/1977 «Die Zeitung des fahrenden Volkes»; ab Nr. 2/1996, «Die Zeitung des jenischen Volkes»; erscheint ca. vierteljährlich.
Ordner: «Radgenossenschaft. Gründungsgeschichte und Arbeit bis 1982» (orange etikettiert).
Ordnerserie: «Radgenossenschaft» (nach Jahren geordnet von 1982 bis 1989, orange etikettiert).
Ordner: «Korrespondenz Radgenossenschaft 1985/1986. extern» (versehen mit rotem Punkt).
Ordner: «Korrespondenz Radgenossenschaft, intern» (versehen mit rotem Punkt, undatiert, enthält Briefe von 1980–1998).
Ordner: «Europ. Forum für Roma und Reisende».
Schachtel: «Radgenossenschaft 1975–1986».
Schachtel: «Romani Union/Ausland», Ordnerserie: «Holocaust-Fonds».
Typoskript: Frikije Krasniqi Matai/Carmen Strassburg/Ursula Weilenmann, Biographisches Interview mit R. Huber, HSA Luzern, Oktober 2005.

Staatsarchiv Freiburg
Bellechasse, Enfants de la Grande-Route, A 27, Robert Huber 1949–1954; zitiert: Bellechasse-Akten.

Staatsarchiv Graubünden, Chur
Ohne Signatur, (Pro Juventute), Sippenarchiv der Psychiatrischen Klinik Waldhaus. Enthält Lebensläufe ehemaliger Schützlinge des Hilfswerkes für die Kinder der Landstrasse (Jahrgänge 1912–1937); darin: I. Teil: Graubünden, a) Familien: Moser, Huber, Gruber, Kapitel «Familie Huber von Savognin», von Dr. A. Siegfried, Zürich März 1959; zitiert: Alfred Siegfried, Familie Huber von Savognin; Sippenarchiv im Staatsarchiv Graubünden.
CB II 1179 (Kantonale Verwaltung, Graubünden), General-Verzeichnis über die im Kanton Graubünden aufgenommenen versorgten Heimatlosen 1839.
CB III 318 (Kantonale Verwaltung, Graubünden), Listen der Heimatlosen, 1840; darin namentlich: Einträge Nr. 1205–1211 über Huber Jakob-Peter, geb. 1771, und Familie.
IV 4 d 1 (Kantonale Verwaltung Graubünden), Fremdenpolizei, Vaganten – Allgemeines 1931; darin namentlich: «Beitrag aus dem Vagantenkriedit; Hauskauf für Math. Huber von Savognin»
IV 26 b (Kantonale Verwaltung Graubünden), Heimathörigkeit; darin namentlich: «Huber Jakob Peter von Savognin», Dossier von 1828; derselbe, Dossier von 1832.
IV 27 d (Kantonale Verwaltung, Graubünden), Heimatlose.
IV d 1 1932 (Kantonale Verwaltung, Graubünden), Vagantenkredit, Beiträge allgemein.

Bezirksamt March SZ
Bezirksamt des Bezirkes March, «Beschluss der Überweisungskommission March vom 7. Juni 1941», in: «Untersuchungssachen gegen Huber-Moser Engelina und Landheer-Moser Lydia betreffend Diebstahl».

Grundbuchamt Glarus
Grundbuch Bilten, Kataster-Nr. 658, Grundbucheinträge und Belege zum Kauf vom 19. August 1931 (Beleg-Nr. 783), Verkauf vom 30. September 1935 (Beleg-Nr. 1069).

Kinderheim St. Iddazell, Fischingen; zitiert: Archiv Fischingen
Verein St. Iddazell, Fischingen, Zöglingsakten, Akte «Huber Robert Peter, geb. 11. Oktober 1933». (Enthält auch: Privat-Erziehungsheim «Am Ray», Quarten, Walensee, «Beobachtungsbericht» für Hubert Robert, geb. 1933, von Savognin Kt. Graubünden).

Gemeindearchiv Savognin
Armenwesen, Dossier «Robert Huber, geb. 11. Oktober 1933».

Kreisarchiv Surses, Savognin
Vormundschaftsakten Robert Huber.

Gemeindearchiv Vaz/Obervaz
Urteil des Bezirksgerichts Albula in Sachen Johannes Huber's sel. Kinder, Savognin, als Kläger, gegen Löbl. Gemeinde Savognin, als Beklagte, betreffend Anfechtung der Ehelichkeit des Johannes Huber sel. u. Streichung desselben samt seinen Nachkommen aus dem Bürgerregister der Gemeinde Savognin, Tiefenkastel, 2. Oktober 1937.

Psychiatrische Klinik Beverin/Justizvollzugsanstalt Realta
Insassenakten Robert Huber.
Insassenakten Engelina Huber.

Strafarchiv des Gerichtspräsidiums Rheinfelden
Urteil vom 21. Dezember 1955 gegen Huber Robert, 1933, von Savognin GR, unstet, betreffend Betrug.
Urteil vom 29. Februar 1956 gegen Huber Robert, 1933, Seilhändler, von Savognin GR, ohne festen Wohnsitz, z. Zt. In Haft, betreffend Betrug.

Schweizerisches Bundesarchiv, Bern
Pro-Juventute-Akten (siehe unter: Privatarchiv Huber)
E 5330-02 1982/1, Bd. 78, Bestände des Oberauditoriats, Dossier Geheime Einzelfälle Nr. 5208 (1942), «Raoul Cevey, Waffen-SS».

Schweizerisches Literaturarchiv, Bern
Darin: Archiv Mariella Mehr.

Bayerisches Hauptstaatsarchiv, München
Gerichtsliteralien, GL Faszikel 4630/18, «Wasenmeister»; als Fotokopien eingesehen.

Publizierte Quellen und Sekundärliteratur
Christian Bader, Yéniches. Les derniers nomades d'Europe, Paris 2007.
(Bellechasse, ohne Autor) Die Anstalten von Bellechasse 1898/1948, Freiburg (1948).
Andreas Bernoulli, Die Anstalten von Bellechasse FR, Der schweizerische Strafvollzug Band 10, Aarau/Frankfurt am Main/Salzburg 1979.
Bundesgesetz, die Heimathlosigkeit betreffend, vom 3. Dezember 1850, Schweizerisches Bundesblatt, Nr. 62, Band III, 31. Dezember 1850, S. 913–921.
Nadja Capus, Ewig still steht die Vergangenheit? Der unvergängliche Strafverfolgungsanspruch nach schweizerischem Recht, Bern, 2006; namentlich Kapitel VI: «Verbrechen gegen die Menschheit: unverjährbar, aber nicht verfolgt», S. 77–97.
Sara Galle/Thomas Meier, Von Menschen und Akten. Die Aktion «Kinder der Landstrasse» der Stiftung Pro Juventute, Zürich 2009.
Guadench Dazzi/Sara Galle/André Kaufmann/Thomas Meier, Puur und Kessler. Sesshafte und Fahrende in Graubünden. Hrsg. Institut für Kulturforschung Graubünden jkg, Baden 2008; zitiert: Puur und Kessler.
Gemeinde Vaz/Obervaz (Hrsg.), Vaz/Obervaz in Wort und Bild, 1993; zitiert: Vaz/Obervaz.
Gemeinde Savognin (Hrsg.), Savognin. Geschichte, Wirtschaft, Gemeinschaft, 1988.
(Gemeinde Eschlikon) Schulgemeinde Eschlikon (Hrsg.), Geschichte von Eschlikon, 3. Auflage, März 1996.
Sergius Golowin, Lustige Eid-Genossen. Aus der phantastischen Geschichte der freien Schweiz, Zürich 1972.
Sergius Golowin, Zigeuner-Magie im Alpenland. Geschichten um ein vergessenes Volk, Frauenfeld 1973.

Lukas Gschwend, «Das ‹Hilfswerk für die Kinder der Landstrasse› der Pro Juventute – Ein Fall von Völkermord in der Schweiz?» in: Strafrecht, Strafprozessrecht und Menschenrechte. Festschrift für Stefan Trechsel zum 65. Geburtstag, Andreas Donatsch/Marc Forster/Christian Schwarzenegger (Hrsg.), Zürich 2002, S. 373–392.

Thomas Huonker, Fahrendes Volk, verfolgt und verfemt. Jenische Lebensläufe (Hrsg. Radgenossenschaft der Landstrasse), Zürich 1987; siehe darin namentlich: «Protokoll Robert H.», S. 230–241; zitiert: Huonker, Fahrendes Volk.

Thomas Huonker, Vorgeschichte, Umfeld, Durchführung und Folgen des «Hilfswerks für die Kinder der Landstrasse», Bericht im Auftrag des Bundesamts für Kulturpflege zuhanden des Eidgenössischen Departementes des Innern, Zürich, 27. April 1987.

Thomas Huonker/Regula Ludi, Roma, Sinti und Jenische: schweizerische Zigeunerpolitik zur Zeit des Nationalsozialismus, Unabhängige Expertenkommission Schweiz – Zweiter Weltkrieg (Hrsg.), Bern 2000; auch erschienen im Chronos-Verlag, Zürich 2001.

Christian Lang, 100 Jahre Kolonie Herdern, Herdern 1995.

Mariella Mehr, Kinder der Landstrasse. Ein Hilfswerk, ein Theater und die Folgen, Bern 1987; darin das Theaterstück: «Akte M. Xenos. ill», S. 39–118.

Mariella Mehr, Steinzeit. Roman, Bern 1981.

Thomas Dominik Meier/Rolf Wolfensberger, «Eine Heimat und doch keine». Heimatlose und Nicht-Sesshafte in der Schweiz (16.–19. Jahrhundert), Zürich 1998.

Clo Meyer, Unkraut der Landstrasse. Industriegesellschaft und Nichtsesshaftigkeit, Disentis 1988.

Albert Minder, Die Korber-Chronik. Aus dem Wanderbuch eines Heimatlosen, Aarau 1963.

Peter Paul Moser (Autobiografie), Teil I: Entrissen und entwurzelt, Thusis 1999; Teil II: Die Ewigkeit beginnt im September, Thusis 1999; Teil III: Rassendiskriminierung und Verfolgung während einer ganzen Generation, ... Thusis 2001.

Jutta Nowosadko, Scharfrichter und Abdecker. Der Alltag zweier «unehrlicher Berufe» in der frühen Neuzeit, Paderborn/München/Wien/Zürich 1994.

Jeannette Nussbaumer, Die Kellerkinder von Nivagl, 2. Auflage, Berlin 1997.

Susanna Schwager, Das volle Leben. Frauen über achtzig erzählen, Gockhausen 2007; darin: «Ursulina Gemperle. Zigeunerin, Hausfrau, Mutter», S. 68–81.

Schweizer Fonds zugunsten bedürftiger Opfer von Holocaust/Shoa (Hrsg.), Schlussbericht der Fondsleitung, Teil I und II, Bern 2002.

Schweizerische Eidgenossenschaft, Amtliches Bulletin der Bundesversammlung. Nationalrat, 1986; «Geschäftsbericht des Bundesrates. Departement des Innern».

Alfred Siegfried, Kinder der Landstrasse. Ein Versuch zur Sesshaftmachung von Kindern des fahrenden Volkes, Pro Juventute (Hrsg.) Zürich/Stuttgart 1964.

(Studienkommission), Bericht der vom Eidgenössischen Justiz- und Polizeidepartement eingesetzten Studienkommission, «Fahrendes Volk in der Schweiz. Lage, Probleme, Empfehlungen», Bern, 27. Juni 1983.

(Studie, historische) Walter Leimgruber/Thomas Meier/Roger Sablonier, Das «Hilfswerk für die Kinder der Landstrasse». Historische Studie aufgrund der Akten der Stiftung Pro Juventute im Schweizerischen Bundesarchiv, Bundesarchiv Dossier 9, Bern 1998.

Urs Walder, Nomaden in der Schweiz (Fotobuch mit Texten von Mariella Mehr, Venanz Nobel, Willi Wottreng), Zürich 1999.

(Ernst Weber/Hans Winklehner), Psychiatrische Klinik Beverin. 50 Jahre. 1919–1969, o. O., o. J. (Cazis 1969).

Willi Wottreng, Hirnriss. Wie die Irrenärzte August Forel und Eugen Bleuler das Menschengeschlecht retten wollten, Basel 1999.

Zeitungs- und Zeitschriftenartikel, Internet-Texte

Scharotl, Organ der Radgenossenschaft der Landstrasse, siehe unter: Dokumentationszentrum Radgenossenschaft der Landstrasse.

Mitteilungen des Hilfswerkes für die Kinder der Landstrasse (Unter Aufsicht der Stiftung Pro Juventute), Zürich 1928–1959.

Hercli Bertogg «Aus der Welt der Bündner Vaganten», in: Schweizerisches Archiv für Volkskunde, Band 43, Basel 1946, S. 21–48.

(Hans Caprez), «‹Fahrende› Mütter klagen an», Schweizerischer Beobachter Nr. 7, 15. April 1972.

(Hans Caprez), «Aussenseiter. Zwangsmassnahmen gegen Fahrende», Schweizerischer Beobachter, Teil 1 in Nr. 16 vom 31. August 1972; Teil 2 in Nr. 17 vom 15. September 1972; Teil 3 in Nr. 18 vom 30. September 1972.

Thomas Eigenmann/Rolf Eugster, Fahrende und Raumplanung (Gutachten im Auftrag der Stiftung «Zukunft für Schweizer Fahrende»), St. Gallen, 30. Mai 2001.

Thomas Huonker, Die ersten sieben Jahre (1975–1982), http://www.radgenossenschaft.ch/die_ersten_sieben_jahre.htm, abgerufen am 5. Mai 2009.

Thomas Huonker, «Zum 30-jährigen Jubiläum»; http://www.radgenossenschaft.ch/zum_dreissigjaehrigen_Jubilaeum.htm; abgerufen am 5. Mai 2009.

Werner König, «Das Jenische der Wasenmeister. Zum Funktionswandel einer Sondersprache», in: «… Im Gefüge der Sprachen». Studien zu System und Soziologie der Dialekte (Festschrift für Robert Hinderling), Stuttgart 1995, S. 115–129.

Mariella Mehr, «Zur fadenscheinigen ‹Versöhnung› genötigt. ‹Kinder der Landstrasse›: Am grünen Tisch so chancenlos wie früher unter der Pro Juventute», WoZ Nr. 24, 12. Juni 1987.

Alfred Siegfried «Vagantenkinder», NZZ Nr. 951, 13. Juni 1926.

Alfred Siegfried, «Vagantität und Jugendfürsorge», in: «Der Armenpfleger, Monatsschrift für Armenpflege und Jugendfürsorge, Nr. 2, 1. Februar 1929, S. 17–22.

Artikel des Autors zum Thema, Auswahl

Jenische Gegenwart: Kultur des Überlebens, NZZ Nr. 78 (Wochenende), 3./4. April 1993 (mit Fotos von Urs Walder).

D Mammeere sicheret Stacherlig mit Hode. Das Jenische, Geheimsprache der Fahrenden, Weltwoche, 22. Juni 1995.

(Koautor mit Hans Caprez) Bundesrätin Dreifuss: Kein Gehör für Fahrende, Beobachter Nr. 10, 12. Mai 1995.

Es ist noch eine andere Schuld zu begleichen. Über die Jenischen und den Fonds für Holocaust-Opfer, Weltwoche, 13. Februar 1997.

Ordnungssinn gegen Wandertrieb. Wie die Fahrenden gegen ihren Willen in die Willensnation gepresst wurden, Weltwoche, 5. Februar 1998.

Lieber in der Schweiz Ausländer sein als Roma zu Hause. Ein Porträt der sesshaften Roma in der Schweiz, der grössten unbekannten Minderheit in diesem Land, Weltwoche, 16. April 1998.

Politiker, nicht Vaganten hatten eine unreine Weste, Weltwoche, 4. Juni 1998.

1500 Zloty sind keine 1500 Franken. Zigeuner sind bei Auszahlungen des Holocaust-Fonds geprellt worden..., Weltwoche, 14. Januar 1999.

Ein lukrativer Zwischenhandel. Die Verteilung der Holocaust-Gelder wirft Fragen auf..., Weltwoche, 18. März 1999.

Ganz am Rande – eine dumme Geschichte. Ein alter Zigeuner erschiesst einen jungen Mann..., Weltwoche, 10. Juni 1999.

Lebensräume oder Nationalpark für Fahrende? Jenische und Sinti der Schweiz sollen dreissig neue Standplätze erhalten ... Weltwoche, 16. August 2001.

«Ich kann nur schreiben, wenn es regnet». Kaum eine andere Sprache ist so bildhaft und sinnlich wie das Jenische ... Weltwoche, 19. April 2001.

(Koautor mit Thomas Huonker) «Wir dulden keine Zigeuner». Aktenfunde der Bergier-Kommission zeigen..., Weltwoche, 1. Februar 2001.

Das Jenische: Die blumigste Sprache im Land (Artikel des Schweizerischen Feuilletondienstes sfd), in: Schaffhauser Nachrichten, 15. Juli 2004 und anderen Zeitungen.

Von Feen und Fahrenden. Sergius Golowin, Berner Mythenforscher, ist 76-jährig gestorben. NZZ am Sonntag, 6. August 2006.

(Koautor mit Giusep Nay) Plätze für Fahrende – Pflicht der Gemeinden, Kommunal-Magazin Nr. 9, September 2008, S. 56/57; Ergänzung zur Autorschaft: «Korrigenda» in Nr. 12, Dezember 2008, S. 49.

«Ich ging in die Legion» (Das Schicksal des jenischen Verdingkindes Gabi B.), NZZ am Sonntag, 19. Juli 2009.

Ausstellung

Ausstellungstexte und Recherche-Unterlagen zur Ausstellung «Nomaden in der Schweiz. Zwischen Lügen und Legenden, Jenische, Sinti und Roma», im Stadthaus Zürich, mit Fotos von Urs Walder; Kurator Willi Wottreng, 29. Mai–13. September 2002.

Video/Fernsehfilme

Radgenossenschaft der Landstrasse/Bundesamt für Kultur (Herausgeber), Rahel Hollenstein (Kamera), Robert Kruker (Redaktion), «Röbi Huber erzählt seinem Enkel Beni aus seinem Leben.» Beitrag zum Dokumentationsprojekt «Jenische Sprache» (Audio ungemischt), Aufnahme vom 11. November 2008; Interview mit Robert Huber.

Fernsehen DRS, 12. Juni 1975, Bericht vor acht, Gründung der Radgenossenschaft.

Fernsehen DRS, 24. Mai 1982, DRS Aktuell, «Feckerchilbi» in Gersau.

Fernsehen DRS, 22. November 1989, DRS Aktuell, Akteneinsicht für die Opfer des Hilfswerks «Kinder der Landstrasse».

Die TV-Filmberichte finden sich auch unter: http://www.sf.tv/sfwissen/dossier.php?docid= 17298&navpath=men (Abgerufen am 26. November 2008)

Dank

Ich danke Gertrud Germann, meiner Lebenspartnerin, die nicht nur das Manuskript als Erste gelesen, kritisiert und korrigiert hat, sondern mich immer unterstützt hat, wenn ich Zeit für Freunde aus der jenischen Kultur verwendet habe. Ich danke jeder einzelnen Gesprächspartnerin und jedem einzelnen Gesprächspartner für Zeitaufwand, Engagement und Mühe; erwähnt seien hier Jan Cibula, Daniel Huber, Claudia Kaufmann, Mariella Mehr, Venanz Nobel und Roger Sablonier. Mit Rat gedient haben mir: Serge Borri, Guadench Dazzi, Thomas Huonker, Thomas Meier und Sara Galle.

In Archiven und Institutionen haben mir besonders geholfen:
Sandra Bosshard, Radgenossenschaft der Landstrasse
Paul Fink, Bundesamt für Kultur
Gabriela Huber, Gesundheitsamt Graubünden
Margrit Schütz, Zentralbibliothek Zürich
Eveline Seewer, Staatsarchiv Freiburg

Daniel Marti hat den Stammbaum der Familie Huber entworfen.

Ich danke Bernd Zocher, Pia Hiefner-Hug und Madlaina Bundi, die mich verlegerisch begleitet haben.

Kontakt: Radgenossenschaft der Landstrasse, Hermetschloostrasse 73, Postfach 1647, 8048 Zürich. E-Mail: info@radgenossenschaft.ch

Das Verdingkind – Gemälde des Jenischen Ernst Spichiger, im Besitz des Autors.